Otto Michel · Anpassung oder Widerstand

1976

Otto Michel

# Anpassung oder Widerstand

Eine Autobiographie

R. BROCKHAUS VERLAG WUPPERTAL UND ZÜRICH

ABCteam

ABCteam-Bücher erscheinen in folgenden Verlagen:

Aussaat- und Schriftenmissions-Verlag Neukirchen-Vluyn
R. Brockhaus Verlag Wuppertal
Brunnen Verlag Gießen (und Brunnquell Verlag)
Christliche Verlagsanstalt Konstanz (und Friedrich Bahn Verlag/ Sonnenweg-Verlag)
Christliches Verlagshaus Stuttgart (und Evangelischer Missionsverlag)
Oncken Verlag Wuppertal und Kassel


Umschlaggestaltung: Carsten Buschke, Solingen
Gesamtherstellung: Ebner Ulm
ISBN 3-417-12577-4

Herr, unser Gott,
du hast unzählige stille Wege,
auf denen du möglich machst,
was unmöglich scheint.
Gestern war noch nichts sichtbar.
Heute nicht viel,
aber morgen steht es vollendet da,
und nun erst gewahren wir rückblickend,
wie du unmerklich schufst,
was wir unter großem Lärm
nicht zustandegebracht haben.

nach Jeremias Gotthelf

INHALT

Teil 2: Grundsätzliche Erwägungen

# VORWORT

Eine Biographie, mit der ich mich zu rechtfertigen oder gar in ein glänzendes Licht zu rücken versuchte, kann dies nicht sein. Mir war eher der Weg gewiesen, den Martin Kählers Bekenntnis zu Römer 7,24 weist: »Ich elender Mensch, wer wird mich erlösen von dem Leibe dieses Todes? Ich danke Gott durch Jesum Christum, unsern Herrn!« Ich muß in verzweifelten Situationen ständig lernen und gehorchen.

In allen Fehlentscheidungen, aber auch in der geistlichen Ausdauer, stehen mir die Hallenser Lehrer Martin Kähler und Julius Schniewind auch heute noch nahe. Ich weiß, daß ein großer Teil meiner Lebensarbeit mit dem süddeutschen Raum verbunden ist, und daher habe ich mich immer verantwortlich gefühlt, in bewegten Zeiten und Situationen das Erbe Adolf Schlatters, meines Lehrers und Vorgängers im Amt, lebendig zu erhalten. Das bedeutete, von der Heiligen Schrift her Licht zu suchen und zu gewinnen.

Ich denke, daß jede Biographie zu einer Rechenschaft vor sich selbst und zur Beichte vor Gott führen muß – nicht zur Summierung von Leistungen und Diensten, auch nicht zur Abrechnung mit den Gegnern. Sie muß ein Stillewerden und eine Fürbitte für andere in sich schließen, im Wissen darum, daß der Lebendige vor der Tür steht und seinen Jünger abholen will.

Teil I

# Erinnerungen

## 1. Kindheit und Jugend

Ich bin am 28. August 1903 geboren. Meine Eltern hatten am 3. Dezember 1902 Hochzeit gehabt, ich kam also drei Wochen zu früh auf die Welt, weil meine Mutter beim Wäschetragen gestürzt war. Meine Geburt brachte meine Mutter in ernste Lebensgefahr. Das hatte für mich eine schmerzliche Konsequenz: Wenn mein Vater mit mir in schwerer Krise war, weil meine Entwicklung seinen Vorstellungen nicht entsprach, dann erinnerte er mich an dieses Ereignis, um mir meine Verantwortung vor meinen Eltern ins Gewissen zu schreiben.

Schon als kleines Kind hatte ich ein starkes Abstandsgefühl zu den Menschen. Wenn ich in den Kindergarten geschickt wurde, schaute ich dem Spiel der anderen interessiert zu, war aber nicht zu bewegen, mich daran zu beteiligen. In der Pause nach der ersten Stunde verschwand ich nach Hause. Meine Mutter schickte mich dann zum Spielen auf die Straße; dort stellte ich mich an die Hauswand und schaute dem bunten Treiben auf der Straße zu, wo die Fuhrwerke vorbeizogen, Frauen einkaufen gingen, auch andere Kinder spielten. Ich selbst war aber gänzlich unbeteiligt. Ich suchte keinen Umgang. Wenn einige Zeit verstrichen war, klingelte ich und fragte, ob ich wieder heraufkommen dürfe. Später beklagte mein Lehrer Professor Kraushaar dem Vater gegenüber mein Einzelgängertum.

Vater empfand mich als Träumer und nach 1915 als Schwarzseher. Er wollte das Träumerische in mir überwinden, auch mehr Willen und Tatkraft in mir wecken und mich dazu erziehen, mehr auf mein Äußeres zu achten. Meine Art muß ihn sehr gereizt haben, denn er fand oftmals keinen anderen Ausweg, als mich mit Schlägen »zur Besinnung« zu bringen. Das vertiefte in mir nur das Empfinden, daß er mich nicht verstehe, und ich wünschte so sehr, daß ich ihm sagen könnte, wer ich wäre. Ich fühlte keine Abwehr, keinen Vorwurf. Ich habe ihn sehr geliebt. Mein Großvater mütterlicherseits hatte eine andere Art, mich zu erziehen und aus meinem Abstandsgefühl herauszuholen. Er nahm mich mit auf die Straße und setzte mich unversehens auf das Pferd eines vorüberfahrenden Fuhrwerks und sagte: »Halt dich fest!« Er ging dabei neben dem Fuhrwerk her, und ich wurde dadurch sicherer. Ich war immer ein bißchen in Angst, denn ich wußte nicht, ob er ein schmales oder ein breites Pferd wählen würde. Auf dem breiten Rücken eines Kaltblüters reichte die Länge meiner Beine nicht aus, um mich festklammern zu können. Nach einem solchen Abenteuer ging er regelmäßig mit mir in eine Gastwirtschaft, wo er mir eine Wurst spendierte und selbst ein Glas Bier trank. Hier zeigte sich mir eine ganz andere Welt. Nur meine Mutter wußte von diesem besonderen Verhältnis zwischen Großvater und mir.

Großvater hatte keine Söhne und hing besonders an mir. Später fragte ich ihn einmal: »Glaubst du an die Auferstehung?« Er antwortete ruhig: »Vergiß nicht, was ich dir sage: Wenn ich einmal sterbe, lebt mein Blut in dir weiter.« Derartige Äußerungen meines Großvaters behielt ich für mich, weil ich wußte, daß mein Vater davon nichts wissen sollte. Großvater war ein kräftiger und vitaler Mann, der im Hessischen einen Hof und eine Schmiede besaß und eines Tages alles verkaufte und in Elberfeld aus dem Nichts heraus mit eigener Hand und einigen Gehilfen acht Häuser baute.

Mit fünfeinhalb Jahren war ich schulfähig. Charlotte Schnepper, genannt Tante Lottchen, nahm mich bei der Hand und brachte mich zur Grundschule. Vor dem Tor sagte ich plötzlich: »Und nun gehen wir wieder nach Haus.« Tante Lottchen jammerte: »O Gott noch, was bist du für ein Junge!«

Das plötzliche Hinzutreten eines Lehrers mit dem damals so gebräuchlichen Rohrstock machte dieser Szene schnell ein Ende. Ich zog den Kopf ein und schlich demütig in den Klassenraum.

Zunächst war ich bei der Lehrerin Frau Mistefink, der es schwer fiel, mit den Jungen aus unserem Bezirk fertig zu werden. Wenn sie in eine Schwierigkeit kam, rief sie aus dem Nachbarzimmer den Lehrer Siewers herbei, der die Strafe mit dem Rohrstock zu vollziehen hatte. Wir anderen waren gerne bereit, im Notfall den widerstrebenden Übeltäter mit gemeinsamen Kräften aus der Bank zu ziehen, denn wir hatten durchaus das Empfinden, daß Strafe sein müsse. Wir lernten das im Elternhaus; warum sollte es dann in der Schule nicht richtig sein?

Als Lehrer Siewers dann die Klasse übernahm, wurde die Disziplin schärfer, und die Strafen wurden häufiger. Unvergeßlich, wie er uns beibrachte, »wie die Soldaten die Treppen heraufgehen«: indem er nämlich einen zu strafenden Schüler mit dem Rücken vor sich hinstellte und dann das Gesäß des Delinquenten im Marschschritt bearbeitete. Auch ich bezog dreimal die Lehren des Rohrstocks. Eine derartige Züchtigung verlief folgendermaßen: Man wurde nach vorne gerufen. Dann hieß es: »Bück dich!«, und der Lehrer griff in den Nacken, hob dann den Rohrstock und machte die Bewegung des Zuschlagens, die regelmäßig beim Delinquenten schon einen Aufschrei zur Folge hatte. Der Lehrer fragte dann: »Warum schreist du denn? Ich habe dir doch nichts getan.« Erst nach mehrfacher Wiederholung des Täuschungsmanövers kamen dann überraschend, aber treffend die schmerzenden Hiebe. Danach versuchte ich mit Mühe, dem forschenden Blick meiner Mutter zu entgehen. Das war deshalb nicht leicht, weil man nach der Strafe ganz von selbst jedes Sitzen vermeiden mußte. Spätestens aber morgens, wenn Mutter mich wusch, entdeckte sie dann die blutigen und geschwollenen Spuren der Meisterhand des Erziehers. Später sagte derselbe Lehrer zu meinem jüngeren Bruder: »Ich habe immer gute Erfolge bei deinem Bruder erzielt. Du mußt so fleißig werden wie er.«

Ich habe nicht das Empfinden, daß hier etwas Ungewöhnliches oder gar Ungerechtes geschehen ist, sondern daß ich ganz normal in der Wilhelminischen Zeit erzogen wurde. Es war ja auch selbstverständlich, an den feierlichen Gedenktagen in den verschiedensten Uniformen in die Schule zu kommen und zu exerzieren. Körperliche Züchtigung, Tragen der Uniform und Exerzieren sind verschiedene Merkmale ein und derselben Epoche.

In der ersten Klasse wurde ich zum »Vorschreiber« ernannt. Ich mußte in jedes Heft meiner Mitschüler einen Buchstaben meisterhaft einschreiben, nach dem jeder sich zu richten hatte. Das ging nicht ohne Unglücksfall ab. Einmal verschrieb ich mich, und der Mitschüler quäkte ärgerlich auf. Der Lehrer griff zu, und ich bezog die Stockschläge. So lernte ich beizeiten, daß man in besonderer Verantwortung auch besonders gestraft werden kann.

Die Vorbereitung für das Gymnasium nahm mein Vater selbst in die Hand. Er legte großen Wert auf das Auswendiglernen von Gesangbuchversen, so daß ich später in Religion durch einen gewissen Überschuß an Kenntnis auffiel. Auch mein jüngerer Bruder wurde später gelegentlich vom Vater abgefragt, und ich entsinne mich, wie er zur Adventszeit deklamierte: »Mit Ernst, o Menschenkinder, wir sind ja alle Sünder und wissen gar nicht viel.« Diese Dichtkunst wirkte bei mir so stark auf die Lachnerven, daß der strafende Blick meines Vaters mich zusammenzucken ließ.

Ich kam 1914 in die Sexta des Gymnasiums. Zu dieser Zeit war Dr. Bockhorn mein Lehrer. Er war ein beliebter Klassenlehrer. Als Anfang August die Menschenmenge sich um das Rathaus versammelte und ein Offizier auf dem Rathaus die Kriegserklärung vorlas, war alles begeistert. Einen derartigen Jubel der Bevölkerung hatte ich noch nie erlebt. Da fiel mein Blick auf meinen Lehrer Dr. Bockhorn, der zufällig ganz in meiner Nähe stand. Er sang nicht mit, sondern schaute starren Blicks in die Ferne, als sähe er Ungeheures auf uns zukommen. Da wurde ich still und schweigsam. Dr. Bockhorn wurde später ein anerkannter Frontoffizier mit hohen Auszeichnungen. Ich erlebte damals, daß man auch dann, wenn man Unheil kommen sieht, nicht das Recht hat, eine einem zufallende Pflicht zu verweigern; sondern man hatte erst recht alles zu tun, um im Rahmen seiner Pflicht das Unheil »aufzufangen«, das heißt, das Beste aus sich herauszuholen für die Gemeinschaft, in der man steht. Verweigerung als Dienst an der Gemeinschaft wäre 1914 undenkbar gewesen und als Pflichtvergessenheit verstanden worden.

Eines Tages im Jahre 1915 öffnete ich unsere Tür, und mir wurde eine Karte mit dem Gestellungsbefehl für meinen Vater überreicht. Als Vater nach Hause kam, gab ich sie ihm und fragte: »Was wird nun aus unserem Volk?« Vater versuchte mich zu beruhigen mit dem Hinweis darauf, daß auf dem Koppelschloß der Uniformen die Inschrift stand: »Gott mit uns!« »Vater«, fragte ich, »und wenn das nicht stimmt?« Er antwortete mit einem Hinweis auf die Größe und Macht, auf die Sorgfalt und Qualität der deutschen Armee. »Vater, aber wenn das auch nicht stimmt?« Jetzt wurde Vater unruhig und antwortete: »Junge, so darfst du nicht fragen.«

Aber nun bohrte es in mir, denn ich sah die Landkarte vor mir: Sie sprach nicht für unser Volk. Von dieser Stunde an war ich für Vater ein »Schwarzseher«. Das galt bis in die Tage des Zweiten Weltkriegs. Herr Dr. Bockhorn hatte in besonderer Weise die Neigung zum Hinterfragen in mir geweckt.

In der Quinta war es, daß einmal eine Gruppe Mitschüler über mich herfiel und mich zu Boden zwang. Weil ich keinen Anlaß dafür sah, beschloß ich, den Vorfall meinem Klassenlehrer zu melden. Als er hereinkam und den Befehl gab »Setzen!«, blieb ich stehen. Er fragte, was ich wolle. Ich antwortete: »In der Pause ist die Klasse über mich hergefallen, ich weiß nicht, warum, und ich konnte mich nicht wehren.«

Dr. Bockhorn sah mich scharf an und antwortete: »Setzen!« Er ging einfach über den Vorfall hinweg; er meinte wohl, es sei meine Sache, mich damit auseinanderzusetzen. Mir genügte aber schon die Meldung. Ein solcher Überfall wiederholte sich niemals mehr.

Mein Vater zog Januar 1915 ins Feld; er wurde mit einem Landsturmbataillon nach Belgien versetzt und 1917 nach Lothringen an die Front geschickt. Erst nach der Demobilisierung in Baden Ende 1918 kam er nach Hause zurück. In jener Zeit wuchs ich zu einem kleinen Kameraden meiner Mutter heran. Ich mußte für die Lebensmittelkarten sorgen, das Erforderliche einholen, vor allem aber in unserem Stadtviertel nachforschen, wo es etwas zu essen gab. Sehr beliebt war eine Pferdemetzgerei. Ich sah in der Hungerzeit Winter 1917/18 eine lange Schlange Menschen vor mir stehen. Die ersten bekamen ein Stück Fleisch. Die zweiten Knochen für die Suppe, und als die Reihe an mich kam, bedauerte der Metzger: »Nichts mehr da!« Alle vierzehn Tage bekamen wir einen Viertelliter Milch. Auch vor dem Milchladen stand ich in einer langen Schlange und schob mich langsam nach vorne. Plötzlich wurde eine schwarzhaarige Frau ganz wild und schrie: »Der kleine schwarze Teufel hat sich vorgedrängt!«

Ich beruhigte sie und ging zurück. Es gab fast täglich Steckrüben, ein eigenartiges Mischbrot, über dessen Zusammensetzung man schwieg, und Bratkartoffeln, die mit Wasser in der Pfanne angesetzt wurden.

Ich habe vor allem Fleisch entbehrt und bat meinen Großvater, mir zu helfen, Spatzen zu fangen. Ich stellte eine Mausefalle auf und war erschrocken, daß ein kleiner Spatz sich mit dem Beinchen verfing. Ich lief zu meinem Großvater und sagte: »Was soll ich nur tun – das arme Tier!« Er sah mich ruhig an und sagte: »Sieh, es ist schon tot.« Er hatte mit seiner kraftvollen Hand dafür gesorgt, und wir brieten das Tierchen mit Wasser in der Pfanne. Es hat mir gutgetan, Fleisch zu schmecken.

In diesem Winter grassierte im Tal die Kopfgrippe. Ich bekam sie auch und blutete so stark aus der Nase, daß meine Mutter das Blut in einer Schüssel auffing; sie fürchtete, daß ich verblutete. Von Haus zu Haus starben die Menschen an dieser Grippe. Ich blieb wie ein Wunder am Leben.

Ich lebte Tag für Tag von den Kriegsereignissen, wie wenn ich selbst dabei wäre. Ich spürte das massenhafte Sterben an der Front fast wie am eigenen Leibe, weil meine Verwandten in Lebensgefahr waren. Damals ließen auch meine Leistungen in der Schule nach. Vergeblich versuchte ich, dies vor meiner Mutter geheimzuhalten. Das führte zu einem Konflikt mit meinem Klassenlehrer und meiner Mutter. Doch mit einer offenen Aussprache konnte die Krise überwunden werden, und auch im Unterricht kamen für mich wieder bessere Zeiten.

In der Folgezeit kam ich in die Hände von Herrn Prof. Kraushaar. Der kleine, vitale Mann mit den scharfen Augen war mein bester Erzieher. Er beobachtete mich ständig und nahm mich streng heran. Gelegentlich kam es vor, daß er etwas fragte, andere Schüler sich meldeten, ich aber zögerte. Er schaute mich an, wartete ab, bis auch ich meinen Finger erhob, sagte dann, ohne meinen Namen zu nennen: »Es war ja höchste Zeit«, und forderte einen anderen Schüler auf, die Antwort zu geben. Er hatte den besten Weg gefunden, mich aus meiner Versunkenheit herauszurufen.

In der Revolutionszeit 1918/19 wurde ich von Kraushaar zum

Klassensprecher gemacht. Ich durfte das Klassenbuch kontrollieren, nachfragen, ob ein Lehrer zu viele Hausaufgaben gegeben hatte, und in Krisenfällen das Interesse meiner Mitschüler vertreten. Mein Selbstbewußtsein stieg zum ersten Mal; dabei hatte ich das Empfinden, daß ich eigentlich überfordert sei. Ich erkannte die Autorität meiner Eltern und meiner Lehrer grundsätzlich an. Nur eine Forderung stellte ich von Anfang an: Sie sollten mit jedem von uns gerecht umgehen. An dem Punkt war ich fanatisch und zum Äußersten entschlossen. Nun sah ich die gleiche Forderung an mich gestellt.

Unser Religionslehrer war Prof. Becker. Obwohl er im Unterricht nie einen Beitrag von mir forderte, behauptete er, ich sei in Religion unzureichend. Ich war vom Vater her mit der Bibel eng vertraut, konnte mehr Liedverse als alle und sollte in Religion unzureichend sein? Das fand ich empörend.

Wenn ein Lehrer seinen Stoff unter persönlichem Einsatz interessant machte, ging ich gerne mit. War er aber zu müde, sich selbst einzusetzen, erschlaffte mein Interesse. Es gab keine Möglichkeit, die Autorität der Eltern und Lehrer in Frage zu stellen. Kam man in Konflikt, so war es möglich, daß man den Schmerz unterdrückte und innerlich abstumpfte. War man kräftiger und selbstbewußter, dann unterschied man zwischen dem äußeren Gehorsam und dem inneren Widerstand. Wuchsen Kraft und Bewußtsein stärker, entschloß man sich, das eigene Geschick zu vergelten und der Umgebung heimzuzahlen, indem man genauso würde wie der Peiniger. Ungerechtigkeit mußte mit Ungerechtigkeit an anderen vergolten werden. Das Äußerste war der Ausbruch, der sich über den äußeren und inneren Widerstand hinwegsetzt und die tyrannische Macht unmittelbar auch gewaltsam angreift. Diese vier Möglichkeiten habe ich als Junge durchlebt und später als Rekrut noch einmal durchexerzieren müssen. In diesen vier Möglichkeiten entscheiden sich sowohl Schicksal wie Mannestum. Immer geht es um Anpassung oder Widerstand. Ich habe den Gedanken des Ausbruchs immer genau durchdacht, aber dann in jedem Fall den inneren Widerstand gewählt.

## 2. Meine Konfirmation

Zunächst kam ich in den Konfirmandenunterricht bei dem Pastor unseres Bezirks, Herrn Jäckel. Wir Jungen warteten auf der Straße, bis die Mädchen aus dem Konfirmandensaal durch einen schmalen Gang herauskamen. Es gab immer ein Gerangel: Die Jungen verstopften den Gang und verstörten die Mädchen. Pastor Jäckel beauftragte mich schließlich, in den schmalen Gang einzutreten und für Ordnung zu sorgen.

Pastor Jäckel ging dann nach Pommern, und ich kam zu D. Georg Hafner, dem Lieblingspfarrer und Seelsorger meines Vaters. Der starb jedoch plötzlich; daraufhin wurden wir aufgeteilt. Ein Pfarrer kam und suchte sich die Gymnasiasten heraus. Ich blieb vor ihm stehen und sagte: »Ich gehe zu Pastor Niemöller.« Pastor Heinrich Niemöller liebte ich, und Vater ließ uns die Freiheit, zu dem Pfarrer zu gehen, den wir uns aussuchten. So kam ich zu Pastor Niemöller, dessen Konfirmandenunterricht wirklich zu einer Begegnung von Mensch zu Mensch wurde.

Im März 1918 wurde ich konfirmiert. Vater bekam keinen Urlaub; an der ganzen Front war Urlaubssperre. Nur Mutter war anwesend, als ich vor dem Altar kniete und das Psalmwort bekam: »Wenn ich nur dich habe, so frage ich nichts nach Himmel und Erde. Wenn mir gleich Leib und Seele verschmachten, so bist du doch alle Zeit meines Herzens Trost und mein Teil« (Ps. 73,25f). Ich nahm dieses Wort unmittelbar als Gottes Wort für mich und betete in diesem Augenblick, daß mit diesem Gotteswort eine grundsätzliche Entscheidung für mein Leben gegeben werden möchte. Gott hat diese Bitte erfüllt, und dieses Psalmwort ist das Schlüsselwort meines Lebens geworden.

Acht Tage später war der erste Abendmahlsgang in der Trinitatiskirche. Von Vater war keine Nachricht gekommen, und ich stand vor dem Altar und hörte die Worte: »Für dich gegeben und vergossen zur Vergebung deiner Sünden.« Ich empfand diese Worte als ungeheuerlich und als unmittelbaren Eingriff in mein Leben. Zum zweiten Mal war Gott zu mir gekommen: Im Konfirmandenspruch und nun im Abendmahl. Als wir in die Bank zurücktraten, sagte ich zu meiner Mutter:

»Ich will Theologe werden. Es ist entschieden.«

Mutter erschrak: »Es ist zu früh«, sagte sie. »Du darfst nicht jetzt schon so reden.«

»Doch Mutter, in diesem Augenblick ist alles entschieden.« Ich war innerlich frei geworden und hatte mein Leben in Gottes Hand gelegt. Ihm wollte ich dienen. Ich verstand meinen Vorsatz als einen Entschluß zur Vertiefung in die Bibel, aber nicht als ein Wissen um meinen zukünftigen Beruf.

Nach dem Zusammenbruch war Vaters Bataillon in dem kleinen Dorf Kürzell bei Lahr im Badischen aufgelöst worden. Die Bevölkerung hatte die Soldaten freundlich aufgenommen, und Vater sprach gern von diesem Abschluß seiner Soldatenzeit.

Ich war ausgemergelt durch die Kopfgrippe, die ich gerade überstanden hatte, und Vater bat eine Familie in Kürzell, daß ich meine Ferien im Sommer 1919 bei ihnen verbringen dürfe. Das alte Ehepaar hatte einen kleinen Hof und eine Molkerei, so daß damals in der Notzeit durch sie die Milchstelle verwaltet wurde. Das war auch der Grund, weshalb Vater sich für mich eine gesundheitliche Kräftigung auf diesem Hof versprach.

Der Schnellzug brachte mich abends spät nach Lahr. Als ich in der Dunkelheit aus dem Zug stieg, schien weit und breit alles ausgestorben zu sein. Aber da stand plötzlich ein junges Mädchen vor mir mit schwarzem Haar und braunen Augen, schaute mich unergründlich an und fragte: »Sind Sie der Herr Michel?«

Ich folgte ihr zu einem kleinen Gefährt, mit dem wir von Lahr nach Kürzell fuhren. Dort empfingen mich die Eltern und wiesen mir ein kleines, schönes Zimmer zu, in dem ein Bett stand, das mit einem Moskitonetz verhängt war – im Rheintal gebe es so viele Schnaken, daß man nachts nur unter einem derartigen Netz schlafen könne.

Nun erlebte ich eine eigenartige Zeit. Elsa – so hieß das junge Mädchen, das mich von der Bahn abgeholt hatte – war verlobt mit einem Unteroffizier, den sie im Krieg kennengelernt hatte. Wir arbeiteten gemeinsam auf den Tabakfeldern. Wir mußten die Blätter ernten und zum Trocknen aufhängen. Wie selbstverständlich pflückte Elsa immer neben mir. Ich wurde mir auf einmal bewußt, daß ich Rheinländer war und eigentlich eine unendliche Lebensfreude hatte. Wir kamen uns näher durch lauter Spiel und Lachen, in ständiger Neckerei und ganz tiefer Spannung.

Im Nachbarhof war eine junge Frau, die ebenfalls auf dem Boden die Tabakblätter aufhing. Sie hatte auch meinen Vater kennengelernt und war daher an mir interessiert. Sie war verheiratet, sehr allein und hatte keine Kinder. Sie kam oft auf den Hof und verlangte, daß ich zu ihr herüberkomme und ihr beim Arbeiten helfen sollte. Auch sie konnte sehr viel lachen, wenn wir zusammen arbeiteten. Aber ich merkte sehr bald, daß Elsa es nicht gerne sah, wenn ich zu dieser Frau gerufen wurde. Einmal mußten wir in der Scheune das Heu aufschichten. Die Arbeiter und Arbeiterinnen aus dem Dorf hatten ebenfalls dort zu tun. Da gab es ein ständiges Spotten und Necken unter den Männern und Frauen im Hinblick auf den geschlechtlichen Umgang. Ich hörte kaum hin, aber Elsa wehrte solche Gespräche ab. Darauf griffen die Männer an und sagten, sie solle doch nicht so tun, sie wäre ja verlobt und wüßte doch genau, wovon sie sprächen. In diesem Augenblick wurde Elsa bleich und verschwand. Keiner wußte, wohin sie gegangen war.

Ich suchte sie und fand sie tränenüberströmt in ihrem Zimmer.

»Warum weinen Sie?« fragte ich.

»Weil die Leute so reden.«

Ich erbot mich, zu den Arbeitern zurückzugehen und ihnen das Gerede zu verbieten.

»Auf keinen Fall dürfen Sie das tun. Wenn Sie ein Wort sagen, machen Sie alles noch schlimmer.« Ich schaute sie verständnislos an. Darauf erklärte sie:

»Die Leute denken doch, Sie und ich wären wie sie.« Nun war ich sprachlos und wußte nicht mehr, was ich antworten sollte.

Eines Tages besuchte meine Mutter den Hof. Sie war in Verlegenheit, weil sie nicht wußte, wie sie von Kürzell aus den Zug in Lahr wieder erreichen sollte. Niemand im Dorf war bereit zu fahren, denn alles war in der Ernte. Aber man stellte uns Pferd und Wagen zur Verfügung. Darauf erklärte ich, ich wollte die Fahrt mit Elsa zusammen durchführen.

Es ging alles gut, bis Mutter im Zug saß. Dann wurde ich übermütig und sagte zu Elsa: »Jetzt machen wir eine schöne Tagesfahrt.« Wir fuhren durch den herrlichen Morgen, aber plötzlich verlor der Wagen ein Rad. Ich gab Elsa das Pferd an die Hand und rannte in das nächste Dorf, um einen Wagner zu holen. Die Zwischenzeit war für Elsa eine Hölle. Die vorübergehenden Bauern spotteten: »So geht es den Leuten, die am Werktag statt zu arbeiten im Land herumkutschieren . . .« Ich fand einen Wagner, der das Rad in Ordnung brachte, und vorsichtig ging es heimwärts. Durch solche gemeinsamen Erlebnisse wuchsen wir sehr zusammen, und eines Tages beschlossen wir, uns zur Erinnerung fotografieren zu lassen – ein schönes Bild entstand da in Lahr. Der Höhepunkt war eine Schwarzwaldreise zu ihrem Verlobten in Freiburg mit einem Ausflug zum Titisee, den wir drei gemeinsam erlebten. Abends spät gingen wir langsam von Lahr nach Kürzell zurück. Plötzlich blieb sie an einem kleinen Teich stehen und schien nicht gewillt zu sein, weiterzugehen. Sie schaute immer in das Wasser und schwieg. Als ich fragte, was eigentlich los sei, sagte sie: »Ich gehe mit der Liebe zu einem anderen Menschen in die Ehe.«

Das war ein Augenblick, in dem ich als junger Mann anders wurde. Schweigend nahm ich ihre Hand, und wir gingen ins Dorf zurück.

Vor dem Abschied sagte sie: »Ich habe nur noch eine Bitte an Sie, daß Sie meine Einladung annehmen, wenn ich heirate.«

Ich fuhr nach Hause. Wir grüßten uns manchmal durch einen kleinen Brief, in dem wenig stand, der für mich aber alles bedeutete.

Vater und Mutter erklärten mir, daß sie beschlossen hätten, zu Elsas Hochzeit zu fahren; ich dürfte sie jedoch noch nicht wiedersehen. Später würde ein Zeit kommen, wo ich mit Mutter zusammen Elsa besuchen dürfe.

Ich begann mein Studium in Tübingen, und mir wurde plötzlich bewußt, daß ich mich in demselben Süddeutschland befand, in welchem ich Elsa begegnet war. Plötzlich kam eine große Verzweiflung über mich. Ich wußte nicht mehr aus noch ein. Ich schrieb Elsa einen verzweifelten Brief, daß ich nun nachträglich nicht mehr wisse, wie ich mit dem ganzen Geschehen fertig werden solle. Sie schrieb zurück, daß sie mich nicht verstehe. Sie sei eine glückliche Frau und gehe einen guten Weg.

Dann kam meine Mutter nach Tübingen und half mir, eine Lungenentzündung zu überwinden. Als ich einigermaßen gesund war, sagte sie: »Nun darfst du Elsa wiedersehen.« Wir fuhren nach Freiburg zu dem jungen Paar. Elsa war eine glückliche Mutter geworden. Viele Jahre später kam ich mit meiner Frau zu ihr und ihrem Sohn und trennte mich von einer Vergangenheit, die sich längst aufgelöst hatte.

Als ich die Ferien auf jenem Hof verbrachte, blieb alles zwischen mir und Elsa in völliger Verhüllung. Um so mächtiger hatte mich diese Begegnung ergriffen; aber erst nach ein paar Jahren bahnte sich dieses Erlebnis einen Weg in mein Bewußtsein: Ich begriff, wie tief ich diese Frau geliebt hatte.

## 3. Das Schweigen des Vaters

Im Winter 1927/28 war ich es leid, mit Mädchen und Frauen zu tanzen, zu wandern und zu diskutieren, weil ich das Empfinden hatte, daß es unmöglich sei, auf diese Weise eine Frau wirklich kennenzulernen. So beschloß ich, in eine Familie hineinzuheiraten, in der ich biblisch-christlich geborgen wäre. Ich meinte, damit auch jeden Konflikt mit meinem Vater vermeiden zu können. So wanderte ich im September 1927 mit Margarete, der Tochter eines führenden Mannes der Rheinischen Mission, um eine erste Begegnung mit ihr zu haben. Nun ist es Sitte in christlichen Kreisen, daß man ein gutes Beispiel gibt und sich bald verlobt, damit vor der Gemeinde eine gute Ordnung sichtbar sei. Margarete war mir ganz fremd, aber ich stand ihrem Vater sehr nahe und liebte seine Predigten.

In der Schweiz, in Heiden, teilte ich Vater meine Absichten mit. Er brach völlig zusammen. Nur dunkel konnte ich herausbekommen, wie tief seine Besorgnisse um mich waren. Aber die Situation war so unerträglich, daß mein Bruder und ich uns von unserem Vater trennten, nach St. Moritz fuhren und zu großen Bergwanderungen aufbrachen. Unser Vater gab seine Erlaubnis dazu. Aber er sprach ab da kein Wort mit mir.

Als ich Weihnachten nach Hause kam, forderte mich Margaretes Vater auf, daß ich die Situation dadurch zu klären hätte, daß ich über Weihnachten bei seiner Familie bliebe. Ich sagte sofort, daß dies unmöglich sei, da meine Mutter Weihnachten Geburtstag habe. Am 2. Weihnachtstag kam ein Mitarbeiter der Missionsgesellschaft und erklärte uns, wie tief ich Margaretes Familie verletzt hätte. Er werde nach Weihnachten eine Verhandlung herbeiführen, zu der mein Vater und ich geladen würden. Diese Verhandlung fand statt, nachdem mein Vater sich ein Vierteljahr lang mir gegenüber in vollständiges Schweigen gehüllt hatte, auch als ich ihn mehrmals um seine Hilfe bat. Wir waren einander völlig entfremdet.

Margaretes Vater verlangte zunächst von meinem Vater eine Antwort auf die Frage, weshalb er gegen seine Familie eingestellt sei. Ich wurde gefragt, ob ich den Eindruck gehabt hätte, daß mein Vater gegen dieses Verlöbnis wäre. Mein Vater antwortete, er habe von seinem Sohn verlangt, daß dieser sich in dem gegenwärtigen Stadium seiner Entwicklung noch Zeit für seine theologische Laufbahn nähme, die doch ganz unsicher sei, und daß er auch Zeit brauche, ehe er sich an eine Frau ernstlich binde.

Dieser Konflikt hatte Folgen für die Position meines Vaters im öffentlichen Leben. Er wurde gedrängt, von seinem Ehrenamt in der Rheinischen Mission zurückzutreten. Zu mir sagte Margaretes Vater: »Wir beide werden uns nie wiedersehen.«

Dies Wort ist in Erfüllung gegangen; wenige Monate später war mein verehrter Freund tot.

Auf dem Rückweg nachts in der Dunkelheit stürzte Vater. Er lag auf der Erde, als ich mich über ihn beugte und ihn flüstern hörte: »Von diesem Schlag wird unsere Familie sich nie erholen.« Nur mit Mühe konnte ich ihn über den Berg nach Hause bringen.

Es war nie möglich, mit einem Glied unserer Familie über diese Geschehnisse zu sprechen und sie zufriedenstellend zu klären. Aber heute kann ich wohl sagen, daß mein schweigender Vater mehr wußte und ahnte, als ich selbst verstand. Viele Jahre ungesicherten Lebens an der Universität, Absetzungen und Widerstände aller Art lagen ja vor mir, von denen ich noch keine Ahnung hatte.

Hier muß eine kleine Anekdote angefügt werden:

Eines Tages sagte eine Tante im Familienkreis zu Vater: »Du mußt doch glücklich sein. Dein ältester Sohn geht einen guten Weg in die Theologie. Dein jüngerer Sohn wird selbständig als Kaufmann. Deine Tochter ist eine gute Medizinerin. Aber du bleibst der Größte.«

Er antwortete: »Bitte, sprich nicht so! Wer der Größte ist, wird Gott allein entscheiden.« Er war bereit, die Grenzen des menschlichen Urteils anzuerkennen und dem Handeln Gottes Raum zu geben. Er war aber auch entschlossen, seine eigenen Hoffnungen für die Zukunft seiner Kinder an das Handeln Gottes zu knüpfen, und tat darum alles, was in seiner Macht stand, um von mir fernzuhalten, was die Konzentration auf meine berufliche Laufbahn hätte abschwächen können.

## 4. Tübingen und Halle (1922-1926)

Wenn wir die Geschichte der letzten Jahrzehnte überblicken, dann fällt uns zunächst der Wechsel der Regierungsformen, der Ausbruch der Weltkriege und ihre Folgen, das Auf und Ab in Wirtschaft und Lebensverhältnissen auf, wobei jede Epoche bemüht ist, sich möglichst im Konflikt und im Gegensatz zu der früheren Verfaßtheit abzusichern. Dabei sind bürgerliche Anschauungen ständig im Wechsel und verengen sich, sobald sie polemisch einen Gegenentwurf zur Vergangenheit konzipieren. Welche Empörung gab es, als französische Truppen nicht nur das Rheinland, sondern auch das Ruhrgebiet besetzten und abriegelten; wie stark waren die Affekte, die 1914 sich vor allem gegen England, nach 1918 gegen Frankreich, später gegen andere Länder richteten!

Zwischen 1922 und 1926 war das Wuppertal nicht besetzt, sondern entmilitarisierte Zone, machte aber die schweren Auseinandersetzungen des übrigen Deutschland mit. Wenn ich durch das Siegener Land über Frankfurt nach Tübingen fuhr, kamen wir ohne die Kontrollen in Hengstei nie durch.

Doch zunächst war ich in Tübingen und nahm dort besonders gern Adolf Schlatter, Karl Heim und Otto Scheel auf. Mein Verhältnis zu Schlatter ging von der biblischen Exegese aus; ich schätzte seine Seminare, die auf die Begriffsgeschichte großen Wert legten. Schlatter hatte die besondere Eigenart, nach dem genauen Textinhalt in Sprache und Form zu forschen und sich nicht eher zufriedenzugeben, als bis der Satz sprachlich, nach seiner Herkunft und in seinen Parallelen im Neuen Testament für uns ganz fest da stand und nun in seiner Wirkungskraft ausstrahlte. Auch in den Vorlesungen war er von dem Satz des Neuen Testaments so überzeugt, daß Rengstorf noch vor kurzem sagen konnte: »Wenn wir aus dem Kolleg kamen, war es, als kämen wir aus einem Gottesdienst. Und wenn wir aus seiner Predigt kamen, war es, als läge ein Kolleg hinter uns.«

Das war unmittelbarer Eindruck von Schlatters gehobenem und von Freude durchdrungenem Vortrag. Er brauchte keine Unterlagen. Er sprach ganz frei.

Schlatter weckte in mir ein besonderes Interesse für das antike Judentum, während Schlatters Systematik mir in diesen ersten Semestern noch wenig sagte. Später habe ich – im Rahmen meiner jahrzehntelangen Arbeit an Josephus – Schlatters Bemühungen um den Text aufgenommen und fühle mich an diesem Punkt mit Schlatter verbunden.

Auch mein Freund Karl Heinrich Rengstorf, der von Schlatter den Weg zu Delitzsch fand, hat später durch seine Tagungen »Kirche und Judentum« meinen Weg stark mitbestimmt. Er war ein treuer Schüler Schlatters geblieben.

Ein kleines Ereignis, das mir Walter Tlach am 13. 2. 1989 überliefert hat, wirft ein klares Licht auf Schlatters Selbstverständnis als Exeget und auf sein Verhältnis zur biblischen Schrift: Schlatter kam im April 1932 während eines offenen Abends auf die Frage nach den Voraussetzungen der Exegese zu sprechen. Er betonte die Wichtigkeit der Beobachtung gegenüber der kritizistischen Fragestellung; entscheidend sei die Frage nach der *Wahrheit* eines Textes im Unterschied zur Frage nach der *Echtheit*, und er bezeichnete sich selbst als einen historischen Exegeten. Er arbeite nicht nach der historisch-*kritischen* Methode, die den Text durch eine »Brille« schaue.

Ein Student aus der Marburger Schule wandte dagegen ein: »Herr Professor, auch Sie sehen durch eine Brille.« Schlatter legte darauf seine Brille, die er gewöhnlich trug, ab und sagte autoritativ: »Nein, ich sehe nicht durch die Brille, sondern ich sehe mit meinen Augen.«

Schlatter setzte voraus, daß der Mensch unterscheiden und entscheiden könne, und daß erst recht sein Schöpfer keine geringeren Funktionen ausüben würde als der Mensch. Die Rationalität genügte Schlatter nicht. Wer mit Homer umgehe, müsse, so war er überzeugt, zur Welt Homers einen spezifischen Zugang haben. Und wer die Bibel verstehen will, muß einen ihr entsprechenden Zugang zur Heiligen Schrift gefunden haben.

Ganz anders als Schlatter war Karl Heim, der damals aus Ost-Asien zurückgekommen war. Er stellte formvollendet die geistige Entwicklung der ganzen Kulturgeschichte dar und zeigte uns den Weg zu Jesus Christus, der in seinem ersten Kommen unsere Schuld auf sich nahm und bei seinem zweiten Kommen die Machtfrage hier auf Erden entscheiden würde. Der Aufbau war so gut gegliedert, daß wir ganz leicht den Werdegang der Religionen und den Werdegang der christlichen Kirchen- und Dogmengeschichte überschauen konnten.

Aber noch glänzender waren bei Karl Heim eigentlich die Predigten. Er brauchte immer wieder sehr eindrückliche Bilder und fesselte im Vortrag den Hörer so stark, daß wir immer erstaunt waren, wenn die Predigt zu Ende ging. Ich habe nur selten so gute Predigten gehört, wie Karl Heim sie uns gehalten und hinterlassen hat.

Die zweite Periode meines Theologiestudiums begann mit dem Wechsel nach Halle im Wintersemester 1923/24. Dieser Wechsel fiel zusammen mit dem tiefen Einschnitt in den wirtschaftlichen Verhältnissen durch die Inflation. Auch mein Vater hatte als Kaufmann mit diesem Umbruch zu kämpfen. Ich entsinne mich, wie ich in diesem Herbst nach Halle fuhr und ins Tholuck-Konvikt kam. Ich war der Fünfzehnte und bekam ein »Dienstmädchen«-Zimmer in der Mansarde. Ich wunderte mich darüber, daß das Wasser immer von oben in das Zimmer lief. Das Zimmer war schmal, und außerdem klopften die »Dienstmädchen« zu jeder Tageszeit an und sagten: »Verzeihung, wir müssen in die Vorratskammer.« Diese lag hinter meinem Zimmer, also mußten die Mädchen ständig durch meine Kammer gehen. Es war solch eine Primitivität, wie ich sie noch nicht erlebt hatte. Meine Bücher konnte ich nur in das Nachtschränkchen legen. Einen Bücherschrank hatte ich nicht. Ein kleines Tischchen stand da und ein Waschtisch mit einem Waschkrug. Außerdem ein Bett.

Ich ging zu dem Senior des Konvikts und beklagte mich: »So etwas habe ich noch nicht erlebt. So primitiv wird bei uns zu Hause kein Dienstmädchen untergebracht.«

Daraufhin sagte er: »Sie werden sehen, was die Vorzüge des Tholuck-Konviktes sind, und später werden Sie es besser haben.« Denn der gewöhnliche Student hatte nach Tholucks Anweisung einen Schlafraum und einen Arbeitsraum, also zwei Zimmer zur Verfügung; die Studenten wurden von dem Hausmeister betreut, dem zwei weibliche Hilfskräfte zur Hand gingen; eine Hausdame, gewöhnlich eine Pfarrwitwe oder eine Pfarrerstochter, leitete den Versorgungsbetrieb. Aber in jenem Wintersemester 1923/24 war die Versorgung sehr mangelhaft.

Ich kam an einem Nachmittag mit zwei Koffern im Tholuck-Konvikt an. Frau Stößner empfing mich und sagte: » Sie sind der erste. Hier, nehmen Sie gleich den Handwagen und fahren Sie zu den Franckeschen Stiftungen. Da drüben sind von Amerika Haferflokken und Kakao angekommen; und sorgen Sie dafür, daß Sie bis zum Abendessen wieder da sind!«

Ich mußte durch ganz Halle ziehen. Ich war noch nie in Halle gewesen und fand mich mit dem Handwagen nur mit Mühe zurecht. Und doch fühlte ich mich hier in Sicherheit. Sobald das Konviktsleben begann, gab es nicht nur morgens eine Andacht, sondern auch eine dicke Haferflockensuppe und zwei Brotstullen, die eine mit Margarine, die andere mit Rübensaft.

Dann setzten sofort die Übungen im Hebräischen Alten Testament oder im Griechischen Neuen Testament ein, die der Inspektor selbst leitete, ehe er uns ins Seminar oder in die Universität entließ. Hier hatte ich einen festen Punkt gefunden, an dem die Ungeordnetheit meines bisherigen Lebens durch eine schlichte Lebensführung abgelöst wurde. Denn in gewisser Weise war Tübingen für mich enttäuschend gewesen. Das Verbindungsleben dort mit seiner intensiven Sporterziehung ging darauf aus, auch die militärische Tradition wieder aufzubauen und zu pflegen; die Erziehung zur Verbindung war an sich vorzüglich, weil gesellschaftliche Formen, studentischer Komment und eine abgeschlossene Gemeinschaft geboten wurden. Es entstand allerdings ein schwerer Konflikt, wegen dessen eine Anzahl mir nahestehender Inaktiver aus dem Tübinger Kreis austrat: Diese wollten stärker das biblische und christliche Prinzip durchsetzen gegenüber der weitschichtigen korporativen und gesellschaftlichen Erziehung. Das Leben dieses besonderen Kreises, zu dem es mich hinzog, war sehr brüderlich und gemeinschaftlich.

Wir lebten in diesen Jahren alle unter der schwerempfundenen Niederlage des Ersten Weltkrieges, unter den schwierigen Bestimmungen des Versailler Vertrages und standen in einer inneren Auflehnung gegenüber dieser Zeit. Im April 1922 kam das Tübinger Studentenbataillon von Oberschlesien zurück, wo es am Annaberg eingesetzt war. Die Offiziere übernahmen nun weithin das sportliche und militärische Kommando in der Verbindung. Erst in Halle gewann ich im Tholuck-Konvikt einen inneren Halt und eine Heimat, die wir dem damaligen Inspektor Martin Baltzer verdankten. Das Leben im Konvikt war nicht streng, aber nach biblischen Satzungen geordnet und im Geist von August Tholuck und Martin Kähler aufgebaut.

Ich habe selbst später jahrelang als Inspektor des Tholuck-Konvikts meine Pflicht getan; Halle und Wittenberg sind bemerkenswerte Stationen meines geistlichen und wissenschaftlichen Lebens geworden. Es war das Besondere an den Halleschen Konvikten, daß sie frei von der Bindung an die Universität, an Staat und Kirche oder Innere Mission ihr Leben unter einem biblisch denkenden Ephorus führten. In dieser Zeit wuchs ich zum biblischen Theologen heran. Von Anfang an war mir hier in Halle die Gestalt und die wissenschaftliche Durcharbeitung der Exegese von Julius Schniewind ein ganz großes Erlebnis. Vom Wintersemester 1923/24 an blieb ich all die Jahre mit ihm in Verbindung, bis ich am 11. September 1940 nach Tübingen versetzt wurde.

Halle gab mir auch vielfache Anregung im Alten Testament (Hermann Gunkel, Otto Eißfeldt), prägte mich aber methodisch sehr stark durch mein enges Verhältnis zu Ernst von Dobschütz. Ich war sein wissenschaftlicher Hilfsassistent und ging durch alle seine großen biblischen und kleinen religionswissenschaftlichen Seminare hindurch. Groß war seine Nachsicht, konnte ich mich doch niemals durch die Grundthesen Albrecht Ritschls und Adolf von Harnacks binden lassen. Dagegen liebte ich die geniale Art unseres Ephorus Wilhelm Lütgert, der mich auch an Johann Georg Hamann heranführte. Das war für mein Leben entscheidend.

Eine Universität ist Erziehungsstätte und Übungsplatz. Hier kommen viele Stimmen zu Wort, und es ist die Aufgabe eines jungen Theologen, sich durchzufinden und zu entscheiden.

Als ich nach Halle ging, hatte ich eine Krise durchgestanden, die sowohl geistige wie seelische Wurzeln hatte.

Da waren in Tübingen auf der einen Seite Schlatter und Heim und auf der anderen Seite die übrigen Theologen mit ihren auch im Ansatz ganz verschiedenen Methoden der Exegese, der Geschichts- und Kulturbetrachtung usw. Bei Schlatter und Karl Heim fand ich mich da eines Tages nicht mehr zurecht. Ich brauchte eine eigene Methodik und straffe Arbeitsanleitungen.

Damals beriet ich mich auch mit meiner Mutter, ob ich nicht einen anderen Beruf ergreifen sollte. Aber kaum hatte ich mich mit ihr ausgesprochen, da war mir klar: Ich mußte die Universität wechseln. Nicht das Massenstudium in Tübingen, sondern die beengte Arbeitsstätte Halle konnte mir Boden unter die Füße geben. Es bleibt allerdings eine Spaltung in meinem Bewußtsein noch offen. Die alte biblisch fundierte Linie Schlatter/Lütgert, die ich eigentlich nie aufgab, bildete sich unter dem Hallenser Einfluß von J. Schniewind weiter und wurde für mich deshalb führend, weil nur sie später im Zusammenhang mit Ernst Wolf und Dietrich Bonhoeffer den Kirchenkampf durchhielt.

Ich bin dann ein eigener geworden, der sein Selbst fand auf der Linie Adolf Schlatter, Martin Buber und Hugo Odeberg. Die Wurzeln dieser Entwicklung gehen zurück auf mein Studium in den Jahren 1922-1926. Aber mein Weg verläuft in verschiedenen Stadien, in denen die wissenschaftlichen Probleme im einzelnen in mir weiter arbeiteten.

In den entscheidenden Studienjahren war das Wichtigste die Umbildung eines Kaufmannssohnes in einen Akademiker, die Ausbildung zu einem Mann, der sich der Not seines Volkes nicht entzog. Ich reifte damals nur langsam zur Härte des Widerstandes heran, die die Probleme durchschaute und bis zum Letzten durchzustehen versuchte. Ich konnte mir nur schwer ein Bild machen von dem, was in den einzelnen Lebensgebieten mein letztes Ziel und meine wichtigste Aufgabe war. Ich suchte eine Richtung, versuchte sie durchzuhalten, hatte aber noch zu wenig Durchsetzungskraft, weil sich der Wille Gottes in mir brach an den Eigenheiten meiner Natur und ihrer Selbstbehauptung. In Politik, Theologie und Soldatsein mußten meine Möglichkeiten, mich aus mir heraus zu behaupten, erst zerbrochen werden.

Sehe ich zurück, dann brauchte ich in einer akademischen Gemeinschaft ein enges Verbundensein nur mit Menschen, die biblisch geprägt sind und von der Heiligen Schrift sich führen lassen. Alle Verweisung des Christentums in ein Prinzip oder in eine Abstraktion sind mir in dieser Zeit in schweren Kämpfen abhanden gekommen.

Die sozialen Muster, in die mich die Wingolf-Verbindung hineinzwang, ließen mich ein erstes Mal die Notwendigkeit erfahren, mit Formen der Selbstbehauptung brechen zu müssen, die nicht wirklich in eine biblische Existenz führen: So ging die Verbindung von der christlichen Abstraktion »durch einen alles« aus und machte daraus eine die Verbindung strukturierendes Verhaltensgesetz, wonach man das studentische Leben in ein christliches umgestalten wollte. Ich aber brauchte biblische Lebensführung. Ebenso sollte das Prinzip der Keuschheit die Antwort sein auf das ganze Lebensgebiet, das die Beziehung zwischen den Geschlechtern ausmacht. Ich brauchte aber eine biblische Erschließung der Wirklichkeit der Geschlechter und eine biblische Führung im Umgang mit Frauen, nicht die Abstraktion von dieser Wirklichkeit durch ein solches Gesetz. Alle menschlichen Scheinlösungen, Umwege und Angebote müssen erst zerbrochen werden, ehe Gott einem Menschen wirklich begegnet und sein Wort erschlossen wird.

Hier sei ein kurzer Einblick in mein geistiges Werden eingeschaltet. Es ist keineswegs so, daß meine Lehrer mir große geistige Zusammenhänge und Methoden erschlossen und mich damit in eine bestimmte Richtung gelenkt hätten. Es geschah hier und da, war aber nicht das Eigentliche. In mir lag von Haus aus ein Zug zur Meditation, zur Selbstbesinnung, zur Reflexion. Er wurde durch mein Elternhaus und meine humanistische Schulbildung ganz besonders bereichert. Aber die Fragen drängten mich nach vorne, und ich suchte immer wieder nach neuem Land und richtigen Lösungen. Je mehr man mir Gebiete verschloß, desto wacher wurde mein Interesse. Je offensichtlicher mir falsche Lösungen aufgedrängt wurden, desto härter wurde mein Widerstand.

Das soll keine Kritik sein, sondern ist eher eine Anerkennung. Ich brauchte den Widerstand und die Geheimnisse, und jene Gebiete, die mir verschlossen waren, mußten ebenso weh tun wie meine Empörung bei falschen Lösungen. Mein Vater erzog mich sehr gut: Er war Bürger, Kirchmeister, vorbildlicher Kaufmann und Soldat. Man hat gemeint, daß die bittere Erfahrung früherer Geschlechter ihn mit Gewalt nach vorne und über sich selbst erhoben. Ich möchte da mit Vorbehalt zustimmen, denn ich kenne an ihm ein reines, selbstloses Glauben und Lieben, das über alle menschlichen Grenzen hinausreichte.

Ich wurde in eine Zeit hineingeboren, in der Bürgerlichkeit, christlicher Glaube, politische Maßstäbe zerfielen und nicht mehr zusammenzuhalten waren. Das war das Besondere, woran meine Sendung und Begabung sich bewähren mußte. Hier entstanden Widersprüche und Gegensätze zwischen meinem Vater und mir, die für ihn kaum ertragbar waren. Die Lebensgebiete lösten sich auf in Fragestellungen – irritierende, richtige, falsche; die Grenzen, in die eine bürgerliche Gesellschaft eingespannt war, zerfielen angesichts von Möglichkeiten, die früher niemals erkennbar waren. Diese Lebensprozesse begannen nun während meines Studiums und meiner Hallenser Zeit sich auszuwirken. Es war für mich sinnvoll gewesen, das mildere süddeutsche Klima hinter mir zu lassen. Hier in Preußen begegnete mir zudem der Anspruch Luthers und der Reformation, das harte Erbe der Pflichterfüllung und der Selbstzucht, und die Isolierung, die den einzelnen in die Gottesferne und in die Gottesnähe hinaustrieben. Ich sehe nachträglich, daß meine Lehrer Wegführer waren auf bestimmten Gebieten und in verschiedenen Fragestellungen: Da haben sie ihren Platz und ihre unwiderrufliche Bedeutung.

Ich mußte aber meinen eigenen Weg finden, um das Geschlagenwerden und Anerkanntwerden zugleich durchzustehen. Was meinen Vater angeht, so habe ich ihn in den entscheidenden Kriegsjahren sehr entbehren müssen. Nach dem Krieg litt er namenlos an dem Zerfall des christlichen Bürgertums und der Gesellschaft.

Die Neigung zur militärischen Ausbildung hatte ich von Anfang an mit in die Studentenzeit hineingebracht. Die spätere völkische Bewegung hatte für mich drei Aspekte: Zunächst zielte sie auf Volksgemeinschaft, nicht auf Parteiwirtschaft. Sodann wurde sie zu einem leidenschaftlichen Protest gegen den Versailler Vertrag und die Unterwerfung unseres Volkes. Das Gefährliche an ihr war das Utopische, Phantastische und Maßlose, das dann später im Zweiten Weltkrieg alle humanistischen, christlichen und biblischen Gebote übersprang.

Heutzutage sieht man im Gegenschlag nur das Gefährliche, das Utopische und Maßlose, das die Grenzen übersprang, nicht aber das Streben nach Einheit und Gemeinschaft, nicht das Ja zur eigenen geschichtlichen Bürde. Während meiner Studienzeit begannen diese geistigen Prozesse sich geschichtlich anzubahnen. Viel Wertvolles und für mich Neues lag in den Kreisen der Jugendbewegung, in denen ich zum ersten Mal ein natürliches, gewachsenes Verhältnis von Mann und Frau kennenlernte.

Die Überlegenheit meines Vaters bestand darin, daß er darauf drang, daß ich vor allem biblisch fundierte Lehrer hörte. Er war es, der mir vorschlug, nach Tübingen zu gehen. Seine Überlegenheit zeigte sich in seinem Weitblick, daß er verlangte, ich sollte so lange wie möglich jede Beziehung zu einer Frau meiden. Er sagte ausdrücklich, daß er mich nur solange unterstützen würde, als ich diese Bedingungen erfüllte. In den späteren Notjahren hat er ebenso wie meine Mutter eine strenge Grenze zwischen seinem Vermögen und mir mit meiner Bedürftigkeit gezogen, hat mich wirtschaftlich aber niemals ganz fallen lassen. Vielleicht hat er schon frühzeitig gesehen, daß ich eine Sendung und eine Aufgabe habe, die ich erfüllen sollte oder an der ich scheitern mußte. Er hat nie darüber gesprochen.

Im Mai 1926 legte ich mein erstes dienstliches Examen ab. Gleichzeitig begann ich mit meiner Promotion über Paulus und seine Bibel. Die Art, wie ich mit der Bibel umgehe, möchte ich als biblisch-historisch bezeichnen. Ich möchte das Grundsätzliche hören und den Anspruch des Wortes mit der konkreten Situation des Menschen verbinden, ohne die literarkritischen und religionsgeschichtlichen Bezüge zu vernachlässigen. Ich weiß mich in der Tendenz mit Adolf Schlatter, Karl Heim, Julius Schniewind einig. Die Verschiebung auf das kritizistische Denken in der Bestimmung der Methodik scheint mir nicht gesund zu sein. In meinem Promotionsstudium suchte ich mich zwischen Rabbinat und Hellenismus (Josephus, Philo) zurechtzufinden und legte großen Wert auf die Florilegien (Zitatensammlungen). Mein Interesse galt aber in besonderer Weise den Zusammenhängen von Schrift und Geist, Schrift und Buchstabe, Schrift und Zeitgeschichte. Die Dissertation »*Paulus und seine Bibel*« wurde 1928 von Ernst von Dobschütz angenommen und 1972 noch einmal von der Wissenschaftlichen Buchgesellschaft aufgelegt. Mit der Promotion begann der Weg zur Habilitation, die im Juli 1929 stattfand.

Ganz fest in Erinnerung ist mir eine Episode, die über meine Zukunft entschied. An einem Tage im Jahre 1928 erklärte mir Ernst von Dobschütz, daß die Fakultät meine Habilitation wünsche. Ich zögerte mit der Antwort, und von Dobschütz fragte mich nach meinen Bedenken. Ich schaute auf die Bücherregale seines Arbeitszimmers und antwortete:

»Die vielen Bücher stören mich. Ich will es mit Menschen zu tun haben.«

Daraufhin antwortete von Dobschütz: »Sind Studenten keine Menschen?«

Ich atmete tief auf und sagte: »Herr Geheimrat, ich habilitiere mich.«

So entstand 1929 meine Habilitation, während ich in der Stille einer Wohnung in der Albrechtstraße lebte. Gleich meine Antrittsvorlesung im Juli 1929 über »Die Entstehung der paulinischen Christologie« zeigte etwas von den grundlegenden Spannungen auf: Ich betonte die Wichtigkeit und Selbständigkeit des Damaskus-Geschehens für Paulus selbst und sein Amt und sein eigenständiges christologisches Denken in seiner Gedankenführung und in seiner Lehrtätigkeit. Ich ging aus von der Präexistenzlehre bei Paulus und führte sie auf die Menschensohn-Lehre als Grundlage zurück und ging dann weiter zur Sohn-Gottes-Lehre als zweiter Stufe bei Paulus, die im Mittelpunkt steht, und endete in der Weisheitslehre. Das war mein Thema im Jahre 1929.

Menschwerdung, Kreuzigung, Auferweckung und Weisheitslehre, diese vier Brennpunkte halte ich auch heute noch für wichtig. Das Wort geht in die Geschichte ein, die Geschichte in das Wort. Diese Grundeinsicht – das Wort geht in die Geschichte ein, die Geschichte geht in das Wort zurück – habe ich mein Leben lang durchgehalten, auch bei den gemeinsamen Vorarbeiten für den Kommentar zum Hebräerbrief, den Ernst von Dobschütz leider nicht zum Abschluß bringen konnte; er überließ schließlich diese Arbeit mir. Dabei entstand ein Unterschied: Der Hebräerbrief ging den Weg der Bekennenden Kirche mit und fand auch die Zustimmung von Julius Schniewind; der Römerbrief-Kommentar ging in die Nachkriegszeit hinüber und setzt die Qumranfunde voraus. Bei alledem war das Ernstnehmen der rabbinischen, apokalyptischen und hellenistischen Texte entscheidend, ferner meine Mitarbeit am Verhältnis von Christentum und Judentum, mein Drängen auf eine aktuelle »biblische Theologie«. In diesem Programm weiß ich mich einig mit Hans Joachim Kraus, Klaus Haacker, Bertold Klappert und den Menschen, die mit Julius Schniewind verbunden sind.

Ein Verlust muß allerdings angemerkt werden. Ich liebte den Alttestamentler Hermann Gunkel, den Religionsgeschichtler und Vater der formgeschichtlichen Betrachtungsweise ganz besonders und war regelmäßig in seinem Seminar zu finden. Er war ein Meister auf jedem Gebiet und brachte uns »Form-« und »Gattungsgeschichte« bei, indem er die Literarkritik so weit wie möglich zurückschob. Er hatte einen eigenartigen Stil, Literaturgeschichte vorzutragen, ohne Glaubensprobleme anzusprechen. Als ich mich für Neues Testament habilitiert hatte, machte ich ihm einen Besuch. Er zeigte sich bitter enttäuscht: »Was wollen Sie denn eigentlich? Warum wollen Sie am

Neuen Testament arbeiten? Ich kann nicht einsehen, daß Sie in dieses Fach eintreten. Hier sind die grundlegenden Fragen längst gelöst. Da gibt es keine Erkenntnisse mehr, die gewonnen werden müßten. Das haben Martin Dibelius und Rudolf Bultmann schon gemacht. Sie sollten am Alten Testament arbeiten. Da ist noch alles offen. Das wäre doch das Richtige gewesen. Zwei Semester waren Sie bei mir im Seminar, und ich habe mich an Ihnen gefreut und habe gedacht: Endlich hat er etwas begriffen – und auf einmal blieben Sie weg.« »Herr Professor«, antwortete ich, »ich vermute, im Neuen Testament muß es auch in Zukunft Vorlesungen und Seminare geben. Wir wollen mal sehen, was dann für uns übrig bleibt.« Er schüttelte mir die Hand und sagte: »Genügt Ihnen das? Dann versuchen Sie es mal.« Das Gespräch ist mir stets in Erinnerung geblieben. Ich habe Neues Testament immer zusammen mit dem Alten Testament, mit der Orientalistik und im Gespräch mit dem Judentum getrieben. Aber diese Antwort kann ich erst heute geben.

## 5. Aneignung und Widerspruch: Inspektor des Tholuck-Konvikts (Halle 1927-1930)

Die Auseinandersetzung mit der Wissenschaft war ursprünglich durch zwei Gesetze bestimmt. Ein Gesetz war die freudige Annahme dessen, was mir meine Lehrer beibrachten, und zwar auf jedem Gebiet. In rabbinischer Literatur hörte ich bei Dr. Woskin Nahartarbi aus Leipzig. Diese rabbinischen Übungen waren zwar sehr trokken, aber lehrreich. Mehr konnte mir die damalige Zeit auf diesem Gebiet nicht geben. Bei Otto Eißfeldt lernte ich Aramäisch, bei Bauer Syrisch, bei Johannes Ficker Katakombenbau der alten Kirche. Im Alten Testament lernte ich bei Hermann Gunkel, im Neuen Testament bei Ernst von Dobschütz. Kirchengeschichte besonders gern bei Friedrich Loofs, der eine beherrschende Gestalt der Fakultät war.

In der Systematik interessierte mich ganz besonders Wilhelm Lütgert, der Ephorus der Konvikte nach Martin Kähler. Er machte uns immer auf Dinge aufmerksam, die wir niemals in Büchern lasen. Das hat mich an Wilhelm Lütgert sehr gefesselt. Er griff die biblischen Grundfragen auf und führte sie durch die Dogmengeschichte und die protestantische Lehrbildung und zeigte dann, wo wir zu arbeiten hatten. Durch ihn kam ich zu meiner Liebe zu Hamann. Daß hier ein Mann war, der Kant widerstand, und warum er Kant widerstehen konnte und was seine Lebensführung war, auch sein merkwürdiges Verhältnis zum weiblichen Geschlecht, was mir damals auffiel, denn sonst waren die Vorlesungen darüber nicht sehr aufschlußreich - wie er litt, wie er zugrunde ging und wie er sein Heil in Christus und im Kreuz fand - all das hat mich sehr bewegt.

Später, in den Ferienseminaren, habe ich immer wieder an ihn erinnert, und bei Dr. Helgo Lindner ist das auf fruchtbaren Boden gefallen und wird jetzt weitergehen.

Zum Widerspruch kam es sonderbarerweise gerade gegenüber Ernst von Dobschütz, meinem geliebten Lehrer. Schon früh kam ich in Halle in seine Hände. Ich war ihm durch meine Arbeiten am Hebräerbrief und über die Eschatologie bei Paulus aufgefallen und wurde sein Hilfsassistent und Vorleser, da er in dieser Zeit schon fast blind war. So wurde ich zunächst mit der ganzen mandäischen Literatur vertraut und sah in ihr nicht nur ein Produkt späterer spekulativer Entwicklungen. Bei Paulus interessierten mich v. Dobschütz' Aussagen über Rabbinat und Apokalyptik, und ich nahm bei ihm Spannungen wahr, die mich weiterdenken ließen.

Von Dobschütz war wie ein väterlicher Freund. Er hatte keine Kinder, und ich war Tag für Tag bei ihm. Ich führte ihn über die Straße, und er ging mit mir am Arm ins Seminar. Es war ein vertrautes Verhältnis bis ins Persönliche hinein. Aber er ging wie Adolf von Harnack den Weg vom Hellenismus her und faßte Jesus und Paulus und das Neue Testament in den Rahmen des hellenistischen Horizonts, wobei das Judentum sehr unbetont war. Höchstens die Prophetie kam einigermaßen gut weg. Er sagte:

»Mit den Rabbinen kann man sich nicht befassen. Sie konnten nicht denken. Sie hatten auch keine Methodik. Sie trieben Exegese, indem sie wie mit einem Hammer auf einen Amboß schlugen. Und wenn dann ein Funke heraussprang, war das eine exegetische Weisheit. Aber denken konnten sie nicht.«

Hier stand auf einmal mein ganzer Widerspruch auf. Ich glaubte einfach nicht, daß die Juden nicht denken konnten. Die Rabbinen mußten doch anders ernstgenommen werden!

Dieser Widerspruch hing auch damit zusammen, daß ich in den Ferien bei meinem Vater, dem Textilkaufmann, mitarbeitete. Ich trug Rechnungen, Briefe in die Geschäfte der Textilbranche auf der Hofaue, die meist jüdisch waren. Dabei lernte ich viele Juden kennen und fand keinen Juden, der nicht denken konnte.

Dazu kam noch ein persönliches Erlebnis: Ein Jude namens Jakob Goldschmidt kam in unsere Firma. Er hatte eine eigenartig trockene Art, Witze zu erzählen. Mein Vater, der sehr ernst war und mit uns eigentlich nie scherzte, wurde immer sehr fröhlich, wenn Jakob Goldschmidt kam und er sich mit ihm in sein Kontor einschließen konnte. Dann hörte ich ihn immer schallend lachen.

Aber eines Tages kam Jakob Goldschmidt durch unser Geschäftszimmer, sah mich da sitzen und fragte: »Wer ist denn das?« Mein Vater sagte: »Das ist mein ältester Sohn. Der studiert Theologie.« »Was«, sagte er, »der studiert Theologie? Gibt es denn so was! Hören Sie einmal«, sprach er mich an, »können Sie mir einen Gefallen tun? Wissen Sie, ich bin von zu Hause ein frommer Jude, und wir haben das Sabbatlicht immer angezündet. Aber meine Frau kennt keine Riten mehr, und meine Tochter weiß überhaupt nichts vom Glauben. Können Sie meine Frau und meine Tochter Melitta, siebzehn Jahre alt, besuchen und ihnen etwas vom Glauben beibringen?« Nein, das konnte ich nicht übernehmen. »Ich bin noch im Studium und noch sehr unfertig«, antwortete ich. »Ich fühle mich nicht imstande, im Augenblick über die Bibel mehr zu sagen als das, was ich selbst annehmen kann.« »Schade«, sagte er, »aber da muß etwas geschehen.« Und ich versprach ihm, daß ich dafür sorgen würde.

Es war September 1927. Ich kletterte mit meinem Bruder im Hochgebirge in der Schweiz, als ich am Abend ein Telegramm von Wilhelm Lütgert vorfinde mit der Bitte, umgehend nach Aachen in sein Hotel zu kommen. Dort müsse er mich dringend sprechen.

Ich zeige das Telegramm meinem Bruder und sage: »Ich muß sofort weg. Melde mich ab.«

Ich fahre mit dem Nachtzug über Heidelberg in die mir unbekannte Kaiserstadt und melde mich im Hotel. Lütgert ist aber nicht da. Er muß gesucht werden. Ich denke mir: Wo wird ein Professor sein, der nicht im Hotel ist? Ich gehe in den Dom, und da sehe ich seine hochragende Gestalt und seine freundlichen braunen Augen. Er strahlt mich an und sagt: »Wissen Sie, Inspektor Baltzer ist entschlossen, sich zurückzuziehen. Sie sind ab 1. September Inspektor des Tholuck-Konviktes. Und ich wollte Ihnen sagen, die Bedingungen sind seit Tholuck und Kähler so: Sie haben das Essen und eine schöne Wohnung, drei Zimmer, aber ohne Möbel, ohne Gehalt und ohne Taschengeld. Außerdem müssen Sie wissen: Nach den Statuten dürfen Sie keine Unterstützung bekommen: von der Universität nicht, von den Kirchen nicht und von der Inneren Mission nicht. Sie sollen ganz frei aus dem Glauben leben. Und Sie müssen sehen, wie Sie mit dem Konvikt zurechtkommen. Sie sind Kaufmannssohn, Sie werden sicher einen Weg finden. Ich werde Ihnen helfen.«

Damit wurde das Tholuck-Konvikt endgültig meine neue Heimat. Ich hatte die biblische Erziehung des Konviktes zu garantieren, biblische Übungen abzuhalten und die Freiheit von allen irdischen Abhängigkeiten zu gewährleisten. Damit trat ich in eine folgenschwere Situation, aber ich bejahte sie im Gehorsam gegenüber der Schrift und der Tradition.

Die Konvikte lebten von Stiftungen, waren aber wirtschaftlich nicht gesichert. Mir als Kaufmannssohn aus wohlhabenden Kreisen wurde nun eine Existenz angeboten, in die ich mich zu schicken hatte. Auch später, als ich nach 1936 eine kleine Assistentur annahm, aber eine Familie zu ernähren hatte, später, als ich im März 1943 Soldat wurde, habe ich Wege der Niedrigkeit gehen müssen, deren Spuren bis heute in mir nachwirken. Ich möchte diese Jahre als ganz entscheidend ansehen.

Bisher war ich erzogen worden, jetzt sollte ich selbst erziehen. Bisher war ich versorgt worden, jetzt sollte ich mich selbst versorgen. Bisher hatte ich Einblicke in ein vertrautes Wirtschaftsleben, jetzt sollte ich selbst eigene Schritte wagen, um andere zu sichern.

Es hört sich gut an, ganz aus der Freiheit zu leben, ohne einen bestimmten Rückhalt zu haben. In Wirklichkeit beginnt jetzt aber ein Leben und eine Lebenserfahrung in besonderer Niedrigkeit. Das Leben muß erworben werden, wobei man es Schritt für Schritt dem Stärkeren, der Macht und wirtschaftliches Vermögen hat, abringt. Es kommt nur zu leicht vor, daß man seine Selbständigkeit und Freiheit verliert oder selbst billig wird und seine Ansprüche herabschraubt. Es folgten für mich Jahre besonderer Gefährdungen, Nöte und Schwierigkeiten.

Mein Vater hatte recht: Ich hatte auf vieles im Leben zu verzichten, um das zu erreichen, was für andere Menschen selbstverständlich war. In dieser Zeit löste ich mich weithin von den Banden der Familie, hoffte aber noch, daß meine Schwester mir erreichbar bliebe.

Von nun an begann ich auch, »meine Jungen« im Hinblick auf Frauen und Mädchen zu erziehen, statt sie nur einfach von diesem ganzen Lebensgebiet abzuriegeln. Auch als Sprecher der Bruderschaft auf dem Wittenberger Predigerseminar (1926/27) habe ich beide Aspekte vor Augen gehabt. Der Überlieferung nach mußte ich abgrenzen und ausschließen. Menschlich und brüderlich mußte ich ständig vor Katastrophen und Gefährdungen schützen. Wie unbeholfen waren unsere jungen Leute, die vor einem neuen Lebensgebiet standen!

Ich denke an einen jungen Freund, der eine prachtvolle Lehrerin kennengelernt hatte, die ihm geistig und menschlich weit überlegen war und vor der er nach seiner offiziellen Verlobung regelrecht ausriß. Mein geliebter Ephorus Macholz sagte nur: »Nun sehen Sie mal zu, wie Sie damit zurechtkommen. In drei Tagen muß die Sache erledigt sein, ehe wir den Vorfall der Polizei melden.« Ich bekam dann von meinem Freund ein Telegramm, das mir die Pflicht auferlegte, das Verhältnis aufzulösen, dann erst würde er von seinem Fluchtort Bremen zurückkehren.

Eines Tages wurde ich darauf aufmerksam gemacht, daß ein Konviktuale sich regelmäßig morgens zehn Uhr in Hausschuhen am Milchwagen mit einem Mädchen traf, das in der Nachbarschaft Bedienstete war. Das ganze Haus war voller Empörung und Aufruhr und verlangte, daß ich diesen »unwürdigen jungen Menschen« aus dem Konvikt verwiese. Ich konnte zunächst dagegen geltend machen, daß ein solcher Rechtsfall mit dem Ephorus durchgesprochen werden müßte, nahm aber dann die Gelegenheit wahr, mit dem »Delinquenten« zu verabreden, daß er am Sonnabend das Mädchen zu einer Fahrt nach Naumburg einladen und ihr den Naumburger Dom erklären sollte. Wenn das Mädchen so weit geistig aufgeschlossen sei, daß es an den Stifterfiguren den notwendigen Geschmack gewinne, bestünde vielleicht eine Voraussetzung dafür, daß sie einmal eine gute Pfarrfrau werden würde. Ich habe ihm dann klarzumachen versucht, was alles auf eine junge Pfarrfrau zukomme.

Am Sonnabend meldete sich mein Freund am Abend zurück, schüttelte den Kopf und sagte: »Es war nichts, Herr Inspektor.« Auf jeden Fall habe ich ihm geraten, sich in Zukunft nicht bei einem Milchwagen in der Cäcilienstraße aufzuhalten, sondern Einladungen in die Dölauer Heide zu verlegen.

Wenn ich an mein Verhältnis zu meinen Studenten und Kameraden zurückdenke, dann erschloß sich eine neue Notwendigkeit, dem Leben in seinen verborgenen Beziehungen und Ordnungen nachzugehen. Nicht so, als wäre ich dadurch in diesen Jahren selbst gesicherter und erfahrener geworden. Im Gegenteil, ich habe schwere Niederlagen einstecken müssen, weil ich Menschen und Lebensverhältnisse oft falsch einschätzte.

In diesen Jahren entschied sich aber auch etwas ganz Besonderes für meine spätere Geschichte. Ich suchte von nun an eine engere Verbundenheit von Theologie als Wissenschaft einerseits und Kirche als Lehre und Verkündigung andererseits. Ich hielt es nicht für gut, Theologie in Abstraktion oder Spekulation zu führen. Im Mittelpunkt sollten zunächst Gottesdienst, Lehre und Verkündigung stehen. Die Seelsorge sollte aus ihrer verkümmerten Rolle erlöst und zur Evangelisation bzw. zur Mission von Gruppen umgeformt werden. In Halle wurden mir dafür der Stadtmissionar Eduard Juhl und mein späterer Freund Walter Gabriel wichtig, am Predigerseminar in Wittenberg mein Direktor Waldemar Machholz.

In zweiter Linie sollte dann Einblick in die Literatur, in die Geistesgeschichte, in die Soziologie und Psychologie gewonnen werden. Aber entscheidend war eine Überwindung der theologischen Abstraktion zur Evangelisation und Mission mit Hilfe dieser Nebendisziplinen. Erst in dritter Linie sollte die eigentliche exegetische und systematische Theologie ihren Platz bekommen. Ich wollte immer von der Konkretion und Situation her Theologie aufschließen und zur Theorie und zur Systembildung hinführen. Später habe ich in langen Jahren in meinen Marienseminaren etwas von diesen Plänen verwirklicht.

Ich stellte mich in den Jahren 1926 bis 1928 dem Stadtmissionar Eduard Juhl begeistert zur Verfügung, habe oft Sonntags nachmittags mit ihm in den Brandbergen Leute angesprochen und evangelistisch gedient. Auch heute würde ich es für wichtig halten, in der Verkündigung evangelistisch und missionarisch zu wirken und sich nicht von den Zeitströmungen vereinnahmen zu lassen.

Der Gesamtverlauf dieser Jahre zeigte, daß ich im Sinne der Halleschen Konvikte ein biblisch-reformatorischer Theologe wurde, der Theologie und Kirche eng miteinander verband, am Schicksal des Menschen im Sinne dieser Tradition teilnahm und sich allen Problemen des gesellschaftlichen Lebens zu öffnen bereit war. Ich hatte einen beständigen Freund und Kameraden in dem Inspektor des Schlesischen Konviktes Dr. Gustav Stählin gefunden, und wir haben ein Stück Hallenser Tradition ständig aufrecht erhalten.

## 6. Als Archäologe im Orient

Im Sommer 1930 arbeitete ich mit Professor Albrecht Alt im Archäologischen Institut Jerusalem zusammen. Ich bin 1930 Mitglied des Archäologischen Instituts Jerusalem gewesen und habe dort Archäologie getrieben, vor allem Scherbenkunde, und dabei habe ich bei Hebron praktisch in einem Ausgrabungsfeld gelebt. Wir hatten damals eine alte Römerstraße entdeckt und mußten sie aufnehmen. Es war schwierig.

In Hebron ist es oft ziemlich heiß, und ich entsinne mich, daß ich in diesen Tagen krank wurde. Wirklich krank war ich vorher gewesen, aber es saß mir noch etwas in den Knochen. Wir ritten zu den Grabungen. Jeder hatte ein Pferd, ein junges, arabisches Pferd. Die Polizisten hatten Pferde von den arabischen Stämmen gekauft.

Professor Alt sagte lachend: »Wir haben diesmal Glück, und ich bin ganz froh. Wir haben junge Pferde und junge Männer.« Er erzog uns wie in Deutschland allgemein die Theologen natürlich proarabisch. Man sagte, die Zionisten seien Kommunisten, und verwechselte dabei die Kibbuzim mit kommunistischen Siedlungen.

Ferner war man sicher, daß man in den Kibbuzim die Frauen austausche und daß sie eine gemeinsame Wirtschaft hätten, aus der sie Nahrung und Kleider nähmen, und so gewann ich auch beim Problem des Judentums mit der Zeit den Eindruck, daß das meiste, was die Menschen sagen, Schwindel ist. Und der Rest ist unwahr. Das ungefähr bildete sich bei mir als Grundsatz heraus.

Ich hatte das Bedürfnis, die Dinge wirklich zu erforschen, und so hat sich dann folgendes ereignet:

Eines Tages ritten wir hintereinander her. Vorne der Professor, dann wir anderen in einer Gruppe zu fünft – ebenfalls hintereinander – und am Schluß die Araber mit dem Troß. Jeder von uns hatte sein eigenes Pferd und seine notwendigste Ausrüstung, d.h. etwas Brot in Form von arabischen Brotfladen und links und rechts in den Satteltaschen zwei Flaschen kalten Tee, in den wir morgens eine Zitronenscheibe hineintun mußten und in die ich trotz aller Verbote insgeheim immer ein Stück Würfelzucker einschmuggelte. Tatsächlich, es war streng verboten.

So sind wir ausgeritten.

Unterwegs regelte sich der Verkehr folgendermaßen: Professor Alt rief nach hinten: »Links ab, Siedlung . . .« Der nächste Reiter mußte genauso schreien: »Links ab, Siedlung . . .« Dann der dritte: Links ab, Siedlung . . .« Da mußte man genau hinhören, sonst konnte man nämlich nur Unsinn mitbekommen und weitersagen. Und nun passierte etwas Besonderes. Ich sah unten eine zionistische Siedlung liegen. Ich halte also plötzlich mein Pferd an und rufe nach hinten:

»Bei mir ist das Sattelzeug nicht in Ordnung. Ich muß halten. Bitte rücken Sie auf.« Ich nehme das Pferd und führe es zur Seite. Nun war Ali beim Tross der Araber natürlich bereit, das Sattelzeug sofort in Ordnung zu bringen. Aber ich verbat mir das und sagte:

»Es ist mein Fehler gewesen, Ali, ich habe heute morgen das Sattelzeug nicht nachgesehen, ob es richtig sitzt. Ich muß es nun selbst in Ordnung bringen. Reite weiter, Ali!«

Nun war ich endlich allein. In dem Augenblick springe ich auf das Pferd und rase im Galopp den Berg hinunter in die zionistische Siedlung.

Dort hatte man uns schon beobachtet und war nun erschrocken darüber, daß einer sich von der Gruppe ablöste und im Galopp herunterritt. Sie kamen zusammen auf das Feld, und ich stand da und sagte:

»Bitte keine Aufregung! Ich bin Deutscher und Archäologe. Aber ich möchte so gerne wissen, was eine zionistische Siedlung ist. Könnt ihr mir das Notwendigste beibringen?«

Da haben sie mir folgendes gesagt, das für die Verhältnisse von 1930 sehr interessant ist:

»Wir sind aus Böhmen, aus der Tschechoslowakei. Wir sind geschlossen hier herübergekommen und haben mit amerikanischen Geldern – wir selbst hatten ja nichts – eine Siedlung gegründet, einen Kibbuz. Ein Kibbuz ist eine Gemeinschaftssiedlung, aber nicht kommunistisch. Wir tauschen auch keine Frauen aus, sondern gemeint ist, daß die Frauen mit den Männern zusammen auf dem Feld arbeiten. Es bleibt nur eine Frau zurück, die in einem großen Kessel das Essen kocht. Es bleibt auch ein Mann zurück, der die Kinder morgens unterrichtet. Wir haben eine gemeinsame Kasse, aus der das Essen bezahlt wird, aus der wir auch das Geld für unsere Kleidung bekommen. Aber grundsätzlich sind wir sehr arm.«

»Danke schön«, sagte ich, »und nun alles Gute. Schalom!«

Ich stieg schnell wieder auf das Pferd und ritt im Galopp den anderen nach. Die waren schon ziemlich weit, und ich erreichte den Troß, als Ali sagte:

»Da kannst du was erleben. Professor Alt ist wütend über dich, daß du verschwunden bist.« Ich ordnete mich hinten ein und sagte gar nichts. Auf einmal hält vorne die Spitze. Professor Alt ruft mich zu sich. Michel kommt angetrabt, und Alt schreit:

»Warum haben Sie sich entfernt?«

Ich: »Das Sattelzeug war nicht in Ordnung.«

Alt: »Sagen Sie, haben Sie heute morgen das Sattelzeug nicht geprüft?«

Ich: »Leider nein, Herr Professor.«

Alt: »Warum haben Sie denn das Sattelzeug nicht geprüft, als das Pferd Ihnen vorgeführt wurde?«

Ich: »Ich kam zu spät, da habe ich es unterlassen.«

Alt: »Das kommt mir nicht noch einmal vor!«

»Nein«, sage ich, »Herr Professor, es kommt nicht noch einmal vor.«

Ich mache eine Verbeugung und reite zurück, nicht mehr an den Schluß, sondern an meinen Platz.

Das war die erste Berührung mit den Juden. Wir hatten bloß mit den Arabern verkehren dürfen, denn wir gehörten zur Evangelisch-Lutherisch-Arabischen Kirche und diese Evangelisch-Lutherisch-Arabische Kirche hatte einen Propst. Der kümmerte sich natürlich nur um Araber, denn seine Kirche unterstand dem arabischen König von Jordanien.

Viele Jahre später, als ich zum ersten Mal versuchte, eine »Mischreise« Jordanien-Israel durchzuführen, begab sich folgendes:

Die Arabisch-Lutherische Kirche greift in der Gestalt des Propstes ein und fragt, ob es wirklich von mir beabsichtigt sei, durch das Mandelbaumtor zu gehen.

Ich nickte: »Jawohl.«

»Im Namen der Kirche verbiete ich es Ihnen. Meine Gemeinde würde das nicht verstehen, wenn Sie sich mit Juden einlassen; denn Araber und Juden vertragen sich nicht.«

»Ich war immer wieder in den arabischen Ländern«, entgegnete ich, »auch mehrmals in Ägypten, aber ich möchte diesmal nach Israel, und wissenschaftlich ist es meine Pflicht, die israelischen Archäologen und deren Grabungen genauer kennenzulernen, an die ich sonst nicht herankomme.«

Daraufhin antwortete er: »Israel treibt keine Archäologie. Israel treibt überhaupt keine Wissenschaft. Sie können in Israel überhaupt nichts lernen.« »Ich habe das an der Universität schon gehört. Sie haben das als Vertreter der Kirche wiederholt, aber es gehört zum Besonderen des Forschers, daß er nachprüft.«

»Also, ich verbiete Ihnen noch einmal, daß Sie nach Israel gehen.«

»Herr Propst, ich behalte mir meine Entscheidung vor.«

Ich teile im CVJM-Hotel Jerusalem, im arabischen Teil, dem Direktor das mit. Der wird bleich, antwortet keinen Ton. Für den anderen Morgen habe ich das Frühstück um sieben Uhr bestellt. Die arabischen Kellner bringen es. Ich frage nach dem Direktor. Der Direktor sei abgereist. Er sei nicht mehr zu sprechen, teilt man mir mit.

»Vielleicht können die Kellner mit mir das Gepäck bis zum Mandelbaumtor bringen?« frage ich. Die Kellner sagen, sie seien so überbeschäftigt und das Mandelbaumtor sei so weit, daß sie sich nicht in der Lage sähen, irgendeine Hilfeleistung zu tun.

»Die Gruppe bleibt hier. Ich gehe allein«, entscheide ich schließlich, gehe also zum Mandelbaumtor, und da sind die arabischen Grenzposten.

»Ich werde gleich mit einer Gruppe durch das Mandelbaumtor auf die israelische Seite gehen«, erkläre ich. Der Araber zuckt mit den Achseln und sagt: »Das hängt davon ab, ob der Offizier das zuläßt.«

»Wo ist denn der Offizier?«

»Der Offizier ist nicht zu sprechen.«

»Was tut er denn? Was macht er?«

»Der Offizier schläft und will nicht geweckt werden.« Ich warte einen Augenblick, dann sammele ich meine restlichen arabischen Dinare und drücke sie in die Hand des Grenzpostens und sage, er möchte doch mal sehen, vielleicht sei der Offizier inzwischen aufgestanden. Er besieht sich die Geldsumme, ob sie auch reichlich sei, geht dann ab und kommt nach einer Weile wieder und sagt, der Offizier sei bereit, mich zu empfangen.

Ich sage also dem Offizier: »Ich werde gleich mit einer Gruppe kommen. Es ist nur schwierig, ich habe niemanden, der das Gepäck bringen könnte.«

»Dann ist der Übertritt wohl nicht möglich.«

Mehr will ich ja nicht wissen. »Dann muß ich meine Gruppe selbst fragen.«

Ich gehe zurück ins Hotel.

»Meine Damen und Herren, es ist äußerst schwierig, hinüberzugehen«, gebe ich zu bedenken und erkläre ihnen die Lage. »Wenn Sie mich begleiten wollen, steht es Ihnen frei.«

Ich nehme meine zwei Koffer und schleppe sie bis zum Grenzposten. Auf der anderen Seite, auf der jüdischen, gibt es Möglichkeiten, ein Taxi zu bekommen. Es ist inzwischen neun Uhr, und es ist darum ziemlich warm, aber die Gruppe schleppt alle ihre Koffer durch die Hitze bis zum Grenzposten. Das war eine große Leistung. Wir werden abgefertigt und kommen dann mit einem neuen Paß nach Israel. Wir mußten zwei Pässe haben, denn wenn man in dem einen Land einen Paß hatte, war dieser im anderen Land ungültig.

Diese Gruppenführungen waren oft recht dramatisch. Es war vorgesehen, auf die Dauer Gruppen bis nach Ägypten zu führen, bis nach Babylonien, bis nach Assyrien. Diese Führungen waren auch deshalb nicht leicht, erstens: weil der CVJM in Kassel vom grünen Tisch aus die Reisen organisierte und nicht die Verhältnisse sah, wie sie manchmal in der Wüste waren. Und zweitens: Es mußte manchmal starke Disziplin herrschen, so daß die Gruppenmitglieder nicht genügend Zeit hatten, etwa hier- und dahin zu gehen und zu fotografieren. Ich konnte nur befristete Zeit lassen und mußte die Gruppe zusammenhalten, denn ich war genötigt, mit der jeweiligen Gruppe zu der angegebenen Zeit irgendwo zu sein. Drittens konnte es passieren, auch wenn alle Papiere stimmten und die nötigen Gelder an das jeweilige Land gezahlt waren, daß uns das Land (z.B. Syrien) wegen politischer Spannungen nicht hereinließ. Dann wartete man. Wegen solcher Zeitverschiebungen verfielen einmal die Hotelbuchungen in Amman. In Jericho verschlug es uns in ein sehr offenherziges Hotel, so daß ich Anweisung geben mußte, daß jedes Gruppenmitglied sich in sein Zimmer zurückzieht und sich nicht weiter bemerkbar macht.

Doch zum Schluß noch ein hübsches Ereignis. Es war in Safed in Obergaliläa. Wir waren mit drei Amerikanern in einer Jugendherberge einquartiert. Die Amerikaner waren geschickt und hatten sich vorher in Bethlehem bei einem Schuster schöne Schuhe machen lassen, helle Lederstiefel, auf die sie stolz waren.

Safed ist die Stadt der jüdischen Mystik seit David Luria, also seit dem 16. Jahrhundert, und Safed ist bis auf den heutigen Tag der Ort der Dichter und Philosophen – eine Stadt mit vielen Geheimnissen. Safed liegt hoch, zudem kann man auf jedes Hausdach steigen und befindet sich dann in einem erfrischenden Luftzug, und das erquickt nach einer heißen Autofahrt ganz besonders.

Die Amerikaner waren findig, und ehe ich mich versah, hatten sie ihre Hemden ausgezogen und ihre Schuhe aufgestellt, damit der frische Luftzug Wäsche und Stiefel trocknete. Sie kamen dann herunter, wo wir in den Schlafkammern übernachteten.

Am anderen Morgen kamen sie mit einem Gesicht voller Entsetzen zu mir und sagten: »Herr Professor!«

»Was ist los?« fragte ich.

»Die Hemden sind weg, und die Stiefel sind auch weg.« Nun kenne ich ja diese Dinge vom Orient, aber ich wollte es ihnen möglichst gut beibringen und sagte dann: »Seien Sie nicht gar zu betrübt, meine Herren. Hier haben Sie etwas typisch Orientalisches kennengelernt. Safed ist voller Geheimnisse. Hemden und Stiefel sind über Nacht gen Himmel gefahren.« Ich machte ein sehr ernstes Gesicht.

Sie guckten ganz überrascht und machten ebenfalls ein sehr ernstes Gesicht. Plötzlich bricht die Gruppe in Lachen aus. Sie hatten begriffen: Was im Orient so verschwindet, kommt nicht wieder.

## 7. Studentenpfarrer in Halle 1930-1933

Um 1929 befand ich mich in einer sehr ambivalenten Situation. Biblisch-exegetischer Theologe wollte ich sein und bleiben, um jeden Menschen, dem ich begegnete, wollte ich ringen und das Antlitz Jesu dabei vor mir sehen und bewahren. Das war das Erbe meines Elternhauses. Das war meine Konfirmation, und das war der heile Rest nach der Zerstörung des Ersten Weltkrieges.

Aber ich war in einer Wandlung begriffen, in der ich mich kaum selbst verstand. Die bürgerlichen Maßstäbe und Ordnungen schienen mir ins Wanken gekommen zu sein, ohne daß ich mich entschließen konnte, das Chaotische und Ungeordnete in mir aufkommen zu lassen. Die »normalen« Maßstäbe der kritizistischen Wissenschaft (Schleiermacher, Ritschl) waren für mich unbefriedigend, ich konnte nicht mit ihnen leben. Als feste Orientierungshilfe hatte ich von Julius Schniewind den Maßstab bekommen: »Vor Gottes Angesicht leben.« Von diesem letzten Maßstab aus wollte ich Glauben lernen, um zu gehorchen; Leben lernen, um zu lieben; verzweifeln, ohne dabei unterzugehen. Reformatorisches Erbe war mir lebendig geworden, ohne daß ich eigentlich schon eine Theologie gewonnen hätte.

Als ich nach der Habilitation scheinbar festen Boden unter den Füßen hatte, im Inspektorat lebte und an einer Edition arbeitete, merkte ich, daß alles Frühere für mich nicht mehr ausreichte. Ich mußte in die Einsamkeit gehen, neu anfangen und festeren Boden suchen. Das Leben zerrann unter meinen Händen, ohne daß ich es bewältigen konnte. So geschah das Unbegreifliche: Ich zog aus dem Konvikt aus, mietete ein einfaches Zimmer und suchte als Lehrbeauftragter meines neuen Lebensweges gewiß zu werden.

Es war die Zeit der großen politischen und sozialen Umstürze, der inneren Loslösung von meinem Elternhaus und seinen Ordnungen und einer neuen Öffnung auf etwas Kommendes, dem ich mich nicht gewachsen fühlte. Als Ergebnis dieser Entwicklung nahm ich eines Tages das Angebot an, in Halle ein Studentenpfarramt zu gründen und evangelistisch tätig zu werden. Die wissenschaftliche Arbeit wollte ich nicht aufgeben, aber das Ringen um den Menschen in einer Zeit des Umbruchs wollte ich als meine Hauptaufgabe sehen und übernahm darum das neue Amt.

Ein Studentenpfarramt hatte es in Halle bisher noch nicht gegeben, wohl aber an anderen Universitäten. Die Kirchen ernannten den Studentenpfarrer, unterstellten ihn aber der Kirchenleitung persönlich, also dem Generalsuperintendenten, in meinem Fall Ernst Lohmann und Johannes Eger. Die Universität mußte ihre Zustimmung geben.

Ich bekam zusätzlich, weil man nicht sicher war, ob ich auch den Zugang zu der sehr bewegten Studentenwelt finden würde, als Nebenaufgabe vier Universitätskliniken zugewiesen, die ich seelsorgerlich zu betreuen hatte. Ich mußte also diese Kliniken besuchen und mußte vierzehntägig in der Klinikkapelle einen Gottesdienst halten. Der Vorzug war, daß ich nunmehr ganz frei leben und arbeiten konnte und endlich wirtschaftlich gesichert war. Ich hatte das Gehalt eines Hilfspredigers.

Meine Position als Studentenpfarrer war äußerst schwierig, denn hier mußte ich von Grund auf aufbauen. Ich fing damit an, daß ich die DCSV und DSCB besuchte und einen Arbeitskreis aus Studenten und Studentinnen bildete, die nun mit mir die einzelnen Probleme innerhalb der Universität durcharbeiteten und mir Ratschläge gaben und mir auch den Austausch zwischen den Fakultäten ermöglichten.

So entstand mit Hilfe dieses Arbeitskreises u.a. ein erfolgreicher medizinisch-theologischer Austausch, so daß ein Semester später Theologen und Naturwissenschaftler im größten Hörsaal der medizinischen Klinik miteinander diskutierten. Ich besuchte auch die einzelnen Verbindungen, und hier lernte ich etwas von dem Ringen zwischen altem nationalem Bewußtsein und dem Einbruch einer neuen weltanschaulichen Leidenschaft kennen, die von den Korporationen nur schwer verarbeitet wurde. Ich bot den Verbindungen Vorträge zur Zeitgeschichte an. Die Entwicklung zwischen Bismarck und den Nachkriegsströmungen stand für mich im Vordergrund. Damit reizte ich die verschiedenen Lager zwischen Stahlhelm und bürgerlicher Demokratie. Das neue Denken in dieser Zeit, die neue weltanschauliche Leidenschaft, war der Nationalsozialismus. Es ging hoch her in den Verbindungen. Während der Diskussionen konnte es vorkommen, daß plötzlich jemand aufstand und sagte: »Einen Reichskanzler, der einmal aus dem Nationalsozialismus kommen wird und der mit Vornamen Adolf heißt, werden unsere Korporationen nie anerkennen.« Das war ein Element, an dem sich die Mitglieder sehr reiben konnten. Denn der leidenschaftliche ideologische und nationale Ansturm, der einerseits negativ aus der großen Arbeitslosigkeit kam, andererseits aus der Hoffnung, daß ein neues Wunder geschehen werde und Deutschland nach der Schmach von Versailles wieder zu Macht und Ehre kommen würde, ging als lebendiges Ringen durch alle Verbindungen.

Ganz anders erlebte ich meinen Dienst in den Kliniken. Tag für Tag besuchte ich zwei Stunden lang eine der überfüllten medizinischen Stationen, ging von Bett zu Bett und verlegte mein Hauptinteresse auf die Begegnung mit dem menschlichen Schicksal. Hier traf ich auf breite Schichten sozialdemokratischer und kommunistischer Kirchenfremdheit. Hier stieß ich auf die bittere Not der Arbeitslosigkeit und der Gottesfinsternis.

Wenn ich, ein Harmonium vor mir herschiebend, in die Krankensäle kam, konnte man die ganze Gesellschaft schreien hören:

»Pfaff, bring uns Arbeit und Brot. Lieder und Bibel wollen wir nicht hören.«

Es gab oft solche Störungen, daß ich nicht wußte, wie ich mit den Menschen umgehen sollte. Ich habe mich dann zunächst an die einzelnen gewandt, bin von Bett zu Bett gegangen, um nach einer gewissen Beruhigung schließlich doch mit einem Lied und einer Andacht zu schließen. Aber die Situation war so schrecklich, daß ich später mit meiner Frau eine große Kleidersammlung organisierte, für die alle Kreise der Universität Kleider, Stoffe, Wäsche anbrachten, die nun verteilt wurden.

So wurde ich eines Tages eigentümlich gerührt. Ich hatte meinen braunen Anzug weggegeben. Da lief in der Stadt auf einmal meine braune Hose vor mir her, ohne daß ich sie selbst trug. Es war ein furchtbares Menschengewühl, durch das wir gingen, und plötzlich sagte meine Frau: »Guck mal, da ist deine Hose. Die läuft da vor dir.«

In besonderen Fällen traten Gebet und Fürbitte in den Vordergrund. Ich durfte die Erfahrung machen, daß die Anweisung, in jedem Fall Gebet und Fürbitte zu wagen, von Gott bestätigt wurde.

In einem Fall erklärte der zuständige Arzt mir vorher, daß eine 32jährige Arbeiterin aus Eisleben an einer Krebsgeschwulst litte und bald sterben werde. Ich hatte gelegentlich darum gebeten, mir von schweren Fällen vorher Nachricht zu geben, damit ich gewissenhaft schwere und leichte Fälle unterscheiden lernte. Als ich an das Bett dieser Arbeiterin trat, verlangte sie, daß ich darum beten möchte, daß sie bald gesund würde.

Ich fragte sie, warum ich ausdrücklich darum beten sollte. Sie antwortete: Mein Mann und meine zwei kleinen Kinder haben mich so nötig.« Die Schlichtheit und Naivität dieser Erklärung hat mich tief ergriffen. In einem kurzen Augenblick wurde mir bewußt, wie weit aller akademischer Unterricht von jedem wirklichen Durchstehen einer schweren Lebenssituation entfernt war. Ich stand zwischen Mensch und Gott, zwischen menschlichem Wissen und Gottes Gebot und Verheißung, zwischen menschlicher Not und meiner eigenen Unzulänglichkeit. Aber ich habe mich immer an meine Devise gehalten: »Lernen und gehorchen.« So kniete ich in dem Saal nieder und nahm Gottes Gebot und Verheißung ganz ernst. Ich betete um das Gesundwerden dieser Frau. Ich schloß das Gebet mit dem Vaterunser, und dieses Gebet beruhigte mich und gab mir inneren Frieden, daß ich recht gehandelt hätte.

Als ich später nach Hause kam, war ich jedoch völlig ungewiß, wie Gott antworten würde. Ich bin tief beschämt, wie schwach manchmal mein Glaube war. Auch der Glaube, der sich am Gebet festhält, will ausdrücklich gelernt und geübt werden. Die Bibel will in jede Situation und in jedes Herz eingehen. Aber dies Eingehen in Situation und Herz vollzieht sich nach eigenen Gesetzen. Man lernt sie am besten in einer Gemeinschaft oder von einem Menschen, der wirklich beten kann.

Beten können ist in Kirche und Theologie nichts Selbstverständliches. Es werden mehr Gebete gesprochen, als daß wirklich gebetet würde. Von der Anweisung zu beten bis zur charismatischen Freudigkeit und Vollmacht zu beten ist es ein langer Weg, der manchmal Jahre hindurch braucht. Aber unser geistliches Leben braucht auch Durchbrüche und Erkenntnisse dazu, daß man einen Weg zu Ende gegangen ist oder daß man ein anderes Ufer erreicht hat.

In bestimmten Fällen kann ich sagen: Dieser Bruder oder diese Schwester konnte beten. Wenn das der Fall war, habe ich dem Betreffenden ein solches Gebet auch besonders gern abgenommen.

Nach 14 Tagen kam ich wieder auf die Station und traf den Arzt und fragte wieder nach den Patienten, die schwerer litten oder die nur eine leichtere Krankheit hätten. Dann fragte ich nach der Arbeiterfrau aus Eisleben, 32 Jahre, zwei Kinder, zweites Bett links in der langen Reihe. Da sagte der Arzt: In diesem Fall wisse er nicht, was geschehen sei: Die Frau laufe fröhlich herum und sei vollständig gesund geworden. Man finde keine Spuren.

Ich war sehr betroffen und eigentlich hilflos. Ich ging wieder von Patient zu Patient und ließ mich nicht dazu verleiten, die Frau vorzeitig anzusprechen. Sie ging ruhig umher und teilte den Kaffee aus und brachte jedem Patienten eine Kaffeetasse. Schließlich überwand ich mich, trat zu ihr und sagte: »Wie geht es Ihnen?«

Darauf lächelte sie und antwortete: »Der Herr Doktor hat gesagt, ich bin ganz gesund. Ich werde bald entlassen und werde zu meinen Kindern und zu meinem Mann zurückkehren.«

»Wie kommt denn das, Sie waren doch sehr ernsthaft krank?«

Darauf sie: »Aber Herr Pfarrer, wir haben doch gemeinsam gebetet!« Da brach ich ab, hörte auf weiterzugehen und ging nach Hause. Ich mußte mit mir selbst fertigwerden. Daß Gott wahrhaftig sei, das hatte ich von der Theologie, von der Kirche gelernt. Daß er wahrhaftig und treu sei. Aber etwas Wichtiges war zu kurz gekommen: daß Gott nämlich wirklich ist, wirklich kommt und wirklich werden kann.

Ich war von der Kähler-Schniewind-Tradition und der Schlatter-Heim-Tradition vorbereitet worden. Aber dem Gott, der Wunder tut, war ich erst sehr spät begegnet. Man hat mich ausgelacht, weil ich nie am biblischen Wunder gezweifelt habe. In der Zeit der Entmythologisierung hat man sehr viel darüber gespottet, daß ich nie ein Wunder bezweifelte. Das war biblizistisches Erbe. Aber daß der lebendige Gott in meinem eigenen Leben Wunder tun kann und immer wieder aufs neue mir mein Leben wunderbar schenkt, habe ich im Leben nur ganz mühsam lernen müssen. Und dieses Lernen trägt Frucht. Es kommen die Stunden, in denen ich mich sammle, um die Kraft zu bekommen, in die Ewigkeit zu gehen. Die erste solcher Stunden ereignete sich bei dieser kranken Frau. Heilungen und Wunder sind eigentlich etwas ganz Einfaches. Aber zwischen dem Wunder und mir steht immer ein Mysterium. Das Anderssein Gottes.

Zum Klinikamt gehörte als ständige Aufgabe, in der Pestalozzi-Schule Religionsunterricht zu geben. Das war eine Behindertenschule in der Südstadt. Hier war der Religionsunterricht zuweilen sehr stürmisch. Die meisten Kinder kamen aus den Familien der Arbeitslosen. Vor mir hatte ein emeritierter Pfarrer den Unterricht erteilt. Er hatte immer einen Gummistock, einen Polizeiknüppel, bei sich und ihn auch tätig sein lassen. Ich hatte mir geschworen, nie einen Gummiknüppel mitzunehmen, aber ohne gelegentlich einen Klaps zu verabreichen, bin ich doch nicht ausgekommen. Manchmal war es pure Notwehr. Die Wirkung war sehr eigenartig. Das Geschlagenwerden war bei diesen Kindern nicht eigentlich das Ärgerliche, sondern wenn man die Lumpen, in die sie gehüllt waren, auch noch durch Schlagen in weitere Fetzen zerriß, dann heulten sie auf, weil sie dann von ihren Eltern Schimpfe bekamen.

Eine kleine Geschichte muß ich erzählen, die mir noch in Erinnerung blieb. Die Jungen sollten zur Konfirmation vorbereitet werden, waren aber zum Teil überhaupt nicht getauft. Ich mußte nun verlangen, daß sie zunächst getauft wurden. Ein kleiner Bursche namens Dolg sagte in breitem Sächsisch:

»Herr Baster, meine Mudder hat keene Zeit. Die is Waschfrau. Da kann se sich nich um so was gimmern.«

Ich versuchte, ihm klarzumachen, daß es für ihn notwendig sei, getauft zu werden.

»Ja«, fragt er, »wie geht'n das?«

»Du mußt zu dem Pfarrer gehen, deine Mutter muß dich begleiten, und dort muß eine Taufhandlung vorbereitet werden.«

Er nahm diesen Satz auf, ohne ihn inhaltlich zu verstehen. Immer wieder fragte ich:

»Dolg, bist du getauft?« und bekam die stereotype Antwort:

»Nee, Herr Baster, meine Mudder hatte noch keene Zeit.« Aber eines Tages antwortete er: »Beruhjgen Se sich, Herr Baster, hier ham Se das Babier.« Er holte aus seiner Hosentasche ein zusammengefaltetes Zettelchen, das sich als Taufschein entpuppte.

Diese vielfach behinderten Kinder der Pestalozzi-Schule waren ursprünglich, innerlich aufgeweckt. Sie konnten auch zu eigenartigen Schlüssen kommen. Eines Tages gab es eine große Balgerei. Ich trat hinzu und sah, wie die Jungen sich auf der Erde wälzten und auf einen einschlugen, den ich nicht kannte. Ich riß sie zurück und fragte nach der Ursache des Kampfes. Sie waren alle sehr erregt und sagten:

»Herr Baster, das is'n Spitzel! Der is gadolisch und wollte bei uns in'n Relijonsunterricht. Spitzel werd'n wir nich ertragen.«

Von einem anderen, abwesenden Jungen behaupteten sie tiefsinnig, er sei mit einem Mädchen »in die Wiesn« gegangen. Schwarzes Haar betrachteten sie verständnisvoll als äußeres Merkmal meines Standes.

Nie vergessen werde ich meinen Freund Albert. Ich hatte zur Prüfung in der Marktkirche den Konfirmanden einen Spruch aufgegeben, auf den sie sich vorzubereiten hatten, hatte dann aber auch gesagt: »Außerdem könnt ihr frei wählen. Besprecht es mit den Eltern, ob ihr einen Spruch oder einen Bibelvers aufsagen wollt.« Nun pflegte ich erstens Bibelverse abzuhören, zweitens Liedverse, drittens Katechismus-Rudimente. Albert nun war einer der Schwächsten, der sich aber damals schon durch eine erstaunliche Körpergröße auszeichnete und der mit flehentlichen Augen mich ständig anschaute, daß ich ihm nicht etwas Schweres auferlegen möge. Und schließlich sagte ich:

»Albert, du hast nun sicher auch einen Spruch.«

Darauf entfaltete er sich in seiner riesigen Körpergröße und sagte strahlend: »Ich bin klein, mein Herz ist rein, soll niemand drin wohnen als Jesus allein.« Er sagte fehlerlos dieses Gebet auf, war aber verwundert, daß ausgesprochen er allgemeine frohe Zustimmung fand.

Gelegentlich mußte ich mit einem Studenten die Nachtlokale aufsuchen, um Theologen aus dieser unpassenden Umgebung herauszuholen. Konflikte waren in diesem ungeheuren Kampffeld unumgänglich. Aber als dann später der Höhepunkt des politischen Kampfes und der Zusammenbruch 1932/33 kamen, stellte sich heraus, wer wirklich auf meiner Seite stand. Im Übergang zu dem neuen Regime sah ich eine Katastrophe voraus.

Eine enge Verbindung hatte ich mit dem Vorsitzenden der Studentenpfarrer Otto Fricke in Frankfurt/Main. Jährlich kamen wir in Wernigerode zusammen, und im Laufe dieser Zeit begegnete ich auch Dietrich Bonhoeffer, der von einer Hochschule in Berlin aus zu uns kam. Ich lernte auch Walter Künneth näher kennen, der mich vom Evangelisch-sozialen Stift aus weltanschaulich mit Material versorgte. Den ersten Eindruck von Bonhoeffer bekam ich dadurch, daß ich ihn, der damals gewöhnlich schwieg, ansprach und fragte: »Was hat Ihnen im letzten Semester besondere Freude gemacht?« Er antwortete: »Ich habe als Studentenpfarrer auch einen kirchlichen Auftrag bekommen. Ich habe in einer Proletariergegend Konfirmandenunterricht zu erteilen.« Seine Augen leuchteten auf, als er sagte: »Das war mir das größte Erlebnis. Ich habe manchmal Freizeiten veranstaltet, in denen ich die jungen Menschen zusammenholte.« Damit hatte ich einen Zugang zu Bonhoeffer gewonnen, der vorher Assistent bei Wilhelm Lütgert in Berlin gewesen war.

In jener Zeit wuchs ich in die sozialen Bereiche hinein. Die Welt des gehobenen Bürgerstandes, die Abgeschlossenheit der akademischen Bildung, die Selbstverständlichkeit politischer Ordnung kamen hier ins Wanken. Nicht, daß ich bis dahin uninteressiert gewesen wäre, im Gegenteil. Wie oft habe ich meinen Vater darum gebeten, aus der Zeit zu erzählen, in der der Handwerkerstand durch die beginnende Industrialisierung in meiner Heimat in eine Krise kam. Sehr viel aufgeschlossener war meine Großtante Friederike aus Ronsdorf, die von den Anfängen ihrer Brotfabrik noch Genaueres erzählen konnte. Wie begeistert war ich, wenn ich noch jemanden traf, der das proletarische Gedicht »Minna Knallenfalls« aufsagen konnte. Komische, aber vor allem auch tragische Züge mischten sich hier miteinander. So war es auch in dem mich nun umgebenden Milieu der Pestalozzi-Schule. Lehrer und Lehrerinnen waren Sozialdemokraten. Die Kinder kamen aus kommunistischen Familien. Von heute aus gesehen, war dies eine Zeit der Überforderung meiner Kräfte, aber auch eine Zeit ungeheuren Einsatzes. Ich war jetzt an einen Punkt gelangt, der für mich zu einer Nahtstelle zwischen Universität und Kirche wurde. Mein Gesichtsfeld weitete sich, die Öffentlichkeit wurde zum Kampffeld. Das Verhältnis von Mensch zu Mensch trat in die Spannung von Zeit und Geschichte. Ich hatte in die Offensive gehen müssen.

## 8. »Eine Hilfe, die um ihn sei.«

In Halle kam mir als Studentenpfarrer die alte biblische Feststellung recht deutlich zum Bewußtsein, daß der Mann eine Hilfe braucht, die um ihn sei. Man hatte mir ja Frau Smekal, die Frau des bekannten Physikers Adolf Smekal zur Hilfe beigegeben, die die Studentinnen seelsorgerlich betreuen sollte. So besuchte sie die Studentinnen wie ich die Studenten. Aber seltsamer- wie natürlicherweise kamen die Studentinnen lieber zu mir. Sie bestanden dabei eine Situation, die damals Mut verlangte, halfen mir aber auf diese Weise, meine von Wuppertal her sehr eng begrenzten gesellschaftlichen Kenntnisse und Erfahrungen zu erweitern. Größere Gesellschaften kannten wir zu Hause nicht, und mein Umgang mit dem weiblichen Geschlecht hatte sich bis dahin weitgehend auf meine einzige Schwester beschränkt, die später Ärztin wurde.

Zum Konvikt hatten Frauen keinen Zugang. Im Predigerseminar sollte ich versuchen, die Frauen möglichst aus dem Umkreis der Kandidaten fernzuhalten. Aber ich hatte, als ich selbst Inspektor des Tholuck-Konviktes war, zusammen mit den Inspektoren der übrigen Konvikte einen wunderbaren Kreis von Professorentöchtern und Fürsorgerinnen gehabt, mit denen wir – dazu kamen auch die Assistenten – einmal in der Woche gesellschaftlich zusammenkamen, um uns zu unterhalten. Wir sprachen über Literatur, und da ich von Hause aus gern wanderte, fuhr ich zuweilen mit einer von diesen jungen Frauen, die Freude daran hatte, samstags in den Harz. Wir übernachteten in irgendeiner Gastwirtschaft oder in einem Hotel, wanderten sonntags noch einmal, und am Sonntag abend kamen wir müde, aber durchlüftet nach Halle zurück. Ich war der Wanderer, und ohne daß ich darauf Wert legte, kamen die jungen Frauen zu mir und sagten, sie fänden diese Lebensweise sehr schön, und eine nach der anderen meinte, sie würde das auch mal gerne erleben. Dabei hat sich eine wunderbare Szene abgespielt.

Wir haben selbstverständlich, das war meiner häuslichen Erziehung und meiner Verpflichtung im Tholuck-Kählerschen-Konvikt gemäß, getrennt übernachtet. Aber einen Abend kann ich nicht vergessen. Ich war mit einer Fürsorgerin aufgebrochen und wollte über

Pfingsten nach Andreasberg wandern. Nachmittags spottete sie sehr über mich, weil ich keine Landkarten mitnahm. Aber ich war es so von Vater her gewohnt, daß wir uns in der Landschaft zurechtzufinden hatten.

»Natürlich«, sagte sie, »Michel hat keine Landkarte. Wollen mal sehen, was dabei herauskommt.« Dann sagte sie: »Haben Sie denn Quartier bestellt?«

»Nein, ich nehme immer, was ich als Quartier bekomme, aber ich bestelle nie.«

»Typisch Michel«, spöttelte sie weiter.

Nun kamen wir tatsächlich in den Wald und in das Dickicht hinein, und ich fand mich schwer zurecht. Ihr schien der Spott zu vergehen, denn sie wurde jetzt still und aufmerksam und schaute mir zu, wie ich mich zu orientieren suchte. Wir kamen nachts um elf Uhr nach Andreasberg, aber der Ort war voll von Gästen, vor allem aus Berlin. Ich ging von Gasthof zu Gasthof, von Hotel zu Hotel. Meine Wanderkameradin war immer schweigsamer geworden. Schließlich sagte jemand in einem Gasthof, ein Kellner:

»Fragen Sie doch einmal privat bei dieser Frau dort drüben.«

»Kann ich da jetzt noch nachfragen?«

»Sie müssen an der Klingel läuten, dann wird sie schon wach werden.« Es war halb zwölf geworden, und ich fand die Klingel, läutete fest, und auf einmal tat sich ein Fenster auf und eine Frau in einem Nachtgewand und mit einem kleinen nach hinten geflochtenen Zöpfchen guckte heraus und fragte, was ich wolle. »Ich brauche ein Quartier über Nacht.«

»Ich komme gleich runter.« Sie kam und sagte: »Ich kann Ihnen helfen«, und führte uns beide in ein großes Zimmer. Dort war tatsächlich ein großes Bett, ein Klavier und ein Tisch. »Damit werden Sie beide sich wohl behelfen«, sagte sie.

Ich guckte die Frau entgeistert an und sagte: »Entschuldigen Sie, wir sind nicht verheiratet.«

Daraufhin sie: »Dann kann ich Ihnen nicht helfen. Dann müssen Sie sehen, wie Sie fertig werden.«

Meine Wanderkameradin sagte keinen Ton und schaute mich nur sehr ernst an. Das war einer der schönsten Augenblicke meines Lebens, denn in diesem Augenblick sagte ich:

»Wissen Sie, Sie haben doch sicher eine Scheune, in der Stroh ist.«

»Ja«, sagte sie, »aber da hat noch niemand geschlafen.«

»Ich schlafe diese Nacht dort. Zeigen Sie mir Ihre Scheune.« Ich sagte Gute Nacht und ging in die Scheune hinüber und schlief dann im Stroh. Am Morgen, um neun Uhr, wachte ich auf und mußte zunächst die Strohhalme ablesen und in den Hof gehen, um mich zu waschen, denn da war ein Brunnen. Dann ließ ich mir eine Bürste geben, um die Schuhe zu wichsen, und schließlich war ich bereit. Im Haus saß meine Wanderkameradin schon am Frühstückstisch und lachte mich an. Ich war verdutzt und fragte:

»Entschuldigen Sie - warum lachen Sie?«

»Das kann ich Ihnen nicht sagen. Aber Sie sind eben ein komischer Mensch.«

Ich weiß heute noch nicht, was an mir komisch sein sollte. Ich war bloß dankbar, daß diese Nacht vorübergegangen war. Wir kamen abends nach Halle zurück. An dem darauffolgenden Dienstag kam ich in unseren Gesellschaftskreis. Als ich eintrat, wurde ich von einem stürmischen Lachen empfangen. Ich wußte nicht, was los war, und als ich fragte, warum sie alle über mich lachten, wiederholte meine Wanderkameradin »Weil Sie eben ein komischer Mensch sind.«

Eine Professorentochter wollte auch mit mir wandern und sagte, sie würde aber gerne eine Freundin mitbringen. Selbstverständlich, ob eine Dame oder zwei Damen, das machte mir nichts aus. Und so sind wir zu Friedrich Gogarten, damals noch Pfarrer in Dorndorf, in den Gottesdienst gegangen. Es war Himmelfahrt, und außer uns dreien war nur noch der Organist da, während Gogarten da seine Himmelfahrtspredigt hielt.

Solche Situationen waren insofern nicht ganz unverbindlich, als ich mir die Frage vorlegte, wer mir einmal bei meinem Dienst als Studentenpfarrer und Seelsorger helfen könnte. Ich habe es als eine Not gespürt, daß ich keine Häuslichkeit hatte, in die ich die Studenten einladen konnte. Ich selbst hatte auch keine Versorgung und fragte schließlich, welche Frau mir denn zur Seite stehen könnte.

Ilse Schubring kam aus der DCSB, der Deutschen Christlichen Studentinnen-Bewegung. Sie war Kind einer Pastorenfamilie mit dreihundertjähriger Pfarrertradition. Allerdings starb der Vater, als sie erst siebzehn Jahre alt war, und sie hatte noch drei jüngere Geschwister.

Ilse Schubring studierte Medizin, als ich sie kennenlernte. Sie wollte Missionsärztin werden. In ihr fand ich die Frau, die in besonderer Weise begabt war, zwischen den Menschen in den verschiedenen christlichen Kreisen und mir zu vermitteln. Viele Menschen wenden sich an meine Frau, um sich auszusprechen. Umgekehrt ist sie in der Lage, viele Menschen, die zu uns kommen, nun von sich aus auch aufzufangen und die Beziehungen weiterzuführen. Ich habe ja als Wissenschaftler einen eng gesteckten Kreis der Berufung und muß mich grundsätzlich abschließen von den Menschen. Als Wissenschaftler gehört man zunächst zu den Büchern und dann erst zu den Menschen. Und wenn Menschen uns wichtig werden, dann zuerst die Kollegen. Das zu akzeptieren und in Liebe durchzuhalten, muß für eine Ehefrau sehr schwer sein, ich selbst habe das erst spät zu begreifen gelernt. Sie hat ihre Berufung in den Dienst meiner Berufung gestellt und sah sofort, daß ich neben mir einen Menschen haben mußte, der Studenten, später Akademiker, Frauen und Männer auffängt, um mit ihnen umzugehen, wenn ich selbst nicht mehr in der Lage war, die Beziehungen weiterzuführen.

Als ich vor der Frage stand, Wissenschaftler zu werden, und von Dobschütz mir versicherte, daß Studenten auch Menschen seien, haben sowohl er wie ich etwas richtig und etwas falsch gesehen. Die Wissenschaft verbraucht einen großen Teil jener Kraft und Zeit und jenes Interesses, ohne die man keine echten menschlichen Beziehungen pflegen kann. Studenten begleiten, Seelsorge üben, über Glaubensfragen und ganz einfache menschliche Probleme sprechen, das alles verlangt Erhebliches an Engagement.

Es ist tatsächlich so, daß ich in der Seelsorge oft um Menschen so intensiv ringe, daß jene, die von der Universität und von den Vorträgen mir zuwachsen, der engste Kreis sind, der mir zugehört. Die Konsequenz: Die Familie tritt dahinter zurück. Und eine weitere Konsequenz war, daß meine Frau litt.

Auch ich litt. Ich habe diese Entwicklung als eine Schicksalsführung angesehen, der ich mich unterwerfen mußte. Ich liebte meine Kinder sehr, aber die Beziehung zwischen ihnen und mir war gezeichnet von der Distanz, die mir meine Arbeit auferlegte. Ich habe mein Lehramt, meine Verpflichtung gegenüber den großen studentischen und pfarramtlichen Organisationen so ernstgenommen, daß sie mich oft auffraßen. Ich mußte darüber hinaus Bücher schreiben, wissenschaftliche Untersuchungen leisten. Ich wuchs seit 1930 in das Problem Palästina hinein, lebte mit den Arabern und später mit den Juden und mit Israel zusammen. Ich war auch, wenn ich mich zu Hause in die Bücher vergrub, und erst recht, wenn ich draußen Vorträge und Vorlesungen in den verschiedenen Ländern hielt, ganz stark an die Menschen gebunden, die auf mich hörten und die nun Vertiefung in die Bibel verlangten.

Und meine Kinder fragen mich mit Recht: Sind dein Beruf und dein Dienst wichtiger als wir? Ja, muß ich bekennen, denn ich wußte sie in der Hut ihrer Mutter und hielt mich so weitgehend distanziert. Ich genoß es, wenn sie, vor allem Tochter Karin, mit mir wanderten und das Kind vor nichts zurückschreckte und alle meine Wanderabenteuer teilte. Dafür war ich dann außerordentlich dankbar. Die Erinnerung an die tiefste Verbundenheit mit diesem Kind bleibt für mich etwas Heiliges.

## 9. Der Kampf um Günther Dehn in Halle

Ziemlich frühzeitig nach meiner Ordination und meiner Heirat mit Ilse Schubring begann auch die unendliche Schwere meiner politischen Existenz. Die völkischen Verbände gewannen im Nationalsozialismus ihre eigene Stoßkraft. Dabei spielten die sozialen, wirtschaftlichen, nationalen Aspekte nebeneinander die gleiche Rolle wie die Verehrung eines Führers und einer Partei. Typisch christliche Verbände verhielten sich reserviert, weil sie im Urteil unsicher waren. Nationale Organisationen wie der Stahlhelm gingen bewußt und selbständig ihren eigenen Weg in Ablehnung des Nationalsozialismus. Sie blieben in ihren Vorstellungen an eigene Werte und Ziele gebunden. In diesen Kreisen fürchtete man das Maßlose und das Ungeformte des Nationalsozialismus. Als ich jemanden nach seiner Meinung fragte, sagte der: »Wenn ein Knecht sich auf das Pferd eines freien Bauern setzt, reitet er es immer zuschanden.«

Innerhalb dieser national gesonnenen Abwehr des Nationalsozialismus stand auch bewußt mein Vater. Auch die Universität stand weithin im Gegensatz zum Nationalsozialismus und hielt sich in ihren maßgebenden Kreisen dieser Bewegung bewußt fern. Auch mein Inspektor Martin Baltzer, der Reiteroffizier des Ersten Weltkrieges war, konnte sich nicht mit der neuen Zeit befreunden. Und doch gewannen die nationalsozialistischen Verbände eine ungeheure Kraft, die sie im Fall der Berufung des praktischen Theologen Günther Dehn bewußt einsetzten.

Es begann eine revolutionäre Zeit, in der es der nationalsozialistischen Opposition gelang, die Jugend von der älteren Generation zu trennen. Ich entsinne mich der stürmischen Senatssitzungen, Dehn betreffend, der schwachen Versuche des juristischen Rektors Aubin, sich gegen die Studenten zu behaupten, der inneren Abwehr unserer alten Fakultät, die allerdings gleichzeitig in Opposition zu dem sozialdemokratischen Kultusminister Grimme stand, welcher Dehn aus dem Kreis der dialektischen Theologie und der religiös-sozialistischen Bewegung in die praktische Theologie nach Halle berief.

Günther Dehn war Spezialist für Fragen des jungen Proletariats, war ein Theologe aus dem Kreis Karl Barths und wurde als Nachfolger Professor Karl Egers an unsere Fakultät berufen. Ich selbst war als Studentenpfarrer Professor Eger unmittelbar zugeordnet, vertrat aber die Interessen der Kirche in Magdeburg. Die Gefahr einer nationalsozialistischen Revolution stieg von Tag zu Tag. Die Nationalsozialisten waren nun schon so stark geworden, daß die Studenten einen Sozialdemokraten in Halle als Professor strikt ablehnten. Die Person Dehn wurde diffamiert. Eine starke Gruppe trat in den Streik, teilte dem Rektor und dem Senat mit, sie würde, wenn Dehn käme, geschlossen nach Jena abwandern und Halle preisgeben. Dann könnten sie Günter Dehn ja haben.

So entstanden riesige Demonstrationen, Umzüge durch das Gelände der Universität und der Stadt. Das war im Sommer- und Wintersemester 1931-32. In jeder Vorlesung, bei jeder Fakultät wurden Hetzschriften gegen Dehn verteilt. Da beriet die Universität, was zu machen sei. Ein großer Teil der Universität widersetzte sich dem studentischen Druck, aber ein nicht geringer Prozentsatz verlangte, daß man den Studenten nachgäbe. Rektor Aubin, groß und breit von Gestalt, widerstand den Studenten, und bei den Umzügen hieß es nun ständig: »Aubin, du Mastschwein!« Die Studenten waren zur Siedehitze aufgereizt.

Ich selbst hatte gerade geheiratet, hatte vierzehn Tage Urlaub genommen, wir befanden uns in dem lieblichen Harzort Schierke in einer kleinen Pension. Der Ortspfarrer fand mich und legte mir in diesen Tagen, in denen ich Ruhe und Freiheit suchte, die Pflicht der Sonntagspredigt auf. Aber dann kam aus Halle ein Telegramm, daß ich mich sofort zurückzubegeben hätte, da der Fall Dehn sich zuspitzte.

Ich konnte von den vierzehn Tagen nur zehn Tage Urlaub machen. Dann reisten wir, meine junge Frau und ich, zurück in die Universitätsstadt.

Hier änderte sich von Tag zu Tag die Situation. Die junge Generation der Dozenten war nicht mehr geschlossen, sondern ging teilweise zur »zukunftsträchtigen« Studentenschaft über. Auch unter den Älteren mochten sich nicht alle für die Entscheidung eines sozialdemokratischen Kultusministers einsetzen. Ein Teil der Kirche wurde dadurch unsicher gemacht, daß Dehn in einem Vortrag, den er in einer Magdeburger Kirche hielt, nebenbei die Gedächtnistafeln für die Gefallenen des Ersten Weltkriegs erwähnte und daß dieser Nebensatz nun in den Mittelpunkt der Diskussion gestellt wurde. Das Gedächtnis der Gefallenen war einer der wundesten Punkte. Nun hatte Dehn in besagtem Vortrag die Frage gestellt, ob es richtig sei, in der Kirche Gedächtnistafeln für die Gefallenen anzubringen. Eigentlich sei dies doch nicht Aufgabe der Kirche, sondern des Staates und der Öffentlichkeit.

In diesem Magdeburger Vortrag saßen viele Zuhörer aus den Kreisen des Stahlhelm. Man hielt dort sehr enge Verbindung zwischen Kirche und Staat und regte sich nun auf, daß Günther Dehn das Recht anzweifelte und die Sitte in Frage stellte, in der Kirche Gedächtnistafeln aufzustellen, wie das in Mitteldeutschland und im

Osten fast überall der Fall war. Dazu kam etwas sehr Unglückliches. Als Dehn aus dem Gottesdienst kam, wurde er von einigen Damen angesprochen, die ihn etwa so provozierten:

»Wünschen Sie, daß die Gedächtnistafeln für die Gefallenen aus den Kirchen verschwinden?« Diese Frage brachte ihn in Wallung. Er wies die Damen sehr energisch ab.

»Das habe ich doch nicht gesagt, und ich habe es auch nicht gefordert.« Sie möchten ihn mit solchen Unterstellungen in Ruhe lassen.

Die nationalistische Presse nahm diesen Vorfall auf, und nun wurde überall in Artikeln verbreitet, Günther Dehn wolle die Erinnerungstafeln aus den Kirchen verschwinden lassen.

Das war die Situation im Sommersemester 1931, die nun in besonderer Weise zu den Unruhen unter den Studenten führte.

Aufregungen dieser Art waren an der Universität nicht selten. Es konnte vorkommen, daß irgendeine auffällige Bemerkung innerhalb eines Vortrags plötzlich eine neue große Dimension gewann. So war ein Privatdozent Gumbel in Heidelberg dadurch aufgefallen, daß er gelegentlich sagte: »Wenn man ein Denkmal für den Ersten Weltkrieg errichten wolle, dann solle man eine große Steckrübe nachbilden, denn die habe die Hauptnahrung im Ersten Weltkrieg bedeutet.« Eine derartige Äußerung brachte den national gesinnten Teil der Bevölkerung überall in Aufregung. Die nationalen Kreise sahen das Vaterland und den Einsatz für das Vaterland als ein Opfer an, das Gott selbst verlangte. Die Ehre der Gefallenen war ein Teil der Glaubenshaltung auch meines ganzen Lebens von meiner Jugend an bis zu den Tagen Günther Dehns.

Man muß angesichts dieser Vorkommnisse bedenken, daß die deutsche Sozialdemokratie nach 1918 eine besonders wichtige Position gewonnen hatte. Einerseits hatte sie gegen die Monarchie gesiegt, andererseits aber sich mit aller Kraft gegen den Linkssozialismus und den Kommunismus abgegrenzt. Vor allem der Verteidigungsminister Noske, der die Reichswehr politisch organisierte und nun eine Gegenwehr gegen die kommunistischen Aufstände bildete, hatte sich hervorgetan, weshalb er in Linkskreisen besonders unbeliebt war. So stand die Sozialdemokratie zwischen den Fronten.

Günther Dehn ging es um die Trennung von kirchlichen Aufgaben und jenen Bereichen, in denen weite Kreise der nationalen und konservativen Verbände aktiv waren, die aber in Mitteldeutschland und im Osten tatsächlich weithin die Kirche trugen. Dehn wollte eine Brücke zur Arbeiterschaft und zum abgefallenen Proletariat schlagen, geriet aber so von allen Seiten ins Schußfeld.

Als ich nach Halle zurückkam, wurde er teilweise persönlich diffamiert und boykottiert. Auf seiner Seite stand Pfarrer Jänicke mit einem geschlossenen Kreis junger dialektischer Theologen, aber an der Universität war Dehns Tätigkeit mehr als gefährdet.

Er kam im Sommersemester 1932, konnte sich aber nicht halten und wurde vom Ministerium zu einem Arbeitsurlaub zurückgezogen, jedoch nicht strafversetzt. Wir hatten damals den Eindruck, daß er der ganzen Situation nicht gewachsen war. Er hielt nach den gegen ihn gerichten Demonstrationen vor Studenten im Schlesischen Konvikt eine Rechtfertigungsrede, aber er konnte sich mit seiner Verteidigung und in der Darstellung seiner Position nicht verständlich machen. Der Mann war sehr sensibel. Es hat uns tief erschüttert, ihn da so hilflos stehen zu sehen. Aber das ist so: Wenn ein Mensch durch Massenmedien und ganze Bevölkerungsschichten gehetzt wird, dann geht das an die inneren Kräfte, und ich weiß, wie schwer es ist, dann ruhig und ausgewogen zu bleiben.

Es machte uns allen einen tiefen Eindruck, daß mitten in der Spannung, in der Günther Dehn persönlich und sachlich angegriffen wurde, Karl Barth plötzlich offen für ihn eintrat und erklärte, es sei doch eigentlich nicht fair, den Anhänger zu bestrafen und zu bekämpfen, während der eigentliche Lehrer wirklich gemeint sei, also er selbst, Karl Barth. Er hat Dehn hundertprozentig gedeckt. Es fiel keine einzige Bemerkung wie: Dehn habe sich etwa selbst irgend etwas zuzuschreiben. Es gehört zur Größe von Karl Barth, daß er die politische und kirchliche Situation in Deutschland immer sehr genau und exakt analysierte. Er war damals noch in Bonn.

Dehn war nun von der Bevölkerung isoliert und von den Kollegen gemieden. Wenn er das Dozentenzimmer betrat und grüßte, dann zog sich der anwesende Kollege oft genug hinter die Zeitung zurück, statt wiederzugrüßen, und meinte, mit diesem Verhalten die Ehre der Gefallenen zu verteidigen.

Ich war überzeugt, daß ich als Studentenpfarrer nicht in den Kampf eintreten sollte, da das nicht meine Aufgabe sein konnte. Ich war aber entschlossen, ein gutes persönliches Verhältnis zu Dehn trotz aller Widerstände zu gewinnen und aufrecht zu erhalten. Er war dann sehr überrascht, als ich ihn eines Tages mit meiner Frau besuchte. Sein Wohnviertel war blockiert; es war nicht einfach, durch die Sperren hindurchzukommen.

Als wir Dehn verlassen hatten, sah ich ihn plötzlich hinter mir herrennen. Ich blieb stehen und wartete ihn ab, verstand aber den Vorgang nicht. Da streckt mir der erschütterte Kollege die Hand entgegen und sagt: »Ich wollte mich noch ausdrücklich bedanken, daß Sie gekommen sind.«

Später lag ich mit einer schweren Nierenentzündung in der Klinik und mußte sehr geschont werden. Aber Dehn kam und besuchte mich. Er wurde dann mit Beginn des nationalsozialistischen Regimes noch einmal beurlaubt, so daß er nicht die Professur in Halle antreten konnte.

In Konflikt kam ich, als ich eines Abends durch das Sperrgebiet an der Universität zu einem Hörsaal gehen wollte, in dem ich eine Bibelstunde zu halten hatte. In riesigen Umzügen marschierten Tausende von Studenten, an beiden Seiten flankiert von berittener Schutzpolizei, in der Region des Sperrgebietes, sangen patriotische Lieder und schrien entsprechende Parolen in die Menge. Tagelang waren derartige Umzüge gang und gäbe. Während dieser Umzüge fielen die Vorlesungen in der Universität aus.

Ich suchte den Zug zu durchbrechen, weil ich der Hoffnung war, daß meine Studentengemeinde mich erwartete, wurde aber im Nu niedergerissen. Die Studenten fielen über mich her. In diesem Augenblick, als ich mich nicht mehr wehren konnte, stürzte ein mir bekannter Student in meine Nähe, riß die Umstehenden hinweg und schrie empört:

»Was ist in euch gefahren. Seht ihr denn nicht, daß das unser Studentenpfarrer ist?« Im nächsten Augenblick war ich frei und konnte mich, wenn auch verletzt und mit schmutziger Kleidung, vom Boden erheben. Mein Retter war ein Jurist der »Landsmannschaft vom Pflug« und hieß von Borke. Ich hatte ihn früher einmal kennengelernt, habe ihn in diesem Augenblick wiedergesehen und grüße ihn, wenn er noch lebt.

Ruhig, wenn auch mit Verspätung, betrat ich den Hörsaal und hielt meine Bibelstunde. Am nächsten Vormittag veröffentlichte die Völkische Seite ein Flugblatt, in dem in besonderer Weise die Schutzpolizei als Ordnungsmacht während dieser Demonstration angegriffen wurde, zumal sie auch gegen mich gewaltsam mit Knüppeln vorgegangen sei. Ich möchte hier ausdrücklich versichern, daß es mir damals nicht gelungen ist, eine öffentliche Richtigstellung in der Darstellung der Vorgänge zu erreichen. Mein Vorgesetzter verbot mir, in dieser kritischen Situation Stellung zu nehmen, weil Tätigkeit und Laufbahn für mich sonst gefährdet seien. Da erkannte ich, daß nicht der langsame Widerstand der alten Ordnung, sondern der stürmische Drang der jungen Kräfte den Sieg davontragen würde.

Ich mußte noch stärker von Gott provoziert werden, um in der Stunde dieser Umwälzungen klar zu sehen. In Not und Krisis verlangt Gott ein klares Ja oder Nein auch zu weltlichen Vorgängen. Ich brauchte erst die Hilfe von Karl Barth und Dietrich Bonhoeffer, von Julius Schniewind und Hans-Joachim Iwand, um aus meiner Situation von 1931 erlöst zu werden. Gleichzeitig aber sah ich, daß die Sache der Kirche und der Theologie verlorenging. Ich schrieb für meine Fakultät ein Gutachten, in dem ich darlegte, daß in kurzen Wochen oder Monaten Kirche und kirchliche Gesellschaft völlig zusammenbrächen und daß keine Vorkehrung getroffen sei, um diesen Zusammenbruch aufzuhalten. Ich sah immer nur marschierende Kolonnen, aber eine unsichere bürgerliche Gesellschaft vor mir.

Nach kurzer Zeit gab Geheimrat Eger mir mein Schreiben zurück und sagte, er habe es der Fakultät vorgelegt, sie habe aber nur den Eindruck gehabt, daß ich mit den Nerven am Ende sei. Sie empfehle mir einen Urlaub, in dem ich trotz des Winters quer durch den Harz wandern solle. In jener Zeit beschäftigte mich mit geradezu quälender Intensität die Frage nach dem Zusammenhang zwischen Gottes Wort und prophetischer Anfechtung. Gott selbst führt Zeit und Umstände herauf, in denen ein Erwählter notwendig zum Zeugen und Märtyrer werden muß. Ist er dazu nicht bereit, verliert er sein

Erwähltsein. Ich habe in jenen Wochen diese Zusammenhänge nicht nur gesehen, sondern bearbeitet und in einer Veröffentlichung vorgelegt: *Prophet und Märtyrer*, erschienen 1932.

Langsam drangen über die Pfarrer Jakobi und Jänicke die Auswirkungen der dialektischen Theologie in meine persönliche Umgebung hinein, obwohl Kirche und Fakultät sich noch dagegen sträubten. Plötzlich kam ich mir so unfertig vor, weil die Menschen und die Ereignisse über mich hinauswuchsen. Immerhin blieben Männer wie Wilhelm Lütgert und mein Freund Gabriel als Träger der alten biblischen Tradition ruhig und gefaßt, obwohl auch sie die kommenden Stürme voraussahen.

## 10. Kirchenkampf und Jungreformatorische Bewegung

Als der Nationalsozialismus siegte und die Ordnungen in Staat und Kirche ins Wanken gerieten, wurde auch jedes persönliche Schicksal angestoßen. Im Raum der Theologie kamen nicht nur linksgerichtete, sondern erst recht konservativ geprägte Theologen in äußerste Gefahr. Ich versuchte, uns junge Dozenten zusammenzuhalten, aber das gelang mir nicht: Man machte mir klar, daß es um unsere Zukunft ging und nicht um die der alten Herren. Wir machten damals eine richtige Umwälzung durch, die alles durcheinanderwirbelte. Dabei war nichts mehr eindeutig. Positiv beurteilte man, daß der Geheimrat und der einfachste Universitätsbeamte am 1. Mai gemeinsam aus der Gulaschkanone Hammelfleisch und grüne Bohnen aßen; daß langsam Zucht und Ordnung in die verschiedenen gesellschaftlichen Kreise kamen; daß man nach einem gemeinsamen Sinn des Lebens suchte und – nach der Meinung vieler – auch fand. Die Schattenseiten des neuen Regimes dagegen drangen viel langsamer an die Öffentlichkeit, bedrängten aber von Anfang an bestimmte biblische Gruppen im Rahmen der Theologie: Die Arier-Frage wurde lebendig, die Reichsbischofswahl und die neue Kirchenverfassung standen zur Diskussion. Auch innerhalb der Theologie begann man plötzlich das Gesetz Gottes und seine Ordnungen im Rahmen des Volkes zu sehen und groß zu schreiben. Dabei kam es allerdings gerade nicht zu einer Wiederbelebung der Reformation, sondern zu kirchlicher Romantik und Utopie. Die Familien, die Stände, die Freundschaften rissen auseinander, weil der eine in alten biblischen Vorstellungen weiterlebte, während der andere »zu neuen Ufern« aufbrach. Das war etwas Unheimliches. Überall wurde marschiert, geschult, gleichgeschaltet und in eine neue Ordnung gefügt.

Es kam auch zu komischen Szenen: Da steht ein »dialektischer« Theologe vor seiner Kirche, in der ein ganzer SA-Sturm seinem Gottesdienst beiwohnen will. Er, der früher seine Schäflein zählen konnte, sieht jetzt ganze Männerreihen in Uniform zu sich in den Gottesdienst strömen. Die großen Kinderaugen des Pfarrers heften sich an die Fahnen und Reihen, aber er bekommt bald Unterstützung. Plötzlich stehen zwei SA-Männer neben ihm und reißen seinen Arm hoch. »Männeken, reiß den Arm hoch, wenn die Fahnen kommen!«

In vielen kirchlich-pietistischen Kreisen hieß es, Gott schaffe eine neue Periode des Glaubens und sammle seine Kirche aus allen Konfessionen!

Mein Vater empfing in seinem Büro eine Abordnung, die seinen Beitritt zur neuen Bewegung verlangte. Er antwortete: »In Ihrer Fahne ist so viel rot. Das kann ich nicht vertragen. Ich habe einmal einen Eid als Soldat geschworen. Mehr als einen Eid kann ich nicht leisten. Ich schlage Ihnen vor, daß ich hier in diesem Büro Ihnen monatlich 50 DM an die Wohlfahrt überweise, und Sie geben mir, solange Sie existieren, Ruhe und Sicherheit.« Aber ich erlebte auch bei ihm eine tiefe Erschütterung: Als wir im Deilbachtal bei Elberfeld wanderten, kamen wir an ein großes Zeltlager, und die sportlich gekleidete Jugend sang: ». . . denn heute gehört uns Deutschland und morgen die ganze Welt.« Da bleibt der Mann neben mir erschrocken stehen und sagt: »Mein Gott, was soll daraus werden!«

Immerhin ging er seinen eigenen Weg des nationalen Ausgleichs und des Gesichertseins, während ich selbst in der Folgezeit sehr schnell wie ein verdorrter Zweig vom Baum der Familie abgeschüttelt wurde. Ich setzte notwendig dort ein, wo ich aufgrund meiner Haltung in diesem Kampf stand: Ich blieb begrenzt in meinem seelsorgerlichen Rahmen und hielt meine exegetischen Vorlesungen und war nicht geneigt, in die großen politischen Zusammenhänge einzugreifen. Ab und zu ging ich zu meinem Freund Walter Gabriel, um mich auszusprechen. Die Vorlesungen von Lütgert über die Religion des deutschen Idealismus, aber auch die Warnungen Kählers und Schniewinds vor dem kommenden deutschen Schicksalsweg bleiben mir unvergessen. Karl Heims Ausgerichtetsein auf die Endzeit, die unter uns anbrechen könne, steht lebhaft vor meinen Augen.

Eines Tages findet sich in meinem Bezirk ein strafversetzter Konsistorialrat aus Stettin ein, namens Förtsch. Er hatte in der Öffentlichkeit gesagt: »Ich weiß nicht, was mit unseren Lehrern los ist. Immer sind sie krank. Früher hatten sie die Röteln, jetzt haben sie die Bräune.« Damit hatte er Amt und Stellung in Pommern verloren, aber seine gesunde bayerische Offenheit behalten. So konnte er gut sagen: »Mein Kollege Gabriel kommt, wenn er die Bibel liest, auf große Gedanken und spricht sie aus, dann aber erschrickt er über das, was er gesagt hat und beginnt darüber nachzudenken, um es zu verstehen. Ich armer Mensch versuche die Bibel zu lesen und zu verstehen, dann erst komme ich auf den Gedanken, was und wie ich etwas sagen soll.« Solche Sätze prägten sich mir ein.

Ich blieb den beiden trotz ihrer Gegensätzlichkeit von Herzen verbunden. Gabriel war immer seiner Zeit voraus. Ich war dankbar für seine Anregungen. Förtsch gab mir Halt, wenn ich in Verzweiflung geriet, und fand immer einen Weg, die eigene Würde zu bewahren und der Aufgabe treu zu bleiben.

Ruhig blieb ich auch, als 1933 ein junger Theologe in meine Sprechstunde kam, der in Danzig als Sohn einer Witwe geboren war. Er hatte schon frühzeitig in der Partei eine Rolle gespielt, war aber dann aus Gewissensgründen ausgetreten. Nun trat er 1933 wieder in sie ein und wurde gefährlich. Er hatte es klar erfaßt, daß der entscheidende Kampf zwischen neuer Weltanschauung und altem biblischem Glauben ausgefochten werden mußte. Er imitierte seine alten Gewissensbedenken und fragte in der Sprechstunde den akademischen Nachwuchs aus. Gerade an dem Punkt kam es darauf an, ob man Farbe bekannte oder nicht. Er war es, der 1934 die jungen Kollegen Heinrich Schlier und Wolfgang Trillhaas auf dem Gewissen hatte.

## 11. Zeichen auf Sturm – eine Entscheidung fällt

Die Prozesse Anfang 1933 waren vielgesichtig und lassen sich nicht einfach auf einen Nenner bringen. Ebenso war auch die Haltung eines jeden einzelnen von uns nicht immer eindeutig. Ich selbst war entschlossen, von mir aus nicht in Vorgänge einzugreifen, die nicht die Universität selbst angingen. Doch da griff Gott ein.

Befohlen war, daß die Theologenschaft für den Reichsbischof Müller demonstrieren sollte. Die Anweisung war vom Innenministerium ausgegangen und über die Dozentenschaft an das Schwarze Brett gelangt. Morgens früh, nach meiner Vorlesung, wurde ich bestürmt, ob man diesem Befehl gehorchen müsse. »Uns wird offiziell befohlen, für den Reichsbischof Müller einen Umzug zu machen, aber wir wollen nicht zu einem derartigen Umzug für den Reichsbischof Müller kommandiert werden.«

»Verzeihen Sie, meine Herren«, sagte ich, »das ist Sache der Theologischen Fakultät. Bitte gehen Sie zum Dekan und melden Sie Herrn Professor Kohlmeyer Ihre Bedenken an. Wenn Sie nachgefragt haben, kommen Sie mit dem Bescheid zu mir, damit ich weiß, was gespielt wird.«

Sie kamen nach einer Stunde zurück und berichteten. »Kohlmeyer hat gesagt, das sei eine politische Angelegenheit. Politische Dinge fielen nicht in den kirchlichen oder theologischen Bereich, aber hier hätten wir gefälligst mitzumarschieren.«

Das war der Augenblick, in dem für mich alle Vorbehalte zusammenbrachen. Ich mußte eine neue Richtung gehen, die ich bisher noch nie gekannt hatte. Vielleicht war sie schon hier und da einmal in mein Blickfeld gekommen, aber ich war immer ausgewichen. Ich wußte plötzlich, daß ich völlig allein stand und daß ich nun in eine Zukunft gehen würde, die nur auf einem Nein und Nichts aufgebaut war. Aber gleichzeitg erkannte ich in diesem Augenblick, was der eigentliche Sinn meines Berufes und meines Menschseins war. Ich sagte kurz entschlossen:

»Als Studentenpfarrer dieser Universität gebe ich Ihnen allen die Freiheit, dieser Demonstration fernzubleiben. Ich werde aber heute Abend öffentlich dieses mein Recht vor der Gemeinde Gottes rechtfertigen.« Ich ging ganz ruhig nach Hause, berichtete meiner Frau von dieser Situation, und sie war ganz damit einverstanden, daß ich diesen Weg ging. Ich merkte zwar, daß sie noch nicht das ganze Gewicht dieser Entwicklung erfaßt hatte, aber sie ahnte, was nun auf uns zukommen würde.

Ich setzte mich mit Pfarrer Gabriel in Verbindung, der mir in der Albrechtstraße das Gemeindehaus zur Verfügung stellte, und lud durch ihn auch die Gemeinde ein. Der Abend stand unter dem Thema: »Die Gewissensfreiheit in der Kirche«. Das ging wie ein Feuer durch ganz Halle. Am Abend war das Gemeindehaus übervoll. Nicht nur die Studenten, auch die Menschen aus der Stadt waren da. Sie saßen und standen bis vorne zum Rednerpult. Ich sprach ruhig über das, was sich an diesem Vormittag ereignet hatte, auch über meine eigene Verantwortung, die Freiheit des Gewissens im Raum der Kirche durchhalten zu wollen. Ich sprach darüber, daß in der Kirche keiner gezwungen werden darf, zu irgendeinem kirchlichen Amt Stellung zu nehmen. Auch innerhalb der Universität dürfe das nicht geschehen, auch nicht bei den Studenten. Und wenn man sich jetzt auf die Deutschen Christen berufe, dann müßten wir antworten: Auch die Deutschen Christen haben nicht die Kompetenz, ihre Programme an der Universität und in der Theologischen Fakultät durchzusetzen. Ich sähe mich nicht in der Lage, die Freiheit des an die Bibel gebundenen Gewissen von den Deutschen Christen verbürgt zu sehen, wäre aber offen, wenn ich auf diesem Weg, den ich an diesem Morgen beschritten hätte, Brüder und Schwestern fände.

Bis zu diesem Augenblick konnte ich sprechen. Ich trat vom Rednerpult zurück. Plötzlich stürmte eine große Schar von SA-Leuten durch die Türen herein und trieb mit Gewalt die ganze Versammlung hinaus. Kein Einspruch war möglich, keine Stellungnahme, keine Aussprache. Die widerwillige Menschenmenge war natürlich über dieses Geschehen aufs höchste empört. Aber die Versammlung hatte kein Ergebnis. Ich ging mit meiner Frau nach Hause und wartete ab, was kommen würde. Ich war bis zu diesem Augenblick nur bereit, einen kirchlichen Protest anzubringen; eine politische Ausweitung wollte ich wenn möglich vermeiden.

Am anderen Morgen war unsere Wohnung ein einziges Blumenmeer. Die Menschen kamen und gingen, schüttelten die Hand, hielten sich aber keinen Augenblick bei uns auf. Dafür kamen schlichte Studenten mit einem traurigen Gesicht: Sie gehörten zu dem SA-Sturm, der hier eingesetzt war und der aus lauter Theologen bestand. Sie kamen einzeln, um sich zu entschuldigen. Sie wüßten, daß sie mit diesem Abend nicht fertig würden.

Von nun an war nur noch die Saale-Zeitung bereit, Berichte von mir aufzunehmen. Sie war aus dem Stahlhelm hervorgegangen, aber »gleichgeschaltet« worden. Zum ersten Mal traf ich Menschen an, die, voller Verzweiflung, plötzlich auf mich eine Hoffnung setzten. Dabei ging es keineswegs nur um die Gegnerschaft zur Partei und ihren Organen. Die Anhänger des Stahlhelm etwa waren ja durch die Gleichschaltung automatisch in die SA überführt worden, was nicht ohne Gewaltakte vor sich gegangen war. Man sprach nicht darüber, aber ich lernte die Menschen in ihrer Gesinnung kennen. Doch nun rührte sich auch die Gegenseite. Vor mir stand der Führer der Deutschen Christen, Dozent Walter Elliger, der mich warnte und ausdrücklich darauf hinwies, daß er bemüht sei, mich vor dem Konzentrationslager zu bewahren. Die nationalsozialistische Presse meldete nichts über die abgelaufenen und nun folgenden Vorgänge. Es gab zwar einen Zusammenstoß mit dem Nationalsozialistischen Studentenbundführer Dr. Kürten (Medizin). Der blieb jedoch ohne spürbare Folgen.

Plötzlich stand eine begeisterte Jugend hinter mir, die nur darauf wartete, eingesetzt zu werden. Und hinter dieser Jugend stand die Gemeinde, ein Teil der Pfarrerschaft, aber auch die akademischen Kreise, aus denen diese Jugend stammte. Zum Teil durften die Eltern von dieser Mitarbeit nichts wissen, um sie nicht zu gefährden. Die Jugend sammelte sich und war sehr selbständig, sie wollte an den Vorgängen im Raum der Kirche weiter aktiv teilhaben. Nachrichten von Universität zu Universität sollten ausgetauscht und die Gruppen zu einer betenden und glaubenden Gemeinschaft aufgebaut werden. Ihre Führer waren Reinhard Ring, Götz Güldemeister und Martin Fischer.

Fischer stand mir besonders nahe, weil er gründlich systematisch bei Rudolf Hermann studiert hatte, in der Deutschen Christlichen

Studenten-Vereinigung eine führende Rolle spielte und die meisten Verbindungen zu den anderen Fakultäten herstellte.

Entscheidend im Zusammenhang dieser Ereignisse anläßlich der Wahl des Reichsbischofs war noch die Gegenkandidatur Fritz von Bodelschwinghs. Wir gaben als Treueerklärung ein Telegramm an Bodelschwingh auf. Inzwischen bildete sich eine Widerstandsgruppe, die sich zunächst für kirchliche Freiheit und für Friedrich von Bodelschwingh einsetzte. Sie bildete von sich aus Kampfgruppen. Zu ihren ersten Mitgliedern gehörten ebenfalls Martin Fischer, Götz Güldemeister, Reinhard Ring. Die Gruppe beriet nun tagtäglich, wie sich die Situation an der Universität weiter entwickelte. Sie war die größte Gruppe der Fakultät, ging ihren eigenen Weg und schloß sich nach einiger Zeit der Jungreformatorischen Bewegung an. Die Studenten und Gemeinden wehrten sich damals noch gegen die Gleichschaltung der Kirche, gegen den aufgezwungenen Reichsbischof Müller und reagierten spontan mit dieser Bewegung, die sich mit Fritz von Bodelschwingh identifizierte. Dennoch muß gesagt werden: Die »Jungreformatoren« haben die Situation nicht richtig erkannt. Im Artikel 12 ihrer Statuten begrüßten sie Hitler als Erretter Deutschlands, der als solcher anerkannt werden sollte, aber nicht in kirchlichen Fragen entscheiden dürfe. Die Bewegung war dann auch bald zusammengeschmolzen. Einzelne ihrer Führer hatten gemerkt, daß die NSDAP zu den Deutschen Christen stand und daß die Jungreformatorische Bewegung also notwendig zu einer Gegenbewegung gegen die Partei zu werden drohte. Da ist zum Beispiel Friedrich Gogarten ganz einfach übergetreten. Er ist zu Bischof Hossenfelder nach Berlin gefahren, hat sich dort in den Korbsessel gesetzt und gehörte von da an zu den Deutschen Christen. Davon ist Gogarten nie wieder heilgeworden.

In einem späteren Stadium haben wir dann Verbindung zu meinen unmittelbaren Vorgesetzten bekommen, die Hausarrest hatten, den Generalsuperintendenten Johannes Eger und Ernst Lohmann in Magdeburg. Es kam die Zeit besonderer Abkündigungen. Da besuchte mich der Kirchenkommissar W. Noack und bedrohte mich, ich dürfte die Bekanntmachungen der abgesetzten Generalsuperintendenten nicht verlesen. Dr. Noack behauptete, er würde in den

Gottesdienst kommen, um zu kontrollieren. Aber mir ist nichts passiert, als ich sie dort verlas.

Es ging damals um folgendes: Der Reichsbischof, »Reibi« genannt, hatte einen Lob- und Dankgottesdienst dafür eingesetzt, daß die Kirche gleichgeschaltet war, also aufgenommen in die wunderbare NS-Bewegung. Gleichzeitig hatte aber der von der Jungreformatorischen Bewegung getragene Bischof von Bodelschwingh einen Gottesdienst angesetzt. In allen Kirchen, soweit sein Einflußbereich ging, sollte es ein Bet- und Bittgottesdienst sein, daß Gott sich seiner Kirche in dieser furchtbaren Situation erbarmen möchte. Den zu verlesenden Text hatten die Generalsuperintendenten verfaßt, die selbst ja festgesetzt, also verhaftet oder in Hausarrest waren. Ein anderer Aufruf war von Walter Künneth, Karl Heim und Helmut Schreiner und auch noch von Friedrich Gogarten unterschrieben.

Kreise der Jungreformatorischen Bewegung baten mich nun, die Verbindung nach auswärts aufrechtzuerhalten. Auf diese Weise kam ich einmal nach Dresden, wo ich Bischof Hahn besuchen sollte. Das Haus, in dem der Bischof arrestiert war, war abgesperrt. Als ich sein Zimmer endlich erreicht hatte und nun vor dem Bischof stand, erhob dieser sich, setzte sich wieder und sagte:

»Sie sind ein Spitzel. Ich weiß, Sie sind ein Spitzel.«

Ich mußte ihn beruhigen: »Ich komme im Auftrag von Walter Gabriel in Halle«, versicherte ich, »und bringe Ihnen bestimmte Aufträge und Nachrichten mit.«

Da wurde er ruhiger, und ich konnte meinen Auftrag ausrichten.

Die wesentlichste Entscheidungshilfe gab damals Karl Barth in der *Theologischen Existenz heute*, Heft 1. Er zeigte auf, daß die Deutschen Christen in Wirklichkeit keine Glaubensbewegung und keine eigentlich theologische Bewegung waren, sondern nichts anderes als ein Machtfaktor der Partei. Die Dinge waren inzwischen für mich soweit gediehen, daß Bischof Friedrich Peter, nachdem er die Generalsuperintendenten abgelöst hatte, nun auch mir erklären ließ, ich sei als Studentenpfarrer in Halle untragbar. Und von Otto Fricke aus Frankfurt, dem Vertreter der Studentenpfarrer, bekam ich den Bescheid, daß ich, da kirchlich unerwünscht, mein Amt als Studentenpfarrer abgeben müsse. Man ernannte dann Pastor lic. Schenke als

Nachfolger, und das Amt ging an die Deutschen Christen über. Ich hatte nichts mehr, womit ich Frau und Kind ernähren konnte. Privatdozenten bekamen ja kein Gehalt. Wir bekamen, wenn wir Hörer hatten, Kolleggelder, und die waren vielfach gering.

Ich denke an diese Zeit mit großer Dankbarkeit, aber auch mit tiefer Beschämung zurück. Wie sah der Weg der Kirche aus? Die eigentlichen Kämpfe schlossen sich an. Die Wahl des Reichsbischofs und der Ausbau der Kirchenverfassung wurden vollzogen. Nicht entschieden waren die Auseinandersetzungen zwischen Kirche und Politik, zwischen den Konfessionen untereinander, zwischen romantischer und idealistischer Theologie einerseits, biblisch begründeter und dialektischer Theologe andererseits. Alte Spannungen flammten auf, neue erhoben sich in diesem geschichtlichen Augenblick.

Die Jungreformatorische Bewegung, der wir uns anschlossen, bemühte sich, zwischen kirchlicher Stellungnahme und politischem Neuwerden einen Unterschied zu machen, und zwar derart, daß man den Kampf darauf beschränkte, die kirchliche Auflösung zu verhindern, während sie im politischen Engagement durchaus noch einen Spielraum für die nationalsozialistische Bewegung offen ließ. Ihre Führer verloren in dem Augenblick ihre Autorität, als Karl Barth in seinem Heft *Theologische Existenz heute* die Fronten klarstellte, die Alleinherrschaft des biblischen Wortes gegen die weltanschauliche Vermischung zum Einsatz brachte. Eine wahre Kampfstellung konnte nur so aufgebaut werden, daß man mit dem biblischen Wort auch in das Herz der politischen Auseinandersetzung traf.

Eine Sonderstellung nahm Hans Asmussen ein, der durch das Altonaer Bekenntnis schon früher die Aufmerksamkeit der Kirche auf sich gelenkt hatte. Im Barmer Bekenntnis vom Mai 1934 kam es mit Unterstützung Karl Barths zur Annahme grundsätzlicher biblischer Thesen, die jetzt das Gesicht der Bekennenden Kirche und des Pfarrernotbundes veränderten. So erwies sich die Jungreformatorische Bewegung als eine Vorform für eine stärkere kirchliche Opposition, in der Männer wie Martin Niemöller, Gerhard Stratenwerth, Walter Künneth, aber auch die süddeutschen Bischöfe hervortraten. Offener Widerstand trat mit Präses Karl Koch und Karl Lücking an die Öffentlichkeit, als sich im Frühjahr 1934 die Westfälische Bekenntnissynode bildete. Jetzt erhob der kirchliche Widerstand, ähnlich wie die süddeutschen Bischöfe, den Anspruch eigener offizieller Legitimität. Die Lage an den Fakultäten war inzwischen sehr viel bedrohlicher geworden, da die theologischen Lehrer von den Gemeinden gefordert wurden, aber selbst als Staatsbeamte rechtlich ungedeckt blieben. Absetzungen und Beurlaubungen, Strafversetzungen und Entzug der Lehrbefugnis waren in diesen Jahren keineswegs selten. Die Bekennende Kirche begann, ihre eigenen Lehranstalten aufzubauen ( Berlin, Elberfeld, Predigerseminare). Eine scheinbare Entspannung brachte das Jahr 1936 mit der Einsetzung der Kirchenausschüsse und dem Versuch, den staatlichen Eingriffen eine Grenze zu setzen.

## 12. Lüdenscheid

Als ich aus meinen Aufgaben in Halle entlassen war wurde, zogen wir nach Westfalen. In Lüdenscheid war ich als Pfarrer gewählt worden. Wir schlossen uns dort dem Kreis der Bekennenden Kirche an und kamen so in den Schutz der Gemeinde.

Die Westfälische Landeskirche galt ja als intakte Landeskirche, d.h. sie hatte sich der Bekennenden Kirche angeschlossen. Präses Koch hatte seine Synode als legitim deklariert und von dem deutschchristlichen Kirchenregiment in Münster abgelöst. Er war in Oeynhausen legitimer Vertreter der Bekennenden Kirche, wurde aber von Münster aus als nicht legal bekämpft.

Nun trat meine Gemeinde Lüdenscheid ganz in den Kreis von Oeynhausen ein und wir beteiligten uns am Kirchenkampf in Oeynhausen und in Dortmund.

Ich mußte Präses Koch einmal in einer theologischen Angelegenheit besuchen, nämlich wegen der Frage, ob Hitler der Antichrist sei oder nicht. Das geschah nach dem Röhm-Putsch. Diese Frage wurde in meiner Gemeinde ernsthaft ventiliert, und sie war auch für mich so wichtig, daß ich zum Präses selbst ging. Ich sehe noch heute, wie er mit seinem wuchtigen westfälischen Kopf vor seinem Schreibtisch saß und sagte: »Im Augenblick vielleicht noch nicht, aber im nächsten kann er es werden. Mehr kann ich Ihnen zur Zeit nicht sagen.«

Ich war damit nicht zufrieden, denn ich suchte wie immer im Leben, in der Geschichte und bei den Menschen nach den Wurzeln, aus denen ein Baum kommt. Entscheidend waren die Geschichtsprozesse dieses Sommers 1934. Seitdem weiß ich auch, daß die politischen Prozesse, Schicksalshaltungen, Umerziehungen nach verlorenen Weltkriegen nicht mehr ohne diese schweren Prüfungen, die Gott selbst auferlegt, zu verstehen sind. Wo die Mächte dieser Welt nach uns greifen und uns in Not bringen, ist die Gemeinde selbst, ist das Gebet selbst, ist das Gegenüber zu Gott selbst gefragt. Und wenn ich hier versage, erleide ich Schiffbruch mein Leben lang. So frage ich mich immer wieder bis auf den Grund meiner Seele, ob ich zu schwach war, schwersten Prüfungen standzuhalten. Die äußeren Lebensumstände konnten oft ertragen werden. Wo aber war die Grenze des Ertragens, wo die Grenze des Selbstschutzes? Mußte ich wirklich 1933 Halle aufgeben und meine Studenten verlassen? Von der Einschätzung der historischen Stunde im Angesicht Gottes hing ab, wo mein Platz war, wo ich mein Zeuge-Sein zu erfüllen hatte. Niemand konnte mir damals helfen, die Situation so aufzudecken, daß ich Gewißheit erlangte.

In Westfalen ging es uns gut, aber ich mußte als Pfarrer der Bekennenden Kirche auch manches tun, was mich bis heute beschäftigt. Die Gelder der Bekennenden Gemeinden wurden nach Oeynhausen abgeliefert. Nun verlangte die Bekennende Kirche, daß auch die deutsch-christlichen Gemeinden, weil sie zwar legal, aber nicht legitim wären, ihre Gelder nach Oeynhausen abzuführen hätten und nicht nach Münster. Die Bekennende Kirche brauchte für die abgesetzten Pfarrer und die noch nicht ins Amt kommenden Vikare mehr kirchliche Gelder, als sie eigentlich zur Verfügung hatte. So stand ich dann eines Tages vor dem Auftrag, in zwei deutsch-christlichen Gemeinden vorzusprechen und mit den Presbytern zu reden, daß sie ihre Gelder nach Oeynhausen zu Präses Koch zu schicken hätten. Das war sehr merkwürdig.

Ich fuhr mit dem Auto in die Nähe der ersten Gemeinde, ging dort in die Wirtschaft und fragte mich durch, wer Presbyter in der Gemeinde war, ließ mich als Pfarrer von Lüdenscheid bei dem Presbyter melden und teilte ihm mit:

»Also, das Geld, das Sie haben, haben Sie nach Oeynhausen zu schicken und nicht nach Münster.«

»Das wird schwierig sein«, sagte der Presbyter. »Unser Pastor schickt alles nach Münster.«

Aber ich bestand darauf: »Ihr müßt trotzdem, weil die Kirche legitim Bekennende Kirche ist, euer Geld zu Präses Koch schicken, denn der braucht das Geld.«

Da strahlte sein Antlitz und er sagte: »Wissen Sie, ich glaube, unser Pastor findet sich in dieser Welt nicht mehr richtig zurecht. Selbstverständlich schicken wir das Geld nach Oeynhausen.«

Ähnlich ging es in der zweiten Gemeinde zu, und ich war am Ende doch dankbar, als ich heil wieder zu Hause ankam, denn inzwischen war Gesetz geworden, daß solche Aktionen als Unterschlagung mit Zuchthaus bestraft wurden. Was wir da taten, war also nicht sehr überzeugend – zwar legitim, aber nicht legal. Doch die Gemeinden standen hinter uns.

In Lüdenscheid waren wir sechs Pfarrer: Fünf hielten sich zur Bekennenden Kirche: Bartelheimer, Siebel, Baudert, Störmer und Michel. Ein Pfarrer Barthold war Deutscher Christ. Dessen Gemeinde hatte noch ein zusätzliches Problem: Sie hatte nie richtig herausbekommen, was der Unterschied zwischen Deutschen Christen und der »Deutschen Glaubensbewegung« war. Die Deutschen Christen richteten sich bei ihren Entscheidungen nach der Partei. Die Deutsche Glaubensbewegung pflegte nordisches Germanentum, die Verehrung der alten germanischen Gottheiten und kehrten zur Edda als Volksepos zurück. Das haben diese Gemeindeglieder nie richtig auseinandergehalten. Einmal kam ein Gemeindeglied des Deutsch-Christlichen Pfarrers Barthold und sagte: »Ich wollte es genau wissen. Auf der Kanzel predigt er ganz schön aus der Bibel, aber das tut er ja bloß, um sein Gehalt zu bekommen. Da wollte ich doch sehen, ob er einen Wotan auf seinem Schreibtisch oder in seinem Zimmer hatte. Ich bin also in sein Studierzimmer gegangen und habe überall geguckt, aber einen Wotan hatte er nicht.« Wie tröstlich!

An die Pfarrerzeit in Lüdenscheid denke ich gern zurück. Meine Gottesdienste und Bibelstunden wurden gut besucht. Gemeindebesuche waren sehr gefragt. Vor allem lernte ich durch das Geschwisterpaar Siebel und durch das Pfarrhaus Dr. Bartelheimer gute Freundschaften kennen, die weit über die damalige Zeit hinaus in Kraft blieben. Während es in Sachsen die pfarramtliche Tätigkeit war, die den Aufbau einer Gemeinde voranzubringen hatte, war hier in Westfalen eine Gemeinde so stark, daß sie einen einzelnen Pfarrer von sich aus tragen konnte.

## 13. Privatdozent in Halle und Kriegsbeginn

Inzwischen vergingen die Monate, und wenn ich nicht bald an die Universität zurückkehrte, würde die Venia legendi erlöschen. Unsere Freunde bedrängten uns: Die Situation an der Universität sei für mich wichtiger als das Pfarramt. Von Dobschütz war inzwischen gestorben, ganz plötzlich, er war erst Anfang 60, und ich wurde in Halle dringend angefordert. So ging ich nach dreizehn Monaten am 1. April 1935 schweren Herzens von Lüdenscheid weg, ging zunächst allein nach Halle zurück und wohnte im Hause von Professor Smekal; später kam meine Frau mit der Tochter Christa nach.

Ich wurde Assistent im Neutestamentlichen Seminar, so daß ich nicht mehr Studentenpfarrer und Klinikseelsorger sein mußte. Aber ich hatte ein Gehalt von 216 Mark. 208 Mark wurden ausgezahlt, 8 Mark an Steuern einbehalten. Dazu kamen Hörergelder. Ich hatte viele Hörer und konnte mich dadurch halten. Aber ich befand mich jetzt wieder in einer ähnlichen Situation wie früher und wie sie sich in meinem Leben immer wiederholte: Es gab keine Sicherheit als die, daß ich mich ganz der biblischen Verheißung überließ. So war es 1918 bei meiner Konfirmation. So war es 1927, als ich das Tholuck-Konvikt übernahm. So war es 1933, als ich den Studenten sagte: Ich gebe euch frei, ihr braucht nicht zu marschieren. Und so war es jetzt, 1935. Ich war als Assistent für die Theologische Bibliothek verantwortlich.

1936 entstand das Kirchenregiment der Kirchenausschüsse; es kamen die Männer der Bekennenden Kirche und die Mitte-Parteien zum guten Teil in die Kirchenleitungen. Die bisherigen Kirchenführer wurden teilweise entmachtet, sie spielten keine Rolle mehr. Man wollte auf diese Weise das Vertrauen zur Partei wiederherstellen.

Das war eine ganz merkwürdige Situation. Damals bestellte mich Johannes Eger, der ehemalige Generalsuperintendent, der jetzt der Führer der Kirchenausschüsse war, nach Berlin.

»Suchen Sie sich ein Predigerseminar aus«, sagte er. »Wir haben jetzt die Macht, und die Kirchenausschüsse können Ihnen jedes Predigerseminar geben. Zum Beispiel Soest oder Düsseldorf, letzteres ist das moderne. Ich will dann versuchen, daß Sie einen Ruf nach Bonn oder Berlin für eine Professur bekommen. Das Domstift können Sie auch haben. Dann müssen Sie sich versetzen lassen.«

Ich hatte ein sehr enges Verhältnis zu Eger und fragte ihn: »Wer steht hinter Ihnen? Wer trägt die Kirchenausschüsse?«

Da sagte er: »Niemand.«

»Und dann kann die Partei euch morgen absetzen?« »Ja«, sagte er. »Wir haben keine Sicherheit, daß die Dinge gut gehen. Aber wir versuchen es, praktisch und konkret durchzukommen.«

»Das kann ich mir nicht leisten, Herr Eger«, sagte ich. »Ich kann nicht mit den Kirchenausschüssen untergehen. Ich will lieber bei der Universität bleiben.«

Inzwischen meldete sich auch noch Wuppertal-Elberfeld. Dort war Dr. Heinrich Niemöller gestorben, und man wählte mich als seinen Nachfolger. Mein Vater war sehr froh. Endlich, endlich zeigte sich ein Silberstreif am Horizont! Ich sollte mich in Düsseldorf bei der Kirchenleitung melden, und Vater hatte dann seinen Jungen wieder, – endlich war der Wanderweg zu Ende. »Junge, du kannst dir aussuchen, wohin du willst!« Mein Vater nahm das sehr ernst. Ich konnte an die Kirche am Arrenberg kommen, in der ich konfirmiert worden war.

Ich wandte mich an Dr. Humburg, den Präses der Bekennenden

Kirche des Rheinlandes, um dessen Rat einzuholen. Elberfeld war ganz stark deutsch-christlich geprägt. Da telegrafiert mir Humburg: »Gehen Sie nach Halle zurück im Auftrag der Bekennenden Kirche. Da sind Sie für uns am notwendigsten.« Mit diesem Bescheid kam ich abends zu meinen Eltern. Ich wollte den Nachtzug nach Halle nehmen. Vater lag schon zu Bett.

»Geh zu Vater. Er wartet«, sagte Mutter.

»Nun, Junge«, fragte er, »gehst du nach Düsseldorf oder nach Elberfeld?«

Da streichelte ich den alten Mann und sagte: »Vater, weder nach Düsseldorf noch nach Elberfeld, sondern nach Halle zurück.«

Da richtete er sich im Bett auf und sagte: »Dann geh in dein Elend wieder zurück. Aus dir wird niemals etwas werden!«

Ich schaute meinen Vater an und sagte: »Ja, Vater, ich gehe in mein Elend zurück. Aus mir wird niemals etwas werden. Aber ich gehe meinen Weg zu Ende.«

Das war die schwerste Enttäuschung für meinen Vater.

Am anderen Tag war ich wieder in Halle, und da kam es zu einem Berufungsverfahren. Durch den Klimawechsel in den Führungskreisen der Kirche war eine Professur im Neuen Testament freigeworden, nämlich die Professur Gustav Hoennickes in Breslau. Herbert Preisker hatte mich, obwohl er Deutscher Christ war, als Nachfolger von Hoennicke vorgeschlagen. Der Generalsuperintendent Zänker gab seine Einwilligung und freute sich, daß ein Mann der Bekennenden Kirche nach Breslau kam. Das Kultusministerium bestätigte meine Berufung dorthin, obwohl es in der Partei eigentlich schon schwierig war, so etwas durchzusetzen. Dann kam die letzte Prüfung durch das Braune Haus, und zwar durch Bormann selbst. Bormann ließ mir mitteilen, er würde nicht nur niemals zulassen, daß ich nach Breslau käme, sondern Breslau müßte bestraft werden. Die Neutestamentliche Professur Hoennicke sei sofort zu streichen.

Nach dem Tode von Ernst von Dobschütz 1934 und der Emeritierung Erich Klostermanns wandelte sich die neutestamentliche Arbeit in Halle. Zunächst kam Hans Windisch in die neutestamentliche Tradition hinein, dann Erich Fascher. Vor allem wandelte sich die Situation, als Julius Schniewind nach Halle strafversetzt wurde und an die Stelle von Hans Windisch kam. Julius Schniewind hatte nach Halle ab 1927 in Greifswald und ab 1929 in Königsberg gelehrt. 1935 kam er strafversetzt nach Kiel und 1936 nach Halle. Er wurde der eigentliche Leiter der Bekennenden Kirche und mein Lehrer und Vorbild. Er verkörperte in seiner Person die alte Konviktslinie, die Theologie Martin Kählers und führte in eine lebendige Auseinandersetzung mit der Dialektischen Theologie Karl Barths.

In Ostpreußen hatten sich Julius Schniewind und Hans Joachim Iwand im Bekenntniskampf bewährt, und von daher wurde die Kraft der biblischen Exegese mit dem praktischen Aufbau der Bekennenden Kirche verbunden. Es gab jetzt keinen Kompromiß mehr mit der politischen Instanz. Wenn Julius Schniewand nach Ostpreußen gerufen wurde, ging er trotz Sprechverbots zu den bedrängten Brüdern.

Ich entsinne mich einer Situation, in der die jungen Vikare Ostpreußens ihn zur Hilfe riefen und Schniewind mir die Situation erklärte. Ich fragte ihn, ob er trotz des Verbotes nach Ostpreußen gehen würde. Er antwortete nichts. Ich warnte ihn, daß es nicht immer gutgehen könne, daß die Maßnahmen der Regierung schwerer werden würden. Er antwortete nichts. Am anderen Morgen war er in Ostpreußen.

Ich wurde mehrmals, wenn er ein Sprechverbot bekam, an seine Stelle gerufen und durfte die Studenten nicht enttäuschen. Aber zur entscheidenden Stunde kam es im März 1938 auf den Brandbergen. Ich entsinne mich an sie, als geschähe es heute.

Ich beklagte mich bei Schniewind, daß so viele Studenten eingezogen würden, daß unser Häuflein immer kleiner würde, weil die militärischen Übungen die Studenten stärker beanspruchten, und fragte, was wohl die Zukunft bringen würde.

Er antwortete wörtlich: »Nubiculum est, transibit« – es ist ein Wölkchen, es wird vorübergehen. Aber dann schaute er mich ganz ernst an und sagte: »Das Entscheidende werden Sie tun, wenn die große Katastrophe vorbei ist. Die Studenten werden massenweise wieder versuchen, Theologen zu werden, wie nach dem Ersten Weltkrieg, und dann werden Sie da sein. Und Sie sind verantwortlich dafür, daß der Nachwuchs in Ordnung kommt.« Diese Worte sind unauslöschlich in meinem Gedächtnis. Wir waren nicht in sein Zimmer gegangen, weil er fürchtete, auf Schritt und Tritt abgehört zu werden.

Wir hatten auch eine enge Gemeinschaft mit Dietrich Bonhoeffer. Als er 1938 ziemlich regelmäßig zu uns nach Halle kam und sich im Hause von Ernst Wolf mit Schniewind und mir traf, sprach er eigentlich nur noch von politischen Dingen. Er war sehr genau orientiert über jeden außenpolitischen und innenpolitischen Vorgang und war fasziniert von seiner gegenwärtigen Situation im Amt Canaris. So drang Politik wieder einmal in unsere theologische Situation ein, und was in Berlin geschah, wurde für uns besonders wichtig.

Im September 1938 rief ein besonderer Beauftragter des Führers namens Eggeling die Dozenten der Universität in einem Hörsaal zusammen und warnte uns davor, uns einer Friedensstimmung hinzugeben. Der Führer sei durch München eher enttäuscht als befreit. Er müsse uns alle auffordern, die Studenten darauf hinzuweisen, daß im Laufe der nächsten Zeit ein harter Krieg ausbrechen könne. Es sei unsere Aufgabe, die Studenten auf einen solchen Krieg vorzubereiten. Und so brach der Zweite Weltkrieg im September 1939 aus.

Wir feierten gerade die Taufe unserer dritten Tochter. Die Taufgesellschaft löste sich sehr schnell auf, weil man fürchtete, keine Zugverbindung nach Hause mehr zu bekommen. Das Bild der Stadt Halle veränderte sich durch die Sandsäcke vor den Kellern und die nächtlichen Verdunkelungen. Von einer Begeisterung war nichts zu spüren, im Gegenteil. Der Direktor des nahen Zuchthauses, der mit seiner liebenswerten Gattin öfter unser Gast war, erklärte plötzlich zu meinem Erstaunen im Hinblick auf das veränderte Stadtbild: »Und das soll ich nun neun oder zehn Jahre ertragen!« Er war Mitglied der Partei, aber litt namenlos an dem, was ihm auferlegt war.

Meine Studenten wurden verstärkt eingezogen; mein kleiner Freund Siegmund Hanse schrieb mir eine Postkarte aus Hannover: »Elf Wochen Ausbildung im Angriff, dann husch, husch ins Massengrab.« Und genau das war sein Schicksal.

Ich wurde neben Pfarrer Hasse als Wehrmachtspfarrer im Bezirk Halle angestellt. Ich hatte vor allem die Luftnachrichtenschule und ein schnell zusammengestelltes Bataillon Landesschützen zugeteilt bekommen. Die Situation war rechtlich geklärt. Der Ministerpräsident Göring ließ keine Pfarrer in die Luftnachrichtenschule hinein. Wenn eine kirchliche Handlung vollzogen werden sollte, meldete sich der Soldat oder der Offizier bei mir. Dagegen interessierte mich die Kompanie der Landesschützen sehr. Es waren die schnell einberufenen jüngsten Soldaten des Ersten Weltkrieges, die 1918 noch an die Front gekommen waren. Sie wurden jetzt zuallererst als ausgebildete Truppe eingezogen.

In jenen Tagen passierte mir etwas sehr Eigenartiges. Der Kommandeur der Heeresnachrichtenschule, ein General Veiel, ließ mich kommen und sprach mit mir über die militärische Lage, über das, was sich politisch abspielte und über die ganze Situation Deutschlands. Es war ein offenes und für mich überaus informierendes Gespräch. Am Ende hatte ich jedoch den Eindruck, daß der General mehr den biblischen Pfarrer gesucht hatte, um ihm seine Sorgen auszudrücken. Das sollte ich später noch öfter erleben.

Biblisch-theologisch ist mir die Zusammenarbeit mit Julius Schniewind ganz besonders in Erinnerung. Schniewind hatte inzwischen alle Bedenken und Vorbehalte verloren und eine Haltung angenommen, in der er in jedem Augenblick sich vor Gottes Gericht gestellt sah. Hier konnte keine menschliche Rücksicht mehr die geistliche Vollmacht des Amtes und der Kirche hemmen oder gar in Frage stellen.

Ich habe nach dem Zweiten Weltkrieg einen Vortrag über biblische Vollmacht von ihm zu lesen bekommen, den er in dieser Zeit gehalten hat. Es war ihm wichtig, daß man nicht nur von Vollmacht sprach oder sie Jesus Christus zuschrieb, sondern daß der gekreuzigte und erhöhte Herr dem Amt und der Kirche in der bedrängten Situation und in der Verfolgung ganz konkret Vollmacht gab. Er konnte dies Geschehen als charismatisch bezeichnen, um seine Unverfügbarkeit, aber auch seine biblische Notwendigkeit herauszustellen. Politische Fragen durchdachte Schniewind immer in großen Zusammenhängen. Er konnte sich nie damit zufriedengeben, daß innerhalb der Bekennenden Kirche so oft Zwietracht und Unterschiede zu erkennen waren. Er pflegte dann zu sagen:

»Gott wird uns schon im nächsten Augenblick zusammenprügeln.«

Er wußte sich mit der Berliner Führung der Bekennenden Kirche im äußersten Widerstand einig, trug bewußt Martin Niemöllers Schicksal im Gefängnis und Konzentrationslager mit und wußte sich konkret mit den Zielen und Aufgaben des studentischen Nachwuchses verbunden. Seine besondere Aufgabe bestand jedoch nicht in einem systematischen Entwurf für Kirche und Theologie, sondern im Programm einer geistlichen Wiedererweckung des Pfarrerstandes und der Gemeinde. Schniewind dachte und lebte apokalyptisch und ließ sich in der Gewißheit, vor kommenden Katastrophen zu stehen, aber in Gottes Hand bleiben zu dürfen, nicht beirren. Auch ich lebte in dieser Gewißheit und fiel darum meiner nächsten Umgebung auf. Besonders weh tat es mir in diesen Wochen, daß selbst meine nächsten Angehörigen, meine Mutter und meine Schwester, für diese Selbstverständlichkeit, im nahen Untergang zu leben, kein Verständnis hatten. Das zeigte mir ein Besuch in Berlin. Nur mein Vater hüllte sich in Schweigen und dachte an die ersten Tage des Ersten Weltkrieges zurück.

Direktor Siegfried Knak von der Berliner Mission, selbst Angehöriger der Bekennenden Kirche, hielt eine Bibelarbeit, in der er das Vaterunser erklärte. Bei der Bitte um das tägliche Brot fügte er hinzu: »Und zum täglichen Brot gehört auch die Bitte um den deutschen Sieg, denn ohne ihn können wir nicht mehr leben.«

Ich entsinne mich, daß es hier einen Sturm der Gegenwehr unter den Studenten der Bekennenden Kirche gab. Zwischen der Bitte um das tägliche Brot und einer Bitte um den deutschen Sieg müßten Unterschiede gemacht werden, ja auch Fragen offenbleiben.

Knak sprach im Sinne einer alten nationalen Selbstverständlichkeit. Die Studenten waren durch die Schule der Bekennenden Kirche gegangen und stellten das Kreuz Jesu in den Mittelpunkt. Hier hatte man Leiden und Sterben vor sich. Ja, auch einen Opfergang im Sinn der Bibel, um den man nicht herumkam. Das, wonach die Studenten am meisten begehrten, war der schlichte Gang zum Abendmahl.

Julius Schniewind und ich blieben wie unsere Studenten in der Bereitschaft zum Opfergang, mit unserem Volk leiden zu wollen. Daß es zu einer Auflehnung oder gar einem Aufstand kommen könnte, war uns nicht im Bewußtsein. Wir wären ohne die später einsetzenden Niederlagen und Gegenschläge niemals darauf gekommen, daß Deutsche den Versuch machen könnten, sich gegen das allgemeine Verhängnis zu wehren. Es ist symptomatisch, daß Martin Niemöller im KZ zunächst das Empfinden hatte, sich auch jetzt noch als Soldat und Offizier zur Verfügung stellen zu müssen.

Aber ich entsinne mich, daß es eines Tages auch folgenden Fall gab: Ein Soldat, der zu den besten Theologen gehörte und die erste Kriegszeit hindurch seine Pflicht tat, wurde plötzlich aus dem Heeresdienst entlassen, weil er nicht rein arisch war. Er wurde zunächst ins Studium zurückgeschickt, fühlte sich aber ständig von Sicherheitsorganen bedroht und erklärte, daß er nicht mehr seines Lebens sicher sei. Ich hatte zunächst das Empfinden, ihn beruhigen zu sollen, mußte aber einsehen, daß seine Not begründet war. Nun habe ich mit ihm lange einen bevorstehenden Grenzübertritt nach der Schweiz hin durchgesprochen und war erst wieder ganz ruhig, als er in Sicherheit war. Ein derartiger Fall kam in der Seelsorge vor. Ich bemühte mich aber, ihn unter das Beichtgeheimnis zu stellen und ihn selbst meinen Angehörigen zu verschweigen.

Die eigentliche Erschwerung in diesem Fall bestand darin, daß ein gut lutherischer Pfarrer, Angehöriger der Bekennenden Kirche, der mir eng befreundet war, in diesen Tagen das Verlöbnis seiner Tochter mit diesem jungen, begabten Theologen aus politischen Gründen auflöste und die Beziehung zu ihm abbrach. Der junge Mann kam nach jener unglücklichen Zeit nach Deutschland zurück und wurde ein bekannter Theologe der Nachkriegszeit.

Eines Tages stand Ernst Wolf vor mir und wünschte, daß ich Martin Niemöller mein eben erschienenes Buch *Die Gemeinde nach dem Neuen Testament* ins KZ Dachau schicken sollte. Niemöller stand damals in einer besonderen Anfechtung, wie Wolf offen zugab. Ich war erstaunt, daß eine derartige Sendung möglich war.

Die direkte Verbindung mit dem besonderen Schicksal Dietrich Bonhoeffers hatte ich verloren. Selbstverständlich war mir sein großer Einsatz innerhalb der Bekennenden Kirche bekannt. Vorbildlich war seine Erziehung des theologischen Nachwuchses zu einer biblisch begründeten geistlichen Gemeinschaft am Predigerseminar

Finkenwalde. Gleich nach dem Erscheinen seines Buches »Nachfolge« 1937 wurde ich um eine Besprechung dieses Buches gebeten, und ich habe es nicht nur damals öffentlich zur Grundlage meiner Arbeit erhoben, sondern es ging Tag für Tag mit mir und meinen Studenten. Alle meine Freunde bestätigten, daß theologisch zwischen Dietrich Bonhoeffer und Julius Schniewind kein grundsätzlicher Unterschied gefunden werden könne. Das Besondere an Bonhoeffer lag darin, daß er uns anderen immer weit voraus war und daß er da, wo wir Grenzen sahen, die wir nicht mehr überspringen konnten, einen eigenen Weg ging.

Als ich später als Soldat verhört wurde, ob ich dem Stauffenberg-Kreis angehöre, ob ich mit dem Kreisauer Kreis Fühlung hätte, konnte ich mit gutem Gewissen verneinen. Nach meiner Beziehung zu Dietrich Bonhoeffer wurde ich nicht gefragt. Aus der Sicht von heute ist es anders als in der Zeit 1936-1940. Damals standen uns auch die Vertreter der dialektischen Theologie erstaunlich nahe; mit Theologen wie Helmut Gollwitzer und Rudolf Bultmann waren wir weitgehend eins. In der Nachkriegszeit haben uns Freunde und Gegner immer wieder gedrängt, die theologischen Differenzen zwischen uns aufzuzeigen: Die Gegner glaubten nicht an unsere Nähe zu Dietrich Bonhoeffer; die Freunde versuchten, diese theologische Differenz auszubauen. So hatte ich einmal einen Zusammenstoß grundsätzlicher Art. Gerhard Ebeling verspottete mein ständiges Rückblicken auf Dietrich Bonhoeffer und sagte: »Jetzt berufen sich selbst konservative Kreise wie Otto Michel auf den Bonhoeffer.« Ich antwortete ihm: »Sie schreiben immer über Luther, aber Sie erinnern mich ständig an Melanchthon.« Es entstand eine ernste Aussprache über die Möglichkeit, als biblisch anders ausgerichteter Theologe mit dem Andenken Dietrich Bonhoeffers umzugehen. Die verschiedenen Schichten werden in ihrem Gewicht zueinander verschieden beurteilt. So bei Bonhoeffer dessen Gemeinsamkeit mit dem Bultmannschen Ansatz einerseits, und andererseits die starke Betonung, was im Sinne der Bibel Nachfolge und Kirche sei.

Viel bedeuten mir noch heute der außerordentliche Friedenswille Bonhoeffers und sein Verständnis der Bergpredigt Jesu. Da stehe ich ihm näher als Lutheranern und Evangelikalen. Vor allem in der Judenfrage war Bonhoeffer wegweisend für mich. In den politischen Widerstand dagegen konnte ich ihm nicht folgen. Hier war es während des Krieges der schlichte Kamerad in der Truppe, den ich nicht im Stich lassen konnte.

## 14. Härten der Kriegszeit

Am 11. September 1940 war ich nach Tübingen berufen worden. Ich hatte dort die Professur von Gerhard Kittel vertreten sollen. Bis 1943 hatte ich diese Kittel/Schlattersche Professur innegehabt, als Kittel eines Tages im März 1943 plötzlich, von Wien kommend, in Tübingen wieder auftauchte und ich nicht mehr wußte, was aus mir werden sollte.

Ich fragte dann bei der Fakultät an, die Fakultät fragte beim Kultusministerium an, ob ich nach Halle zurückkehren solle. Man antwortete mir, ich würde am nächsten Tag Bescheid bekommen, und am nächsten Tag, dem 27. März, war ich dann Soldat. Man schickte mich nach Baden-Oos zur Rekrutenausbildung beim Ersatzbataillon der Landesschützen, wo mich auch mein Vater besuchte, um mich noch einmal zu sehen, wie er sagte.

Von Baden-Oos kam ich für kurze Zeit nach Heilbronn und von da wieder nach Tübingen. Ich hatte im Bereich Tübingen zunächst keine Beziehungen zu irgendeinem Wehrmachtsteil gehabt, war nur in der Lazarettfürsorge tätig gewesen. Aber nun war ich Soldat, und zwar einfacher Rekrut.

Mein erster Standort war Heilbronn. Dort stellte man mich als Wachposten ab, d.h. ich hatte russische Kriegsgefangene zu bewachen, später französische Kriegsgefangene zu beaufsichtigen. Die Russen arbeiteten im Salzbergwerk und im Hafen, die Franzosen in einer Böckinger Fabrik. Meine Familie blieb in Tübingen, so daß ich die seltenen Kurzurlaube - einen Tag, eine Nacht - zu Hause verbringen konnte.

Es war mir als Wachsoldat das wichtigste, die menschliche Würde bei den Kriegsgefangenen nach Kräften zu erhalten. Dabei war die

Situation der Russen wesentlich anders als die der Franzosen. Die großen Russenkommandos im Salzbergwerk Heilbronn und im Hafenkommando verlangten einen starken körperlichen Einsatz. Wir hatten vier Stunden Dienst im Salzbergwerk und im Hafenkommando und dann zwei Stunden frei, Tag und Nacht. Die Russen litten darunter, daß sie kein rechtes Schuhwerk hatten; sie wurden im Salzbergwerk an den Füßen leicht wund. Wir hatten aber den Eindruck, daß es ihnen sonst nicht schlecht ging. Die Verpflegung war ordentlich, während die Essensrationen von uns Soldaten sehr viel ärmer ausfielen, so daß einmal zwei Soldaten in ein Verpflegungsdepot der Russen einbrachen, um sich Hülsenfrüchte zu holen. Sie mußten verurteilt werden.

Im Hafenkommando mußte ich noch mehr für die Verpflegung der Russen sorgen. Das bedeutete vor allem, daß ich in kurzen Abständen mit einem Handwagen nach Heilbronn in das Schlachthaus gehen mußte, um größere Fleischmengen, häufig Pferdefleisch, für sie abzuholen.

Es war verboten, mit Russen zu reden, auch irgendwie menschlichen Kontakt zu suchen. Ich habe versucht, mich den Russen zu nähern und mit ihnen zu sprechen. Vor allem mit einem Studenten aus Leningrad, der im Salzbergwerk arbeitete, konnte ich mich gut unterhalten, auch mit einem Professor von der südrussischen Universität Astrachan, der als Koch im Hafenkommando diente. Ich fragte ihn nach den russischen Priestern und nach der Lage der Kirche. Da lachte er und sagte: »Popen alle Himmelfahrt.«

Bei den Franzosen war es eigenartig: Drei Rechtsanwälte aus Paris waren bei dem Kommando, das mir unterstand. Darunter ein Algerier, der einen ungeheuren Freiheitsdrang hatte und alle vierzehn Tage ausriß. Als ich zunächst darüber erschrocken war, teilten meine Kameraden mir mit, das sei nicht aufregend. Er sei ein Algerier, ein Araber. Er sei die Freiheit so gewöhnt, daß er die Gefangenschaft nicht aushalten könne. Er würde alle vierzehn Tage ausbrechen, und wenn er genug im Wald gelaufen sei, würde er sich irgendwo in eine Kneipe setzen, ein Glas Bier bestellen und warten, bis der Wachsoldat ihn abhole.

So war es bald meine Aufgabe, alle vierzehn Tage einen Ausflug zu machen, um diesen Algerier zurückzuholen. Wenn ich ihn in irgendeiner Kneipe fand, war er gutmütig und ließ sich zurückführen wie ein Kind, das nach Hause gebracht wird. Eines Tages ging ich mit einem der Franzosen aus Paris zum Arzt. Er fing ein Gespräch an und sagte, er wisse genau, daß ich mit Niemöller verbunden sei. Das ganze Kommando wisse das. Als ich ihn fragte, wie er dazu komme, so etwas zu wissen, antwortete er, das sei seine Angelegenheit, nicht meine. Sie waren abends, wenn sie von der Fabrik kamen, müde, gingen bald zu Bett, und dann kam ich aus meiner Nachbarstube, wo ich eine Übernachtungsmöglichkeit hatte, noch einmal zu ihnen. Ich trat zu jedem von ihnen ans Bett und fragte ihn nach seinem Schicksal und nach seinem Zuhause. Dafür waren sie sehr dankbar. Es entstand ein gutes Verhältnis zwischen den Franzosen und mir. Nur an einem Punkt gab es eine Schwierigkeit. Sie hatten eine eigentümliche Art, die Toiletten zu benutzen, die mir fremd war, und ich hatte für Sauberkeit zu sorgen. Das mochten sie nicht gerne. Ich auch nicht, und so hatten wir einen Dauerkonflikt. Ich selbst mochte nicht ihre Toiletten benutzen und ging darum zu dem Fabrikbesitzer, zu dem die Franzosen immer gebracht wurden, und bat ihn, mir als deutschem Wachsoldat die Möglichkeit zu geben, auf die Toilette seiner Arbeiter gehen zu dürfen. Das hat er mir aber rundweg abgeschlagen.

Die Verpflegung für mich war wieder sehr armselig, weil ich nur eine Lebensmittelkarte hatte und ich mir die Lebensmittel in den Läden zusammenzukaufen versuchte, während es den Franzosen ausgezeichnet ging. Sie bekamen jede Woche große Lebensmittelpakete aus Frankreich. Samstags und sonntags kochten sie nach Leibeslust, und ich roch im Nebenzimmer die besten Düfte und versuchte, an ihnen satt zu werden.

Im Laufe des Jahres 1943 ich wurde nach Tübingen versetzt, um auch einmal einen seelsorgerlichen Dienst unter den Studenten möglich zu machen. Nebenbei sollte ich als Soldat auch eine bessere Ausbildung erhalten. Ich wurde also zu Hauptmann Schmidt geladen, der vor der Frage stand, ob er mich als Offiziersanwärter zu einem Kurs nach Ludwigsburg melden sollte. Er begann das Gespräch und erklärte mir, da ich zur Bekennenden Kirche gehörte, sei es unstatthaft, mich weltanschauliche Dinge abzufragen. Aber er wolle wissen, wie ich militärisch dächte und ob ich auf diesem Gebiet Interesse hätte. Ich bestätigte dies ausdrücklich, da meine Familie eine lange militärische Tradition habe. Daraufhin fragte er unmittelbar – und nachträglich ist mir dieses Gespräch sehr wichtig geworden: »Welche Aussichten hat unser Krieg in Rußland?«

»Dieser Krieg wird nicht nach den Maßstäben von Clausewitz geführt«, antwortete ich. Er bestätigte meine Antwort und verwies auf den Eigenwillen des Führers. Daraufhin antwortete ich schlicht:

»Unsere Armee wird aus Rußland nicht wiederkehren.« Schmidt sprang auf; er wies mich darauf hin, daß er eine derartige Meinung ohne Kriegsgericht mit dem Tode bestrafen könne. Ich widersprach, denn ich hatte keine Meinung gegeben, sondern in einem Vorverfahren eine militärische Antwort erteilt. Der Hauptmann räumte ein, daß diese Korrektur stimme, fügte hinzu, er werde mich nun nicht nach Ludwigsburg zum Kurs melden, gleichzeitig aber prüfen lassen, ob ich defätistische Äußerungen vor Soldaten gemacht hätte. Vorläufig sei ich arrestiert. Doch der Obergefreite Winter aus Esslingen gab den, wie er selbst sagte, entscheidenden Hinweis auf meine allgemeine Verschwiegenheit in der Kompanie. Ich bekam dann unter dem nachfolgenden Hauptmann Kirchner den Auftrag, täglich den Wehrmachtsbericht vorzulesen und auszulegen. Das ging solange gut, bis es an der Westfront besonders spannend wurde, als nämlich die Alliierten in einer Zangenbewegung Cherbourg umzingelt hatten. Ich hatte sehr früh Nachricht über die geglückte Invasion der Alliierten bekommen und zeigte nun, wie die Einbruchstellen der Alliierten sich erweiterten und damit Cherbourg abgeschnitten wurde. Ich sagte:

»Offenbar wird hier von der deutschen Heeresleitung diese eigenartige Taktik verfolgt, die wir von der Ostfront kennen: daß man bestimmte Stützpunkte hält, bis man eingekesselt wird und nicht wieder aus der Einkesselung herauskommt. Gelegentlich ist es im Osten geglückt, den Ring zu sprengen, aber meist doch unter schweren Verlusten. Hier scheint sich eine Katastrophe bei Cherbourg anzubahnen. Wir werden mit dem Fall Cherbourgs rechnen müssen.« Ich war kein Defätist, sehr wohl aber Realist. In diesem Augenblick protestierte der Vizefeldwebel. Mir wurde verboten, die Heeresmeldungen weiter zu kommentieren.

Im Juli 1944 wurde ich beim Hauptmann vorgeladen und verhört, ob ich Stauffenberg kenne, ob ich Berührungen mit Stauffenberg und seinem Kreis gehabt hätte, was ich über die Situation im Osten und was von dem Attentat auf Hitler wisse. Dieses Verhör fand statt, ehe die Meldungen offiziell durchgegeben worden waren. Ich gab meine Aussagen, soweit ich konnte, woraufhin der Hauptmann befahl, mich zu arrestieren. Er würde meine Aussagen nachprüfen. Ich war vierzehn Tage in Arrest, dann stellte sich heraus, daß keine unmittelbaren Beziehungen zum Stauffenberg-Kreis bestanden.

### *Niedrigkeit*

Ich komme zu einem besonders kritischen Punkt der Darstellung. Als Kind bin ich in Elternhaus und Schule hart erzogen worden. Beim Ausbruch der Revolution 1918 und im Fall Dehn 1931 waren Menschen auf der Straße über mich hergefallen, weil sie in mir einen Feind sahen. Als Dozent habe ich um mein Leben und Fortkommen gekämpft, und es gab Augenblicke, in denen ich verzweifelt war und nicht mehr weiter wußte. Aber andererseits war militärischer Drill nichts Ungewohntes, körperliche Anstrengungen und militärische Einsätze im freien Feld waren mir nicht fremd. Im Gegenteil: In langandauernden Märschen und Übungen konnte ich mich von meiner Studentenzeit an gegen das Übergewicht geistiger Anspannung und seelischer Niedergeschlagenheit behaupten.

Neue Möglichkeiten der Erniedrigung taten sich mir auf, an die ich mich erst gewöhnen mußte: Das Recht auf eigenes Menschsein und auf Ehre im bürgerlichen Sinn wurden uns abgesprochen. Ein Hauptfeldwebel, der im Zivilleben Hilfsarbeiter war, übte uns an dem neuen Modell eines Maschinengewehres so ein, daß man bei einem falschen Griff an der Waffe von seinem schweren Nagelschuh auf die fehlsame Hand getreten wurde. Ich reagierte mit Bitterkeit.

Eines Tages wollte ein höherer Offizier, der früher mein Schüler gewesen und nun auf Urlaub aus dem Felde zurückgekehrt war, mich sprechen. Er wurde von dem Kompaniechef in den Raum geführt, in dem ich an jenem Sonntagmorgen stundenlang den Boden schrubbte. Der Kompaniechef sagte etwas verlegen:

»Herr Oberst möchte Sie sprechen.«

Ich lag im Drillich auf dem Boden und schämte mich. Ich blieb liegen und antwortete dann: »Verzeihung, ich muß den Boden schrubben.« Es entstand eine Pause der Verlegenheit. Beide Offiziere bemühten sich, die Peinlichkeit der Situation zu überwinden.

Und doch gab man sich selbst bei alledem nicht auf, denn es gab auch jetzt noch einen lebendigen Gott. Das war meine konkrete Verkündigung vor den Soldaten. Das war auch der Inhalt meines Soldatseins.

Was mir konkret wichtig war, bestand körperlich im Essen, Trinken, Schlafen, den eigentlichen Gegner zu erkennen, das Leben konkret einzusetzen und zu bewahren. Das militärische Leben verlangte einerseits verstärkte Zucht und Ordnung, ließ andererseits aber die Moral im Militär locker werden. Ehrsucht, Überheblichkeit, Ungerechtigkeit und Menschenverachtung machten sich breit. Neue Gesetze und Grundsätze drängten sich auf, die ich niemals anerkennen durfte. Strenggenommen gab es aber nur einen Feind: den Enthusiasmus, der von allen Seiten auf mich zukam und mich zu blenden versuchte. Dieser Feind konnte mir in jedem Augenblick auch das Notwendigste im Lebensakt rauben. Ich war in den Händen einer Dunkelheit Gottes, und es wurde mir schwer, an Licht, Liebe, Leben zu glauben, weil ich fürchtete, diese Worte könnten verfälscht werden und mich verführen. Eine neue Weisheit gewann in mir Form, zumal ich diese Situation schon einmal in Palästina 1930 kennengelernt hatte, als wir in der Wüste und unter Beduinen lebten. Ich stand in einer gesteigerten Spannung des Lebens, aber auch in einer harten, inneren Abwehr.

Typisch war eine Szene kurz vor dem Kriegsende. Gerhard Kittel ließ mich in die Universität kommen, um mit mir einen Artikel des Theologischen Wörterbuches gründlich durchzusprechen. Ich bekam dazu eine Stunde Urlaub. Er erkannte wohl meine Spannung und Abwehr und wollte mir helfen, indem er mir versicherte, er setze sich alle Morgen – auch jetzt im Krieg – an das Harmonium, um Gott ein Loblied anzustimmen. Ich sah den Mann, der in Wien und

Tübingen zwei Lehrstühle innehatte, nur kurz und kritisch an und antwortete: »Herr Professor, beim Militär gibt es kein Harmonium.« Damit brach ich das Gespräch ab und ging ohne Gruß aus dem Raum.

Nicht nur eine neue – harte – Weisheit, sondern auch eine gute Menschlichkeit brach sich bei mir Bahn. Ich mußte einer Mutter beistehen, deren Sohn gefallen war. Ich mußte einem Menschen klarmachen, daß ich auch im Militärrock nicht gesinnt war, gegen Gott zu sündigen. Ich mußte einem Offizier klarmachen, daß das allgemeine Kriegsrecht einer bestimmten Sonderverfügung überlegen sei. Ich hielt mich nämlich nie an den Befehl, zu Kriegsgefangenen nur dienstlich zu sprechen. Ich wollte, daß sie in mir auch einen Mitmenschen sähen. Das war den Russen gegenüber, die in größeren Mengen bewacht wurden, schwieriger als den gefangenen Franzosen gegenüber, die nur beaufsichtigt wurden. Es kam mir darauf an, daß das Wenige, was ich menschlich bieten konnte, wahr und echt war, also vor Gottes Maßstab bestehen sollte. Anders war es im Verhältnis zu den Kameraden in den Einsatzkompanien. Hier mußte ich stärker auf den Kampf zwischen Licht und Finsternis eingehen. Ich konnte nicht als Mensch Finsternis sein, aber das Licht herausstellen wollen. Ich konnte nicht den Haß aus der Welt schaffen; aber die Wärme des Menschseins konnte ich jedem deutlich machen. Ich konnte nicht die Verzweiflung derer, die wieder ins Feld hinaus mußten, in Zuversicht verwandeln, aber ich konnte ihnen ein Bibelwort mitgeben. Vor mir steht immer noch das Gesicht eines Mannes, der aus einem Kessel in Rußland gekommen war, nunmehr eine schwere Beinverletzung heilen ließ, aber gefaßt und bitter auf eine neue Abstellung in die weiten Gefilde Rußlands wartete. In solchen Fällen kam in den Betroffenen zuweilen eine ernste Verbitterung und Verzweiflung hoch, die sich aber gegen niemand und nichts konkret richtete. Ich lernte eine hohe Achtung vor diesem Soldatentum, das mir auch heute noch vorbildlich bleibt. Ein Soldat stirbt seinem bürgerlichen Leben weithin ab und muß versuchen, eine neue Lebensform zu finden. Aber gleichzeitig bleiben gewisse Wurzeln des Menschseins lebendig. Er braucht Essen, Trinken, Schlafen, Erkenntnis des Gegners und eine neue Beurteilung des eigenen Lebens.

Er erkennt an, was Wahrheit, Offenheit, Mitgefühl in dieser Situation für ihn bedeuten.

Die beiden Weltkriege brachten uns Deutschen ein Ende und eine Grenze für alles, was vorher Glaube und Wahrheit war: Unsere Jugendzeit, die Erziehung im Elternhaus, die Schule – nichts konnte an die nächste Generation in der überlieferten Form weitergegeben werden – ein Ende und eine Grenze allgemein menschlicher Erfahrung war gegeben. Damit war auch ich in eine ganz neue Lebenssituation hineingestellt. Millionen und Abermillionen Menschen waren in den Tod gegangen, und es erhob sich die Frage: Was folgte aus dieser Tatsache für meinen Glauben und für meine Theologie? Millionen und Abermillionen hatten kirchliche Formen und theologische Formen ernstgenommen, auch ich – bis zu jenem Erlebnis in Heilbronn an einem Sonntag im Mai 1943.

Ich war in einen Soldatengottesdienst gekommen. Der Pfarrer, mit dem meine Frau und ich freundschaftlich verbunden waren, hatte an jenem Sonntag ein ganzes Bataillon für die Ostfrontmitte geistlich vorzubereiten. Ich hatte in dem Bataillon mindestens drei liebe Freunde. Der Pfarrer nahm den Text Lukas 5,4: »Fahre auf die Höhe und werfet eure Netze aus, daß ihr einen Zug tut!« und legte nun den Text so aus: Daß das Grenadierbataillon, in Rußland zum Einsatz gebracht und dort von der Verheißung Jesu getragen, einen großen Zug tun würde.

Nach vier Wochen hatte ich die Nachricht: Von dem ganzen Bataillon war keiner übriggeblieben. Den großen Fischzug hatten die Russen getan.

Diese Tatsache ging ganz stark in mein Erleben als Soldat ein. Ich hatte mich immer bemüht, ein guter Soldat zu sein und alle Pflichten bis zum äußersten zu erfüllen. Auch die Schmerzen, die ich zu erdulden hatte, und die Demütigungen, die man als einfacher Soldat zu ertragen hat, hatte ich aus Gehorsam gegen die Obrigkeit auf mich genommen. Ich war kein Pazifist im Sinne Bonhoeffers geworden, daß ich das Soldatentum innerlich abgelehnt hätte. Ich habe mich auch nicht wie andere vor dem Soldatsein gedrückt. Aber nun spürte ich die Grenze – die Grenze für die Geltung des biblischen Wortes. Es ist keine zeitliche, aber eine inhaltliche, eine Grenze der Anwendbarkeit – eine Grenze des anwendbaren Sinnes überhaupt.

Damals wurde mir Bernhard Hanssler politisch wichtig. Er war der katholische Studentenpfarrer in Tübingen. Kurz nachdem ich im Herbst 1940 die Professur von Gerhard Kittel übernommen hatte, war Bernhard Hanssler am 12. September bei mir. Er hatte alle Brükken zur politischen Gewalt abgebrochen. Er bat mich, ich solle auch für katholische Theologiestudenten Vorlesungen in der »Hügelei« halten. Ich dürfe aber meiner Fakultät davon keine Mitteilung machen. Und alle vierzehn Tage finde ein Kreis bei ihm zu Hause in der Hügelei statt. Professor Paul Ohlmeyer, ein Katholik, war der Initiator dieses Kreises. Dazu gehörten neben Hanssler auch die Professoren Joseph Vogt und Carlo Schmidt, dann die Sozialdemokraten Fritz Erler und Oskar Kalbfell, der spätere Oberbürgermeister in Reutlingen, und der spätere Ministerialrat Rupp. In diesem Kreis habe ich auch Männer wie Reinhold Schneider kennengelernt, der eines Tages in der Begleitung von Anna-Maria Baumgarten erschien und aus seinen Gedichten las. Hier konnten wir ganz frei reden. In diesem Milieu traf ich dieselbe Atmosphäre an wie in der Hallenser Bekennenden Kirche. Ich gehörte seit 1941 diesem aktiven Widerstandskreis an. Alle diese Menschen, die uns in der Hügelei begegneten, traf ich später nach dem Zusammenbruch wieder. Sie bildeten einen festen Stamm im Wiederaufbau des politischen und kulturellen Lebens.

Der Ausgang des Krieges bedeutete für mich Hilfe für die Kameraden, Schutz für die Zivilbevölkerung, Versorgung meiner Familie, während ich bei dem Einmarsch der Franzosen in Tübingen noch Soldat blieb. Die Bilder dieser Zeit sind mir eindrücklich in Erinnerung und in vieler Hinsicht für die Folgezeit nicht ohne Bedeutung, aber ich halte es nicht für notwendig, ihnen im einzelnen nachzugehen.

Wichtig für mich war der schon lange vorbereitete Entschluß, diese ganze Entwicklung des deutschen Schicksals als einen Abbruch und einen Untergang anzusehen, von dem man Abstand gewinnen mußte. Es gab genug Menschen, die meinten, jetzt nicht mehr leben zu können oder gar zu wollen, Menschen, die verzweifelt waren, weil sie keine Perspektiven mehr hatten. Und ich? Was hatte ich eigentlich in dieser Situation anzubieten? Ich war gewiß, daß man durch die tiefste Niedrigkeit hindurch das rein geschöpfliche Leben durchhalten müßte, aber auch nicht die schweren Opfer vergessen dürfe, die alle Familien gebracht hatten. Und Niedrigkeit dürfte nicht persönliche Ehrlosigkeit heißen, auch nicht, als ich später mit den Vertretern der Siegermächte in Berührung kam.

Ablösung vom Nationalsozialismus bedeutete für mich keineswegs Loslösung von der deutschen Geschichte und dem starken Bewußtsein, zwei Weltkriege durchgestanden zu haben. Über den Augenblick hinaus war ich gerüstet, den ehemaligen Kameraden zu helfen, wenn sie sich in einer Notlage an mich wandten. Bauern, die nicht offiziell entlassen worden waren, Väter, die nach dem Verbleib ihrer zuletzt eingezogenen Söhne fragten, Landleute, die vor der Beschlagnahme von Vieh und Vorräten Angst hatten, kamen in Scharen nach der Besetzung zu mir ins Haus. Es ging immer darum, wie man in dieser Situation das Leben erhalten konnte. Es ging darum, Lebensmittel zu beschaffen, Holz für die Öfen zu sichern, Waschmittel zu besorgen und jeder Gewalttat entgegenzuwirken. Es mußte verhindert werden, daß die gefangengenommenen Kampfflieger erschossen oder die Brücken beim Einmarsch der Franzosen gesprengt wurden. Es gab Nationalsozialisten, die in äußerste Not gerieten und die vor der Verzweiflung bewahrt werden mußten. Aber in keinem Fall habe ich für die Träger der vergangenen Gewalt ein Unschuldszeugnis abgelegt, obwohl ich von allen Seiten darum angegangen wurde. Ich sehe bis heute Menschen vor mir, die gegen die Bekennende Kirche aufs heftigste gekämpft haben. Viele fanden zur Kirche zurück und suchten mit ihren Familien einen neuen Weg. Sie begegneten uns nunmehr im kirchlichen Raum.

Die Weisheit der Not hat ihre eigenen Gesetze. Ich bin mir bewußt, daß ich selbst unendlich viele Kompromisse und Zugeständnisse machen mußte, um überhaupt leben zu können. So ist mir heute noch die rote Karte, in der ich mich zum ausschließlichen Gehorsam gegen Gottes Wort verpflichtet hatte, ein wertvolles Dokument, das in jener Zeit mit mir gegangen ist. In Verfolgungszeiten hatte ich sie aber gelegentlich bei einem Nachbarn deponiert. Der Anlaß war folgender: Eines Tages war ein Freund von mir von Mitgliedern des Dozenten-Bundes vor die Entscheidung gestellt worden, entweder die rote Karte abzugeben und dann als Zeichen der Buße in der Straße regelmäßig den »Stürmer« anzuheften, oder sein Lehramt zu verlieren. Er kam zu mir und suchte Rat. Ich wußte keinen Ausweg, warnte ihn aber, die rote Karte preiszugeben. Schweigend verließ er mich und ging dann den bitteren Weg, den »Stürmer« anzuheften. Er wurde sofort nach dem Einmarsch der Russen aus dem Lehramt entlassen.

Es gab andererseits Stunden, in denen ich um der schieren Menschlichkeit willen auch Ordnungen und Gesetze brechen mußte. So rettete ich die Bürostempel meiner Kompanie in die Universität hinüber und benutzte sie, um Soldaten mittels dieser Stempel, datiert auf den 1. Mai 1945, Entlassungspapiere auszustellen, mit dem Vermerk: »Ordnungsgemäß entlassen«, und mit meiner Unterschrift bestätigte ich die Gültigkeit des »Dokumentes«.

## 15. Tübingen unter französischer Besatzung

Ich kam hier in Tübingen zunächst in eine sehr eigenartige Lage. Die Universität war geschlossen. Die Franzosen überwachten jedes Gebiet des kulturellen Lebens. Für die Universität war ein bestimmter Offizier namens Cheval zuständig, der mich eines Tages kommen ließ und sagte: »Ich habe Ihre Papiere durchgesehen. Sie sind sehr eigenartig. Sie kommen aus Norddeutschland von den Bruderräten.«

»Ja«, sagte ich.

»Von der Bekennenden Kirche Norddeutschlands?«

»Ja.«

»Von Niemöller?«

»Ja.«

»Und als Soldat sind Sie nichts geworden.«

»Nein, ich bin einfacher Soldat, Gefreiter, geblieben.«

»Merkwürdig«, sagte er, »Sie sind auch nicht mal außerordentlicher Professor?«

»Nein«, sagte ich. »Ich hatte das Recht, spätestens nach sechs Jahren außerordentlicher Professor zu werden. Alle Gesuche der Fakultät Halle, mir wenigstens den Titel ›außerordentlicher Professor‹ zu verleihen, wurden durch Martin Bormann abgelehnt.«

Der Offizier hörte sich das an und sagte: »Wissen Sie was, ich fange mit Ihnen die Universitätspolitik in Tübingen an. Sie interessieren mich. Im nächsten Wintersemester übernehmen Sie die Griechisch-Kurse, die Sprachkurse im Evangelischen Stift. Und wenn das gut geht und keine Unruhen entstehen, werde ich im nächsten Sommer die Universität eröffnen.«

Dieses Abkommen habe ich mit ihm geschlossen und im Wintersemester 1945/46 habe ich im Evangelischen Stift Griechisch-Sprachkurse angekündigt, »mit besonderer Genehmigung des französischen Kommissars«. Das waren hochinteressante Sprachkurse für alle Fakultäten. Ich habe Griechisch I und Griechisch II unterrichtet. Unter den Menschen, die damals zu mir kamen, befand sich auch Georg Moser, der spätere Rottenburger Bischof.

Damals erhob sich ein Komplex von Fragen. Ich mußte ihn mit dem französischen Besatzungsoffizier durchsprechen. Was sollte zum Beispiel mit den ehemaligen Generalstabsoffizieren geschehen? Nach Allierten-Gesetz war es unmöglich, daß deutsche Generalstabsoffiziere an einer Universität immatrikuliert wurden. Ich hatte nun drei deutsche Generalstabsoffiziere, um die ich zu kämpfen versuchte. Der erste war Ulrich Mann, später Theologieprofessor. Ihn habe ich durchbekommen. Der zweite war Eberhard Gaier aus Ludwigsburg, auch den habe ich durchbekommen. Und der dritte war Konrad Weymann, später Studentenpfarrer. Ihn habe ich nicht durchbekommen. Ich mußte alle drei Herren persönlich vorführen.

»Deutsche Generalstabsoffiziere sind für Sie niemals so ungefährlich wie dann, wenn sie in einer Theologischen Fakultät immatrikuliert sind«, erklärte ich.

Zu den weiteren Schwierigkeiten gehörte mein eigener Lebensweg. Ich bekam zunächst einen Ruf an die Universität Münster. Wenn wir in andere Besatzungszonen reisen wollten, mußten wir einen Antrag ausfüllen, und meist ging das ohne Schwierigkeiten. Auch wenn ich einen Antrag stellte, um irgendwohin zu Vorträgen zu fahren, genehmigte ihn die Militärbehörde ohne weiteres. Aber die Genehmigung brauchten wir.

Als ich nun nach Münster wollte, stellte ich wie gewohnt einen Antrag. Doch dieser wurde abgelehnt. Ich ging zu dem Offizier hin und fragte, warum ich nicht nach Münster dürfe. Ich müsse aber nach Münster. Daraufhin sagte er: »Aus einem einfachen Grunde. Wir wünschen nicht, daß Sie in Münster Professor werden. Das ist englische Besatzungszone.«

»Sie verfügen einfach über mich?«

»Ja«, war die Antwort. »Wir treiben auch unsere Kulturpolitik.«

»Aber das ist nicht so einfach«, sagte ich, besorgte mir alte Papiere, versah sie mit einem Marien-Stempel der Studentengemeinde, kletterte auf einen Kohlenzug und kam damit erstmal bis Frankfurt. Als ich dort den Kohlenzug verließ, stürzten sich zwei amerikanische Posten auf mich und fragten nach meinen Papieren. Ich zückte die falschen Papiere und dachte: Im nächsten Augenblick bist du verhaftet. Aber sie wandten das Papier nach rechts, rätselten über den Stempel, wandten das Papier nach links, guckten sich und dann wieder mich an, und schließlich kam die Befreiung. Sie gaben mir die Papiere zurück, und ich bekam einen Zug nach Hannover, einen normalen Zug. In Hannover fand ich eine Diesellokomotive, ohne einen Zug. Die brachte mich nach Dortmund. In Dortmund stand ein normaler Zug, der nach Münster fuhr, und darin saßen auch normale Menschen. Aber als ich in den Zug kletterte, der gerade abfahren wollte, da schraken diese Menschen auf, denn ich war schwarz wie ein Neger: Kohlenstaub. Sie rückten alle von mir ab und wußten nicht, wie sie mit mir umgehen sollten. So kam ich nach Münster und ließ mich bei Professor Schreiner melden.

Professor Helmuth Schreiner war sehr freundlich zu mir. Er brachte mich in ein Hotel, vermittelte Gespräche mit dem englischen Besatzungsoffizier, der mir sagte, man würde mir Bescheid geben. Als ich nach Tübingen zurückkam, lag da eine zweite Berufung, nämlich nach Mainz. Ich ging wieder zu dem französischen Offizier und sagte: »Bitte geben Sie mir eine Erlaubnis, nach Mainz zu fahren. Die französischen Kulturpolitiker in Mainz scheinen doch ernsthaft die Frage zu erwägen, daß ich nach Mainz komme.« Er hörte mich an und sagt: »Was geht mich Mainz an! Die Universität ist eine neue französische Gründung, ein Experiment. Keiner von uns weiß, wie Mainz ausgehen wird.«

»Was wollen Sie denn aus mir machen?«

»Das werden Sie schon sehen. Sie werden warten müssen.«

Nun, ich wartete. Dann kam der Kampf um Tübingen. Er wurde zwischen der französischen Besatzungsbehörde, der südwürttembergischen Regierung und der Evangelisch-theologischen Fakultät geführt, und am Ende wurde ich nach Tübingen berufen. Drei Instanzen haben hier miteinander verhandelt. Am 1. Mai 1946 war ich ordentlicher Professor in Tübingen geworden, und damit war ich in der Lage, die Arbeit aufzunehmen, auch innerhalb der Fakultät.

Die Theologische Fakultät war in großen Schwierigkeiten wegen der Entnazifizierung. Einzelne Mitglieder hatten deutsch-christliche Kirchenpolitik getrieben. Die Franzosen hatten in Balingen an die Stelle eines früheren deutschen Konzentrationslagers das Entnazifizierungslager gesetzt. Hier waren sehr viele Universitätslehrer, Gymnasialprofessoren und auch Frauen aus den Lehrberufen interniert und unterstanden einem französischen Kommandeur, den sie Balbo nannten. Ich wurde von der deutschen Regierung beauftragt, alle vierzehn Tage Sonntag morgens nach Balingen in das KZ zu fahren und dort kurze Ansprachen zu halten: Ich sollte den Bibeltext auslegen und für Gespräche zur Verfügung stehen.

Daß dies keine leichte Aufgabe war, liegt auf der Hand. Ich kannte einen großen Teil dieser Menschen und hatte ein starkes Mitempfinden für ihre außerordentliche Lage, rang um ihr Vertrauen und stand ihnen zur Seite. Professor Kittel sprach ich nicht. Er war im Kloster Beuron interniert, wurde später schwer krank und starb in Tübingen im Juli 1948. Es gehörte zu den starken Spannungen dieser Zeit, daß die Familie meine Anwesenheit bei der Bestattung untersagte. Die Situation der Universität sowie die frühere Haltung Professor Kittels in der Judenpolitik des Dritten Reiches hatten einen Abstand zwischen ihm und mir geschaffen, den ich nicht mehr überbrücken konnte.

Der nationalsozialistische Staat hatte dem sich zur Bekennenden Kirche haltenden Professor Bauernfeind die Lehrbefugnis entzogen, weil er sich geweigert hatte, den Eid auf Hitler zu leisten. Gerade an ihn hatte mich die Bekennende Kirche gewiesen. Mit ihm sollte ich jetzt zusammenarbeiten. Das habe ich auch getan. Er wurde wieder eingesetzt. Ich habe meine Arbeit mit Otto Bauernfeind begonnen und durchgeführt. Wie er kam ich von der Bekennenden Kirche her und blieb auch in der Folgezeit mit Martin Niemöller und seinem Kreis verbunden.

Es war für mich eigentlich natürlich, daß Männer der Bekennenden Kirche, die in die Fakultät eintraten, nun auch zusammenhielten und eine Einheit bildeten. Aus unverständlichen Gründen waren aber neu aufkommende Differenzen in Fakultät und Kirche weit schwerwiegender als die Nöte der vergangenen Zeit, die mir noch immer vor Augen stand. Dankbar war ich, daß sich mir alle kirchlichen Kreise öffneten und meine Mitarbeit wünschten. Dazu gehörten die Evangelischen Akademien, der Christliche Technikerbund, die Studentengemeinden.

## 16. Episoden der Nachkriegszeit

Als der Krieg zu Ende war, ging mir die Größe der Bergpredigt auf, und so wurde meine Vorlesung über Jesus von Nazareth auch für die Hörer wichtig. Die Frage war, wo die Ordnung verlassen werden konnte, um das außerordentliche Wagnis für Jesus zu tun. Auf den beiden großen studentischen Konferenzen in Königsfeld 1947 und 1948 trat ich mit einer deutschen Studentengruppe einer französischen unter der Führung des Studentenpfarrers Gaillard und des Straßburger Philosophie-Professors Paul Ricœur gegenüber. Die Stimmung war gereizt, aber erwartungsvoll. Zuerst teilte mir Gaillard mit, daß ein Student aus dem Konzentrationslager Buchenwald in seiner Gruppe sei, der dort geschlagen worden sei und ein Auge verloren habe. Wir Deutschen müßten seinen Bericht anhören, ehe wir uns zusammenfänden.

Ich sammelte meine Gruppe und fragte, wie sie diese Stunde aufnehmen würden. Einhellig wies man mich darauf hin, daß auch ein Reutlinger deutscher Student beim Einmarsch der Franzosen geschlagen worden sei und ein Auge verloren habe. Sie verlangten, daß auch der Deutsche angehört werden sollte. Ich sammelte mich vor

Gott und sagte, daß sie voll berechtigt seien, so zu denken. Es gehe bei ihnen um Maß gegen Maß. Aber ich selbst stände unter der Bergpredigt und müsse einen eigenen Weg gehen. Sie möchten mir verzeihen, wenn ich mich jetzt ausgliederte, aber ich bliebe ihr Leiter. Dann teilte ich Gaillard mit, daß die deutsche Gruppe bereit sei, den französischen Studenten anzuhören. Dieser trat nach vorne und berichtete unter Schluchzen, was ihm angetan worden sei. Da ging ich zu ihm, nahm ihn in die Arme und sagte: »Ich war der SS-Soldat, der dich geschlagen hat. Ich habe dir das Auge genommen. Aber ich bitte dich um Vergebung.« Der nächste Augenblick war tumultuarisch; die Versammlung wurde dadurch beendet, daß die Franzosen das Abendmahl von mir verlangten.

Seit dieser Zeit gab es viele Freundschaften zwischen unseren Kindern. Ich erhielt die Biographie jenes jungen Franzosen. Sie trägt den Titel »Détenu 20801. Témoignage sur les bagnes nazis«. Innen findet sich die Widmung: »Au Professeur Michel dans l'unité de la foi au Christ et dans la joie de son pardon. Königsfeld, 27. Dec. 46 – 2. Jan. 47 Aimé Bonifas, Albert Gaillard, Paul Ricœur.« (zu Deutsch: »Häftling Nr. 20801. Zeugnis über die nationalsozialistischen Zuchthäuser« sowie: »Für Prof. Michel in der Einheit des Glaubens an Christus und in der Freude an seiner Vergebung.«)

Ganz anders verlief die Situation, als ich mit einer Gruppe westdeutscher und ostdeutscher Theologen nach Liebenzell eingeladen wurde, wo der CDU-Abgeordnete Gedat zu uns sprechen sollte. Der Abgeordnete empfing uns und sagte, er habe eine gute Botschaft für uns, nämlich daß Deutschland bald vereint und Ostpreußen wieder deutsch werden würde. Die Amerikaner seien die herrschende Macht und würden die Russen nach einer kritischen Periode wieder aus Deutschland heraustreiben. Der »Alte« aus Rhöndorf habe zu ihm gesagt: »Seien Sie gewiß, die deutsche Fahne wird wieder auf Ihrem Gut in Ostpreußen aufgepflanzt.«

Wir fragten erstaunt, wie er sich das vorstelle. Er rechnete mit einem kurzen Krieg, bei dem die Ostdeutschen an einer ganz anderen Front eingesetzt werden würden. Sie brauchten nicht gegen Deutsche zu kämpfen.

Meine ostdeutschen Freunde wurden immer unruhiger und schauten auf mich; ich mußte antworten. Ich erhob mich und sagte: »Herr Gedat, von all dem, was Sie sagen, wird nichts eintreffen. Es ist reine Phantasie, die mit der Wirklichkeit nichts zu tun hat.«

»Ich kenne einen derartigen Widerspruch nur von impulsiven jungen Menschen«, meinte Gedat . »Aber der ›Alte‹ in Rhöndorf hat mir volle Gewißheit gegeben, und der ›Alte‹ ist ein kalter Realist. Sie dagegen argumentieren rein emotional.«

»Der Gegensatz ist anders«, antwortete ich. »Es handelt sich hier um eine Neigung zur Spekulation, die leider im deutschen Volk oft genug Schaden angerichtet hat.«

Die Tagung in Liebenzell verlief im Sande. Die ostdeutschen Studenten hatten das Empfinden, daß sie von uns Westdeutschen geopfert werden sollten.

In den fünfziger Jahren wurde ich in den Ökumenischen Ausschuß des Kirchlichen Außenamtes in Frankfurt gewählt und sollte dort die Fakultäten vertreten. Martin Niemöller selbst leitete diesen Ausschuß, aber in den Sitzungen vertrat ihn mein Vetter, Dr. Hans Lukkey aus der baptistischen Gemeinde. Wir wuchsen in diesen Jahren zu einer guten Gemeinschaft zusammen. Hans Luckey berichtete von ähnlichen Schwierigkeiten in der Theologie, wie ich sie mit der Entmythologisierung hatte. Gelegentlich sprach ich auch mit Niemöller, aber ohne mich als Konfirmand seines Vaters zu erkennen zu geben. Ich wies ihn auf die Bedeutung der Judenfrage hin, in der die Kirche etwas zu sagen schuldig sei. Dann wurde ich in Gespräche mit Bischof Kunst verwickelt, weil ich Schwierigkeiten in der Bearbeitung der Zivildienst-Anträge hatte. Zuletzt konnte ich die Kommission noch auf das neue Gegenüber der Studentengemeinde hinweisen – auf die Studentenmission in Deutschland (SMD), die dem Kirchlichen Außenamt ganz unbekannt war, obwohl sie doch international in fast allen europäischen Ländern und in Übersee vertreten war. Es wurde beschlossen, daß beide Seiten einmal ihren Standpunkt darlegen sollten.

Der Zivildienst war ein Problem, das uns sehr beschäftigte. Seine Schwierigkeiten bestanden in dem Verfahren: Welches Gesuch sollte befürwortet, welches abgelehnt werden? Man fürchtete politische und militärische Nöte, wenn sich der Zivildienst ausbreitete. Ich konnte bei manchem Antrag einen positiven Bescheid befürworten aufgrund meiner persönlichen Kenntnisse der Studenten.

Selbstverständlich war ich wie wohl die meisten Deutschen der Meinung, daß Deutschland als Ganzes erhalten bleiben mußte und daß jeder Versuch, Mitteldeutschland preiszugeben, ein Verrat an der Geschichte war. Ich lehnte wie Niemöller und Iwand eine westdeutsche Isolierung und militärische Wiederbewaffnung ab. Das alles war für mich selbstverständlich, weil ich mich für Mitteldeutschland verantwortlich fühlte.

Im September 1947 hielt ich zusammen mit Eberhard Müller und Adolf Köberle in Bad Boll eine große Tagung mit Medizinern und Medizinerinnen. Sie suchten eine neue Grundlage für ihren Beruf, für ihren Lebensinhalt und für die soziale Ordnung in der kommenden Zeit. Ich hatte Bibelarbeiten angekündigt, in denen Jesus in seinen Begegnungen mit Menschen das Heil an Körper, Seele und Geist gleichzeitig anbietet. Hier wurde meine Arbeit aufgenommen von Dr. Wilhelm Kütemeyer in Heidelberg, der zusammen mit Professor Richard Siebeck und Professor Victor von Weizsäcker die psychosomatische Richtung der Medizin vertrat. Kütemeyer betonte die enge Zusammengehörigkeit von Seele, Körper und Geist. Jeder Eingriff in eine Schicht des Lebens müsse notwendige Folgen für die anderen Schichten nach sich ziehen. Daraus folgte, daß sich die Medizin von ihrer Beschränkung auf ausschließlich naturwissenschaftliches Denken freimachen müsse und daß wir damit auch einen neuen Zugang für die Theologie bekämen, die sich bisher nur in Abstraktionen ergehe, sich auf die gedankliche Arbeit beschränke. Wir müßten wieder lernen, daß jeder Theologe eine allgemeine humanwissenschaftliche Grundbildung mitbekommen müsse, damit er den Menschen in der seelsorgerlichen Beratung als Ganzen behandele. Also auch die Theologie müsse ganzheitlich werden, besonders in der Seelsorge.

Diese Gedanken wühlten mich sehr auf. Ich versuchte, in diesem Sinne die Bibel in der Konkretion, im Umgang mit den Bereichen, die das Menschliche ausmachen, neu zu verstehen. Es kamen Stunden, in denen mir sehr viel geschenkt wurde, und ich empfing die Gegenwart des Geistes Gottes sehr lebendig. Die Menschen kamen und baten um Hilfe, Segnung und Heilung.

Die Heidelberger Mediziner boten mir an, für einen Monat in Heidelberg eine Station in der inneren Medizin unter ihrer Aufsicht zu übernehmen. In jenen Tagen nahm umfassendere Gestalt an, was mir schon einmal bei der krebskranken Frau im Krankenhaus in Halle zuteil geworden war. Ich erfuhr aufs neue, daß es eine Möglichkeit gibt, über die Rationalität des menschlichen Bewußtseins hinauszuwachsen in Bereiche hinein, die für die biblische Zeit selbstverständlich waren. Das, was man so leichthin mit dem Wort Ekstase umschreibt, aber nicht versteht, wurde mir schrittweise aufgeschlossen, ohne daß dabei mein körperlicher Zustand in irgendeiner Weise angegriffen oder gar geschädigt wurde. Die Mediziner waren in großer Erregung und fragten, wie man zum Glauben komme. Daraufhin trat der Direktor nach vorn und sagte:

»Durch Kenntnis des biblischen Inhalts und durch Vertrauen und Zustimmung zu ihm.«

Da mußte ich aufspringen und bezeugen: »Das genügt nicht, sondern das Erfaßtwerden vom biblischen Wort, die Begegnung mit dem lebendigen Christus, der unter uns gegenwärtig ist, der für uns starb und für uns leiblich auferstanden ist: Das muß die Grundlage unseres Glaubens, Lebens und Denkens werden.«

Das war der Geist dieser Tagung, die für mich und mein Leben entscheidend wurde. Auf einem kleinen Marmorkreuz, das seit jener Zeit in meinem Studierzimmer steht, sind die Worte zu lesen: Gebet, Liebe, Zucht, September 1947 Bad Boll.

Noch einmal kamen die Fragen von Bad Boll in der gleichen Dringlichkeit auf mich zu, nämlich 1988 während eines Ferienseminars in Walddorf. Seitdem weiß ich, daß eine Entdeckung der großen Geistesgaben des Neuen Testaments möglich ist und, wenn Gott es will, auch einmal bevorsteht. Seitdem weiß ich, wie Wunder, wunderbare Heilungen, wunderbare Kraft des Geistes Gottes durch uns keine leeren Formen sind, sondern eine Wirklichkeit, der wir uns anvertrauen können, wie wenn wir über Wasser gingen. Ja, 1988 war es noch einmal so, als ich nach Walddorf kam und die gleichen Begegnungen mit dem lebendigen Wort vor meinen Studenten erfuhr. Es hing auch mit der alten Eiche Oetingers hinter dem Dorf zusammen, von der es hieß, dort habe Oetinger den Geistern gepredigt. Ich bin mehrmals zur Eiche gegangen, und einmal habe ich im Schneetreiben, begleitet von Zeugen, die mir nahestehen, ein offenes Bekenntnis meiner Schuld, meines Versagens, meiner inneren Nöte, meiner Schwierigkeiten mit den Menschen unter Anrufung Gottes ausgesprochen und gebetet, daß mir die Hilfe des Geistes wieder zuteil werde, wie einst in Bad Boll.

Ein Seelsorger hat mich später einmal ausdrücklich gefragt, ob ich Charismatiker sei. Das Gerücht gehe in Württemberg um. Ich fragte, was das sei: ein Charismatiker. Daraufhin sagte er: »Der Charismatiker hebt die Hände hoch und erwartet den Heiligen Geist von oben. Aber der rechte Exeget schaut in die Bibel und erwartet den Heiligen Geist aus der Heiligen Schrift.«

»Ich bin nur ein armer, kleiner Exeget«, antwortete ich. »Ich hänge an der Bibel, an dem Wort und strecke meine Hände nicht nach oben, sondern ich gehe den Kreuzesweg, so wie meine Lehrer es mich gelehrt haben.«

## 17. Der Kampf um die Entmythologisierung

Ich wollte nie in Kämpfe verwickelt zu werden, weder in politische noch in theologische. Ich wollte Frieden. Nach 1945 erst recht, denn ich hatte in der Forschung viel aufzuholen. Ich bemühte mich daher um Anpassung, aber dieser Weg sollte mir keinen Frieden bringen. Politik und Theologie entwickelten sich so, daß ich mich hätte selbst aufgeben müssen, um die Anpassung durchzuhalten. Und so schlugen immer von neuem die lange durchgehaltenen Anpassungsversuche in Widerstand um. Die Epoche meines Lebens nach 1945 ist gezeichnet von diesen Umbrüchen. Der Vielzahl der sich ablösenden halbwahren Positionen entsprach eine Vielzahl von Umbrüchen, die ich erlitt, und eigenen Initiativen, die ich vorantreiben mußte.

Die erste wirkliche Spannung kam mit den Fragen der Entmythologisierung. Im Rückblick stellt sich mir die Situation so dar: Die geistige Grundlage bildete die Reformation und die Abgrenzung gegenüber der katholischen Kirche. Daß man vom Judentum geschieden war, nahm man als selbstverständlich hin, aber die Reformation mit ihren verschiedenen Auswirkungen war die Grundlage für Kirche, Gesellschaft und öffentliches Leben. Bei jeder sich bietenden Gelegenheit wurde Luthers Theologie in den Vordergrund gestellt, ihre Auswirkungen auf Pietismus und Aufklärung ergaben sich dann scheinbar als selbstverständlich. Allerdings kommt so die Verbindung zur echten reformatorischen Position und zu den Aufgaben der Gegenwart wissenschaftlich fast nicht mehr in den Blick. Die Reformationszeit stellt also eine Problemlage dar, die es ermöglicht, eine geistige Gesamtsituation herzustellen. Daraus ergibt sich, daß für die Wissenschaft als Methodik das historisch-kritische Verfahren, das sich in der Aufklärungszeit durchgesetzt hatte, zur Norm wird, die die Disziplinen untereinander zusammenhält. Die Erschütterung durch die Theologie Karl Barths war in der Fakultät überstanden. Nun wurde sie durch die Existentialtheologie Bultmanns abgelöst. Das war die Situation, die ich damals vorfand.

Für Schniewind waren diese Grundgegebenheiten nicht selbstverständlich. Er ging grundsätzlich von der Bibel und der Exegese aus. Die Bibel war die Grundlage für Gottes lebendiges Reden und Handeln. Gottes Offenbarung in der Dunkelheit der menschlichen Situation, Gottes Licht in der Finsternis unserer Schuld und Sünde, Gottes Machtlosigkeit im Verhältnis zu den irdischen Ansprüchen der Mächte waren die Grundlagen, von denen Schniewind ausging und die seine Haltung bis in die konkreteste Situation des Lebens erhellte.

Von dieser Grundposition her war mein Leben und mein Denken geprägt. Dies war die Ausgangsposition für mich bei der Neubildung des geistlichen Lebens in Kirche, Theologie und öffentlichem Leben. Hier war der eigentliche Kampfpunkt, um den es ging. Nun wurde die Situation gefährlich durch die Frage der Entmythologisierung. Entmythologisierung bedeutet: statt Konkretion Abstraktion, statt theologischer Offenbarungslehre philosophische Hermeneutik.

Männer wie Ernst Fuchs und Gerhard Ebeling teilten die Bultmannsche Position und fanden Unterstützung bei Hanns Rückert. Rückert stellte sich ganz auf Ebeling und Fuchs ein und vertrat die Ansprüche Bultmanns. In der großen Auseinandersetzung, die nun zwischen Kirche und Fakultät entstand, nahm Thielicke bewußt eine Mittelstellung ein und fügte sich den Ansprüchen Rückerts, Ebelings und Fuchs'. Adolf Köberle nahm die biblischen Grundaussagen in der Auseinandersetzung ernst, war jedoch nicht imstande, das Schwergewicht der Fakultät zu verschieben. Es kam einiges darauf an, wie ich votierte.

Bultmann und ich hatten ein sehr gutes persönliches Verhältnis, und ich vergaß nie, daß Schniewind mir aufgetragen hatte, diesen guten Kontakt zu bewahren. In entscheidenden Jahren zeigte sich das. Bultmann hatte eine Formgeschichte geschrieben, die ich immer nur mit Vorbehalt anerkannte, die aber Schniewind doch betont ernstnahm und auf die im Bereich des Neuen Testamentes Rücksicht genommen werden sollte.

Als ich zu Schniewind sagte: »Schreiben Sie eine neue Formgeschichte«, schwieg er. Er konnte keine Antwort geben. Das gute Verhältnis zwischen Bultmann und mir – ich war in seiner Familie und er in meiner Familie ein angesehener Gast – machte es mir umso schwerer, meinen Weg zu finden. Zunächst schwieg ich bewußt und hielt mich zurück. Ich ließ es zu, daß zwei Entwürfe eines Fakultätsgutachtens ineinander gearbeitet wurden, die ursprünglich sehr verschieden waren, die aber letztlich in ein Resultat ausliefen, das sowohl für als auch gegen Bultmanns Entmythologisierung entschied.

Die Fakultät fühlte sich ganz stark als Bahnbrecherin in der neuen theologischen Situation. Ich kam damit in eine schwierige Lage. Mir wurde verargt, daß ich nicht einen eigenen Entwurf vorlegte, den die Fakultät zu beurteilen hätte. Hier entstand ein scharfer Konflikt mit Hanns Rückert, der, als ich ihn gelegentlich zusammen mit meiner Frau besuchte, außergewöhnlich heftig reagierte, und dessen zorniger Ausbruch in dem Satz gipfelte: »Sie sind das Unglück der Fakultät!«

Darauf konnte ich nur antworten: »Herr Rückert, darüber wird nur Gott entscheiden. Ich möchte meinen Besuch beenden.« Ich ging in das Nebenzimmer und bat meine Frau, mit mir nach Hause zu gehen.

Ausgangspunkt der Versuche, eine gemeinsame Erklärung in der Öffentlichkeit abzugeben, war die Übereinstimmung in der historisch-kritischen Methode. Wie viele meiner Kollegen hatte ich mich ganz selbstverständlich dem Zusammenhang der historisch-kritischen Methode ein- und untergeordnet. Daß ich sie jedoch nicht im Sinne der Aufklärung anwandte, war für einen Schüler Schlatters und Heims, Kählers und Schniewinds selbstverständlich. Wir haben die Grundwahrheiten des Katechismus immer gegen alle Anfechtung festgehalten und nicht die Anfechtungen und den Zweifel der Kritik zur Grundlage unseres Umgangs mit den Wahrheiten des Kleinen Katechismus gemacht. Ein guter Teil von uns allen arbeitete von der Methodik und den Kategorien der Aufklärung aus und war nicht imstande, auch die historische Kritik als solche zu hinterfragen bzw. in Zweifel zu ziehen. Hier konnte uns auch Karl Barth keine Lösung geben.

Es war für Gustav Stählin in Erlangen (später in Mainz), für mich in Tübingen und Karl Heinrich Rengstorf in Münster selbstverständlich, daß wir die Reformation mit der Lehrbildung der reformatorischen Kirche und mit den Grundwahrheiten der Heilsgeschichte verbanden. Mit Rengstorf insbesondere verband mich die Gewißheit, daß die kirchliche Tradition als eigentliche Anfechtung die Geschichte des Judentums neben sich hatte und daß von Franz Delitzsch her noch eine andere Front ebenso wichtig wurde wie das Problem der Aufklärung und damit der Entmythologisierung.

Ich sah also immer die Notwendigkeit vor mir, die Geschichte und Literatur des Judentums von Anfang an in die Hermeneutik mit einzubeziehen, und arbeitete in meiner Methodik nicht nur mit den Fragen der Aufklärung, sondern auch mit dem Gegenüber zum Judentum.

Wir können heute die Geschichte der Aufklärung nicht einfach überspringen, sondern haben ihr ernsthaft standzuhalten. Wir können aber ebensowenig die Angefochtenheit durch das Judentum außer acht lassen, da diese Not die Geschichte der Kirche von Anfang an begleitete. Otto Bauernfeind widersprach nicht, darum fuhren wir Jahr für Jahr zur Tagung »Kirche und Judentum«, die Karl Heinrich Rengstorf und Dr. Harling im Auftrag der Kirche hielten.

Für mich gab es dadurch, daß ich die Geschichtswissenschaft in den Vordergrund stellte, ein Nein zum Verlauf der Entmythologisierungsdebatte. Als die Studenten eine klare Antwort brauchten, ging ich von der Diskussion um die Enthmythologisierung zu einem scharfen Angriff über, bei dem ich auch das Fakultätsgutachten offen in Frage stellte. Es entstand in Tübingen und in der Öffentlichkeit eine schwierige Situation, bei der ich ausdrücklich bereit war, von jetzt ab auch die Grundfragen der philosophischen Hermeneutik auf einen neuen Boden zu stellen. Von Semester zu Semester wurde ich in diesem Vorhaben gewisser und entschloß mich zu einem entschiedenen Offenbarungsdenken. Gottes Sprechen und Handeln mußten als Ausgangspunkt der Theologie unbedingt bewahrt bleiben; die Grundmotive der Geschichte und der Geschichtswissenschaft bedurften dabei der Beachtung.

Von Semester zu Semester wuchs die Schar meiner Freunde und Schüler und konnte sich neben der philosophischen Hermeneutik, der Entmythologisierung behaupten. Sie bildeten keine einheitliche Gruppe; das Spektrum reicht von dem Schüler und Freund Adolf Harnacks und Eduard Meyers bis zu den Verehrern von Johann Albrecht Bengel. Aber nur ein Teil war imstande, mit mir in die Diskussion über die Bedeutung des Judentums einzutreten und die Spannung zwischen Judentum und Christentum durchzuhalten.

Wer sich mit dem Judentum befaßt, nimmt Geschichte als Geschichte ernst. Das Judentum ist das eigentliche Volk der Geschichte und sperrt sich notwendig gegen eine Auflösung seines eigenen Geschichtsverständnisses. Es gibt selbstverständlich auch jüdische Forscher, die von der Aufklärung und einem modernen Wissenschaftsbegriff her ihre Arbeit verrichten. Aber es wird niemanden geben, der den Ernst der jüdischen Literatur und Geschichte als Einheit in Frage stellt. Im tiefsten Sinn unterstützt die Entmythologisierung die allgemeine Aushöhlung und Entleerung des geschichtlichen Menschseins. Denn an die Stelle der Frage nach der Geschichte tritt die Frage nach der Existenz des Menschen, und an die Stelle klarer biblischer Autorität trat die Problematisierung auf jedem Gebiet.

Ich suchte Zustimmung bei den Kollegen, aber keiner half mir. Ich müsse mich selbst zurechtfinden, war die Antwort. Die Entmythologisierung hatte zu einer starken Spannung zwischen dem Bischof, den pietistischen Kreisen und der Theologischen Fakultät geführt. Martin Haug erklärte ausdrücklich, daß für ihn Gottes Heilstaten in der Heiligen Schrift das Ausschlaggebende seien, und wenn Gottes Heilstaten in der Geschichte nicht mehr maßgeblich seien, dann könne er die Fakultät nicht mehr verstehen. Ich entsinne mich eines Gesprächs zwischen Bischof Haug und der Fakultät, bei dem Bischof Haug wortlos aufstand und hinausging. So hart waren die Auseinandersetzungen, in denen Haug noch von den pietistischen Kreisen bedrängt wurde, die ihm drohten, die Fakultät preiszugeben, wenn er sie nicht mäßigte. Sie würden dann ihre Söhne und Töchter nicht mehr zur Fakultät schicken, weil ihnen hier der Glaube unmöglich gemacht werde. Der Bischof war in einer Situation, in der er sich weder nach vorne, noch nach hinten bewegen konnte. Er wußte nicht, wie er ihnen antworten sollte, weil er die Fakultät nicht preisgeben wollte.

Es hat nur gelegentlich eine persönliche Aussprache zwischen Bischof Haug und mir stattgefunden, weil meine Situation an der Fakultät doch anders war als seine. Aber gemeinsam blieb als Ausgangspunkt der Inhalt des Kleinen Katechismus Luthers bzw. bei dieser Form des schwäbischen Pietismus die Urposition Johann Albrecht Bengels. Wo im Pietismus sich wirklich nennenswerte Gegenkräfte bildeten, ging man von Bengel aus und verwies auf das Wirken Schlatters und Heims. Man muß allerdings bedenken, daß ich wissenschaftlich verpflichtet war, die gegnerischen Standpunkte zu charakterisieren, ihnen entgegenzutreten, geeignete Gegenpositionen aufzubauen. So betonte ich ausdrücklich, daß nicht eine philosophische Fragestellung, sondern eine theologische Sachaussage im Blickpunkt gehalten werden müsse. Diese theologische Sachaussage müsse aber allgemein verständlich und nicht subjektiv auflösbar sein. Ein neues Vertrauen zu den Quellen müsse lebendig werden; ein allgemeiner Skeptizismus in historischen Dingen sei für jede geistesgeschichtliche Position gefährlich.

Nun muß man aber bedenken, daß ein ganzes Volk irregeführt

war und vor dem Abgrund stand, so daß jede Norm geistesgeschichtlich und öffentlich untergraben war. Die Flucht in den Subjektivismus oder in vorgefaßte philosophische Kategorien schien manchen Leuten wie eine Rettung zu sein.

Einige kleine Situationen mögen zeigen, wie untragbar für mich die Folgen der neuen Bewegung bei den Studenten geworden waren. In einer Diskussion erklärte ein Student ausdrücklich, daß für ihn der Wortlaut des Neuen Testamentes nicht mehr von Interesse sei. Er halte dagegen die Bultmannschen Thesen für eine neue und bessere Grundlage des Glaubens. Der Student ging natürlich nicht mehr in irgendeine exegetische Vorlesung. In einer Prüfung im Neuen Testament ergab sich, daß ein ganzer Kurs nicht mehr Evangelien studiert hatte und ich über das Lukas-Evangelium keine Auskunft mehr bekommen konnte. Der anwesende Kirchenrat, dem ich diese Situation aufzeigte, antwortete:

»Bitte prüfen Sie keine Evangelien mehr, Sie sehen ja, daß sich die Studenten nicht dafür interessieren. Prüfen Sie doch Paulus, das ist ein Gebiet, auf dem sie sicher Bescheid wissen.«

Ich antwortete prompt: »Herr Kirchenrat, in einer solchen Situation habe ich noch niemals früher gestanden. Ich glaube nicht, daß die Deutschen Christen mir eine derartige Forderung gestellt hätten.« Ich ließ den ganzen Kurs nach einem halben Jahr noch einmal antreten, um Evangelien zu prüfen. Besonders die Söhne pietistischer Kreise waren die eifrigsten Existentialisten geworden. Der Sohn eines bekannten Kriegers gegen Bultmanns Entmythologisierungsprogramm konnte sich im Examen in den Seligpreisungen des Matthäus-Evangeliums nicht mehr zurechtfinden.

Was war der Hintergrund? Die Begriffe der Formgeschichte zeichneten bei Bultmann nicht nur eine Gattung ab, sondern griffen tief hinein in Sinn und Wahrheit der neutestamentlich bezeugten Sachverhalte (Legende, Novelle, Wundergeschichte, Ostererzählung). Der Inhalt der Berichte hatte seinen Sinn verloren, und die neuen Interpretationen wurden willkürlich. Die Evangelien verloren dadurch ihre Verbindlichkeit für die Studenten und wurden ihnen darum uninteressant. Ich war der Wahrer der Schlatter-

Tradition im Neuen Testament und mußte notwendig den Weg zur Bibeltreue und zur Geschichte zurückfinden.

Der Kampf gegen die Entmythologisierung mußte zunächst auf das ganze Gebiet der Heiligen Schrift ausgedehnt werden, da in dieser theologischen Frage keine Möglichkeit war, das Alte Testament vom Neuen abzusetzen. Daß in Heidelberg in der alttestamentlichen Exegese eine neue und eigene theologische Ausrichtung im Alten Testament auftauchte, war für mich in Tübingen kaum eine Entlastung. Die philosophischen und systematischen Grundfragen bedurften einer neuen Durcharbeitung und verlangten eine neue Prüfung an den Quellen der Bibel.

Erschütternd war die Situation vieler junger Theologen, die sich im kirchlichen Dienst nicht zurechtfanden. Hier kam es beständig zu neuen Auseinandersetzungen um Apokalyptik und um eschatologische Fragen. Die bibeltreuen Gemeinden wurden durch die Gemeinschaften erzogen, auf diese Zusammenhänge großen Wert zu legen; aber die »moderne Theologie« hatte auf diesem Gebiet rein gar nichts anzubieten. Vor allem am Grab entschied es sich, ob eine Zukunftshoffnung noch möglich war oder nicht.

Die Gegenfront verschanzte sich hinter die Bastion der »intellektuellen Redlichkeit«. So mußte die Basis für eine theologische Diskussion erst wieder gefunden werden. Eine ganze Gruppe von jungen Kandidaten mußte aus den dienstlichen Aufgaben abgerufen werden, weil die Gemeinden sich gegen diese Auflösung der Eschatologie aufs äußerste wehrten. Man verlachte damals den vergeblichen Versuch, am biblischen Zeugnis Adolf Schlatters und Karl Heims festhalten zu wollen. Aber die Auseinandersetzung der folgenden Jahre zeigte, daß die Erinnerung an diese beiden Zeugen stärker blieb. Ich denke heute gerne an die unerschütterliche Haltung einiger Freunde, die mir eine große Stärkung und Erleichterung war.

Es ging mir um den Einsatzpunkt: War es der konkrete biblische Stoff und seine Einarbeitung in die Geschichte, oder mußte ich das Schwergewicht auf eine Analyse des Verstehens und der Begriffe lenken? Drei Einsatzpunkte standen zur Diskussion: Der biblische Stoff, die reformatorische Auslegung bzw. Theologie der Reformatoren und das eigene Selbstverständnis und seine philosophische Argumentation. Bei Ernst Fuchs lernte man Heideggers *Sein und Zeit* richtig analysieren. Bei Helmut Thielicke bemühte man sich um die Einordnung der neuen theologischen Strömung in die Gesamtheit der akademischen und theologiegeschichtlichen Traditionen. Bei Adolf Köberle ging es um den Reichtum des religiösen Bewußtseins und seiner Selbstaussage. Was war mein Eigenes?

In den tiefsten Lebenskrisen ging es mir immer um den Kampf um Gott, und ich erfuhr seine Nähe und Ferne in der Not der Krise, die immer aussichtslos war, und in der konkreten Zusage des Bibelwortes, vor allem aber im Festhalten an der Passion Jesu. In allen Fällen war die Theologia Crucis mein letzter Rückhalt, auf den ich mich in meiner Lebensnot berufen konnte. Daraus ergibt sich ein anderer Umgang mit der Schrift und eine Verschiebung der Fragestellungen, wie wir sie etwa bei Johann Georg Hamann vorgefunden hatten. Ich verglich den Vorstoß Martin Heideggers mit der Symbolsprache der Antikritik Hamanns gegen die Aufklärung. Die Darstellung der menschlichen Not, aber auch die Errettung aus einer letzten Aussichtlosigkeit schienen mir bei Hamann besser getroffen zu sein. Ein abstraktes Angesprochensein von einem biblischen Wort ersetzt im Existentialismus das konkrete Durchstehen der Verlorenheit der eigenen Situation und die konkrete Begegnung mit dem lebendigen Gott selbst.

Ich hatte Freunde in der wissenschaftlichen Situation wie Karl Heinrich Rengstorf, Gustav Stählin, Otto Rodenberg und später Peter Beyerhaus. Pietistische Strömungen, aber auch im Bekenntnis der Kirche begründete Denker zeigten, daß meine Position, von der Bibel und der Geschichte auszugehen, nicht verloren war.

Ich muß hervorheben, daß ein kirchlicher Führer wie Martin Haug einen besonderen und einzigartigen Weg ging, während seine Nachfolger einen sehr viel vorsichtigeren Kurs einschlugen.

## 18. Die Ferienseminare der Pfarrer-Gebets-Bruderschaft

Es kam die Stunde, in der mein Durchbruch erhebliche Folgen hatte. Über Jahre hinweg entstanden die verschiedensten Arbeitsstätten: Seminare, Tagungen, Studienhäuser, auf denen neue Wege einer biblisch-historischen Theologie beschritten wurden.

Eines Tages kam Pfarrer Erich Schnepel zu mir und fragte mich, wie er mir mit der Pfarrer-Gebets-Bruderschaft helfen könne. Er wünsche nicht, daß meine Situation so aussichtslos bliebe. Daraufhin habe ich ihm mehr verzweifelt als hoffnungsvoll gesagt: »Geben Sie mir eine Möglichkeit, mit den Studenten außerhalb der Fakultät normal umzugehen, um ihnen eine andere wissenschaftliche Grundlage zu geben. Ich will die Bibel, nichts als die Bibel.« Daraufhin sagte Erich Schnepel ganz einfach: »Dafür werde ich sorgen.«

Ich wußte nicht, was diese Verheißung bedeutete, aber ganz plötzlich meldete er sich an und sagte: »Ich habe eine Tagung in Jugenheim bei Darmstadt einberufen und Professor Beyreuther wird kommen. Sie sollen Exegese treiben. Pfarrer Risch und ich werden dabei sein, und wir laden Theologen von allen Fakultäten ein, einmal gründlich Wissenschaft zu treiben, eine Woche lang.«

Nach dem Besuch Schnepels kam in Marburg eine Zusammenkunft der Leitung der Pfarrer-Gebets-Bruderschaft mit dem Betheler Kreis zustande; Magister Helmuth Frey aus Bethel, Otto Rodenberg und ich lernten uns kennen und aufeinander zugehen. Frey verstand die Krise der Theologie ganz radikal, übte auch Kritik an der Heidelberger Schule und wollte eine neue Grundlage der Theologie im Pfarrerstand vorbereiten. Das Wort »Heilsgeschichte« fiel bei ihm und hatte eine neue, das Leben jedes einzelnen von uns umformende Bedeutung. Hier wurde Theologie aus Inspiration der Heiligen Schrift, aus Gebet und Meditation neu erhoben, und wenn das Wort »Heilsgeschichte« heute gebraucht wird, vergesse ich nie seinen Zusammenhang mit Helmuth Frey. Hier wurde auch die historisch-kritische Exegese als solche in Frage gestellt und nach einer neuen Methodik gesucht.

Die Ferienseminare waren wirtschaftlich durch das Opfer der Pfarrer-Gebets-Bruderschaft möglich geworden. Erich Schnepel hatte eine großartige Form geschaffen, die dem Ferienseminar zugrunde lag: Losung und Lehrtext, praktische Bibelarbeit an einem täglichen Abschnitt der Heiligen Schrift, exegetische und systematische Vorlesungen, ausführliche Aussprachen in kleinen Gruppen, aber auch in einer Gesamtaussprache, Gottesdienst und Predigt, Hausbesuche bei Alten und Kranken und Einladungen in der Gemeinde, gemeinsame Bibelstunde in der Gruppe. Das war der Aufbau der Ferienseminare. Das wurde so Tag für Tag gemacht.

Hier gewann ich einen festen Boden, während die Gespräche mit den Kollegen anderer Fakultäten zeigten, daß die wissenschaftliche Weiterführung des Konflikts längere Zeit und neue Kraft erforderte. Gegenüber dem Versuch, die Theologie aus der Hermeneutik herzuleiten, entstand hier eine enge Zusammenarbeit von kirchlicher Praxis und theologischen Disziplinen. Was im Ferienseminar gesagt und geübt wurde, mußte sich im Verhältnis von Mensch zu Mensch, in der Konkretion und in der Seelsorge in jedem Augenblick als notwendig erweisen.

Dabei wurde uns wichtig, daß uns Julius Schniewind ausschließlich auf die geistliche Erneuerung als Wurzel hingewiesen hatte. Geistliche Erneuerung hieß für uns zunächst Hinweis auf das Einzelgebet, das gemeinsame Gebet und die Hoffnung auf Weiterarbeit unter Gottes Hilfe und Führung im Laufe des Ferienseminars. Das hieß, unter Gottes Gebot leben und wissen, daß uns das Gebot verbindet.

Es ist oft unsere Aufgabe, Dunkelheiten im Leben eines anderen mit Hilfe des Evangeliums aufzulösen. Aber man darf selbst nicht etwas Eigenes wollen, sondern muß ganz in der Hingabe vor Gott bleiben und so gesegnet werden. Sich ganz auf den anderen einstellen, auf das, was er braucht. Nichts in eine Schablone pressen, vielmehr den Menschen zum Wege werden und dadurch selbst von Gott gesegnet werden. Das geistliche Geborgensein, das geistliche Suchen nach der Heiligen Schrift, das geistliche Suchen, uns gegenseitig zu verstehen, die geistliche Möglichkeit, die vielen entgegengesetzten theologischen Ansätze zu prüfen und zu überwinden – das alles stand im Mittelpunkt.

Die Ferienseminare verliefen teilweise sehr stürmisch, weil Studenten aller Fakultäten und aller theologischen Richtungen zusammen kamen. Einmal sagte ein Student, als er sich wie die anderen vorstellte: »Ich freue mich so, daß Jesus ein gewöhnlicher Mensch war wie wir und nichts weiter. Dadurch ist mir Jesus ganz besonders nahegekommen.« Nach den Vorstellungen griff ich ein und sagte, ich müsse dazu eine Anmerkung machen. Mein verehrter Lehrer Friedrich Loofs in Halle habe darüber nachgedacht und ein Buch geschrieben, daß es wissenschaftlich bis heute nicht gelungen sei, aus den Quellen nachzuweisen, daß Jesus nur ein Mensch war wie wir. Dann komme noch ein zweites Bedenken hinzu: daß sich alle unsere Bekenntnisschriften bis zum heutigen Tag gerade an diesem Punkt widersprächen, wie wir alle im Konfirmandenunterricht aus Luthers Kleinem Katechismus wüßten. Es entstand zunächst eine beklemmende Stille, aber dann einigten wir uns, daß wir über diese Frage noch einmal ganz ernsthaft sprechen müßten, was auch geschah.

Ich erinnere mich, daß ich mich mit Otto Rodenberg vor allem in Rengshausen einer großen Übermacht entgegenstellen mußte und daß die Teilnehmer über die Tatsache, daß wir erstens die Entmythologisierung grundsätzlich ablehnten, zweitens den Wortlaut der biblischen Texte für verbindlich hielten, drittens die neutestamentlichen Schriften aus den alttestamentlichen erklären wollten, zunächst in große Verblüffung gerieten, in ein Erstaunen, daß so etwas überhaupt in Deutschland möglich war. Dann kam es zu tumultartigen Szenen, die in der Drohung gipfelten, das Seminar sofort zu verlassen. Dann aber führten die Hinwendung zum Gebet und zur geistlichen Besinnung im Gottesdienst einen Umbruch herbei. Die Tatsache, daß die Vielfalt der theologischen Meinungen keine Voraussetzung schafft, sich geistlich und seelsorgerlich zu bewähren, war die überraschendste Erfahrung der Studenten und die Ursache für ihre Verblüffung. Für uns war die geistliche Bewährung gleichzeitig die Besinnung darauf, daß aus der Gemeinde der Heiligen, die Jesus gegründet hat, auch die Theologie als Funktion erst möglich ist. Für die Mehrzahl der Studenten war Theologie eine reflektierende Besinnung innerhalb der Geisteswissenschaft der Universität, und dies meist im Gegensatz zum kirchlichen Bekenntnis.

Es bewährte sich der Schnepelsche Grundsatz, daß erstens die Verbindung von Theologie und kirchlicher Arbeit, zweitens die Verbindung zwischen Wissenschaft und Besinnung auf Losung und Lehrtext, drittens die enge Verbundenheit von Wort und Geist, Geschichte und Zeugnis, Einsatz und Gehorsam eine starke Möglichkeit gaben, Menschen anzusprechen.

Der Mitarbeiterkreis bestand aus Pfarrern, jungen Theologen, die schon im Pfarrstand waren und sich akademisch bewährt hatten, und Pfarrern der Bruderschaft, die sich für den geistlichen Grundansatz verantwortlich fühlten. Zu den Leitern gehörte lange Zeit Otto Rodenberg, der in Rengshausen die Verbindung zwischen Kirche, Theologie und Studenten menschlich, seelsorgerlich und geistlich herstellte. Später traten ihm andere Männer wie Helgo Lindner, Hermann Hafner, Helmut Burkhardt in der Führung zur Seite. Zunächst war das Ferienseminar in Jugenheim bei Darmstadt, dann zog es nach Rengshausen, später nach Holzhausen, wo Pfarrer Dr. Lindner das Pfarramt übernahm und mit großem Fleiß und Einsatz die Arbeit weiterführte.

Von Tholuck, Kähler und Schniewind her stehe ich gerne im Rahmen der Erweckungstheologie, speziell im Raume des Luthertums. Solange dieser Grundansatz in den Ferienseminaren noch gewußt wird, werden sie leben. Wird dieser Grundansatz in den von Otto Rodenberg und mir entwickelten Ferienseminaren überspielt, werden sie nicht lebendig bleiben. Heute wird dies vielfach nicht mehr verstanden. Man möchte zur »richtigen Arbeit« Schlatters und Heims zurückführen. Aber Geschichte aufarbeiten und systematische Entwürfe prüfen, diese »Richtigkeiten« genügen nicht. Wer von Erweckung spricht, hat in der Gegenwart anzusetzen und sich auf die Vergangenheit zu berufen, nicht aber von der Vergangenheit zu sprechen und deren Weiterwirkung in der Gegenwart zu verfolgen. Erweckung heißt, in der Gegenwart stehen und die Studenten in diesem Augenblick in eine konkrete geistliche Problemlage einzuführen. Otto Rodenberg wußte dies genau, aber man hat ihn weithin vergessen. Damals wurde gekämpft und nicht nur nachträglich auf etwas hingewiesen.

So hat es schon seinen Grund, wenn ich als Schüler der Hallenser

Theologie 1970 die »Frankfurter Erklärung« zur Lage der Mission als erster unterschrieb und dieses Dokument in der Folgezeit für ebenso verbindlich erklärte wie frühere Dokumente des Kirchenkampfes. Einen Vorzug hat diese Erklärung auf jeden Fall: Sie ist eindeutig und klar und weniger mißverständlich als frühere Programme nach 1945. Wenn ich in der Folgezeit kämpfen mußte oder wenn ich evangelisierte, dann stand ich neben Walter Tlach und Peter Beyerhaus, nicht neben den vielfachen Windungen des gegenwärtigen Pietismus. Das ist eine Erkenntnis, die deshalb notwendig ist, weil der schwäbische Pietismus in der Gegenwart manchmal lieber bewahren als erwecken will. Er scheint das Entweder-Oder zu meiden, von dem Lütgert einmal sagte: »Wir kommen an den Entscheidungen nicht vorbei, und diese Entscheidungen, meine Herren, tun weh.« Wie weit ist diese biblische Erfahrung entfernt von der gemütlichen Einstellung, man müsse nur »Kirche in Gang halten«.

## 19. Langensteinbacher Höhe

Ein ganz selbständiger Zweig war aus der Evangelisation und Bibelarbeit zusammen mit Dr. Erich Lubahn in der Bibelkonferenzstätte Langensteinbacher Höhe entstanden. Auch hier begannen ab 1983 Ansätze der Studentenarbeit, eine andere Art von Ferienseminar, das die Verbindung vor allem zur Fakultät in Wien herstellte und den dortigen Studenten die Möglichkeit gab, regelmäßig teilzunehmen.

Ich habe auf diese Weise ein besonderes Verhältnis zur Wiener Fakultät und zur Wiener Gemeinde bekommen. Pfarrer Leuthner, der frühere Sekretär der Pfarrer-Gebets-Bruderschaft, hatte uns nach dort eingeladen, und ich hielt Vorlesungen an der Wiener Universität.

Der Vorzug dieser Ferienseminare von Langensteinbach war: Kürzere Zeit, einfacherer Aufbau, Beschränkung der Kollegs und einfachere wissenschaftliche Problematik. Auch hier wurde der geistliche Unterton gewahrt. Gebet, Lied, Andacht, Einführung in die Arbeit der Bibelkonferenzstätte waren für uns sehr eindrücklich.

Der Akzent meiner Arbeit dort lag einerseits auf Bibelkursen und andererseits auf Israel-Tagungen, bei denen Dr. Lubahn den jüdischen Gelehrten Pinchas Lapide hinzuzog. Außerdem nahm Dr. Lubahn die Verbindung mit Professor Heinz Kremers aus Duisburg auf. Nun entstanden Schwierigkeiten: Langensteinbach war der Ansicht, man dürfe nur jesusgläubige Juden als Referenten heranziehen, während Kremers meinte, man dürfe überhaupt keine Judenmission treiben. Die Folge war eine dramatische Scheidung. Doch heute ist die Krise überwunden.

Während meiner regelmäßigen Bibel- und Israelwochen entstand die Arbeitsgemeinschaft zur Erforschung aramäischen Schrifttums mit dem Ziel, das Neue Testament aus dem Aramäischen ins Neuhebräische (Iwrit) zu übersetzen, die beiden Sprachen in zwei Spalten nebeneinander gedruckt. Dieses Neue Testament sollte ein Geschenk an Israel von Christen in Deutschland sein in der Sprache Jesu und in der heutigen Sprache Israels. Dafür spendeten Menschen aus ganz Deutschland; es wurden wirkliche Opfer gebracht. Der Weg dieses Buches bis zu seiner Vollendung war nicht einfach, ich mußte sogar einen Rechtsanwalt hinzuziehen, denn unser Bestreben, eine saubere wissenschaftliche Arbeit zu bieten, wurde von einer Gruppe gehemmt, die ideologische Prämissen einbringen wollte, die wir nicht gutheißen konnten. Herr Professor Hans-Peter Rüger übernahm später die sprachliche Kontrolle. Für seinen Rat und seine tatkräftige Mitarbeit, wie für die unentwegte Hilfe des Ehepaares Johanna und Gerhard Siewert aus Karlsruhe bin ich sehr dankbar. Die Publikation unseres Neuen Testaments erfolgte im Jahre 1986 durch die Bibelgesellschaft in Jerusalem in einer wunderschönen Form.

In diesem Zusammenhang betone ich ausdrücklich, daß meine zehnjährige Arbeit an der aramäischen Übersetzung des Neuen Testamentes und meine Arbeit in der Gesellschaft zur Erforschung aramäischen Schrifttums nicht dazu geführt haben, meinen andersartigen Einsatz bei David Flusser zu vergessen oder außer acht zu lassen. Ich bin dazu gedrängt worden, habe immer gewarnt und gleichzeitig doch freudig mitgearbeitet, die Übersetzung in Aramäisch Iwrith weiterzuführen und vor Schaden zu bewahren. Aber ich glaube an die hebräischen Urdokumente, die den neutestamentlichen

Quellen zugrundeliegen. Die Vorarbeiten von Flusser in sprachlicher Hinsicht dürfen nicht übersehen werden.

Langensteinbach ist für meine Frau und für mich eine Heimat geblieben; dieser Name verbindet sich mit der Erinnerung an viele Freunde und Bekannte in ganz Deutschland. Die Bewegung um Langensteinbach hat das Verdienst, in einer Zeit der Ideologie und der kirchlichen Unsicherheit die Bibeltreue öffentlich gewahrt zu haben, und meine Frau und ich leben auch heute noch von diesem Erbe.

Nach dem Wechsel in der Leitung der Langensteinbacher Höhe nahm Dr. Lubahn die Seminararbeit in Pfullingen 1987 wieder auf. Die letzten Ferienseminare dieser Art fanden 1988 und 1989 in Walddorf-Häslach bei Tübingen statt. Hier zeigte sich, daß die enge Verbindung von Erich Lubahn mit Otto Rodenberg, der nun wieder tätig sein durfte, sehr fruchtbar war. Die systematische, besonders bei Luther einsetzende reformatorische Grundlage, die praktische Ausgewogenheit in der kirchlichen Arbeit und in der menschlichen Seelsorge machten die Beiträge von Otto Rodenberg ganz besonders wertvoll. Dazu kam, daß er Verständnis für meinen hebräischen Sprachansatz hatte. Ich muß betonten, daß diese beiden Grundformen von Ferienseminaren, die ursprünglich auf ein Gespräch mit Erich Schnepel zurückgegangen waren, begleitet wurden durch Nebenformen. Ich beteiligte mich auch an Schweizer Ferienseminaren mit Teilnehmern auch aus dem Elsaß. Diese Seminare hoben sich besonders durch die klaren Beiträge von Heiner Schmid in Bern hervor.

## 20. Der Hesselberg

Es war mir als einzelnem nicht möglich, die preußischen Erfahrungen der Bekennenden Kirche in den württembergischen Raum weiterzutragen. Württemberg suchte unmittelbar die Rückkehr zu seinen eigenen pietistischen Ursprüngen in Johann Albrecht Bengel, Johann Tobias Beck, Adolf Schlatter und Karl Heim. Auch die Sammlungsbewegungen und Bekenntnisgemeinschaften, die mit den Namen Walter Künneth, Peter Beyerhaus, Rudolf Bäumer in der Folgezeit entstanden, bauten nicht einfach auf solchen alten Grundlagen weiter, die sich früher bewährt hatten, sondern stellten einen Protest akademischer und kirchlicher Kreise gegen die Auflösung dar, die von der Bibelkritik ausging, gegen die Unordnung der Kirche, in der die Bekenntnisschriften keine Rolle mehr spielten und gegen den allgemeinen Niedergang des Volkes und des Christentums. Die Folgen der neuen Katastrophe 1945 verbanden sich mit uralten Positionen und Negationen, an die man sich schon früher gewöhnt hatte. Der Frankfurter Theologische Konvent, zu dem Peter Beyerhaus aufrief, sammelte Männer aus bibeltreuen Kreisen, die einen neuen gemeinsamen Weg suchten. In dieser Protestbewegung von kirchlichen Sammlungen und Bekenntnisgemeinschaften stehen wir auch heute noch. Schwerwiegend war für uns akademische Theologen, daß die Bibelkritik ein heißes Eisen war, das in den verschiedenen Richtungen verschieden aufgefaßt wurde. Jetzt galt in den evangelikalen Kreisen die Entmythologisierung endgültig als Ketzerei und Abfall vom Bekenntnis. Jetzt hieß die allgemeine Parole: »Kirche muß Kirche bleiben. Kirche muß wieder Kirche werden. Theologie bedarf einer bibeltreuen Grundlage.« Es muß offen zugegeben werden, daß diese neue Strömung nicht identisch ist mit dem alten Kirchenkampf, sich im Empfinden aber doch als eine entsprechende Abwehrbewegung versteht. Vielleicht sieht man richtig, daß die öffentlichen Verhältnisse in einer Demokratie eine stärkere Analyse der kirchlichen und politischen Verantwortung verlangen und daß auch heute noch geschichtliche Analysen in der Bibelarbeit unumgänglich sind.

Im tiefsten Herzen bleibe ich der Bekennenden Kirche bis auf den heutigen Tag treu. Ich bin niemals über sie hinausgewachsen, wohl aber habe ich in der Folgezeit mich demütig unter die bibeltreuen Bewegungen gestellt, um ihnen zu dienen. Jeder hat unendlich viel an mir auszusetzen. Aber irgendwie bleibt doch eine Verbundenheit, die nicht zerstört werden kann. Im Dienst Jesu gibt es eine Niedrigkeit, die täglich neu gelernt werden muß. Sie ist herrlich, weil sie eine Spur Jesu hinterläßt.

Zu meiner Aufgabe innerhalb der Bekenntnisbewegung gehörten

die Tagungen auf dem Hesselberg. Hier konnte ich endlich im Bereich des Luthertums eine Heimat finden und die Besonderheit lutherischer Theologie, lutherischer Kirche und lutherischen Gottesdienstes in mich aufnehmen. Im Laufe der Zeit entstand eine Krise, als die Leitung nach dem Tode von Hermann Schlier auf Pfarrer Dr. Künneth in München überging. Spannungen zwischen Luthertum und Charismatik taten sich auf, und ich konnte eine Spaltung zwischen den Pfarrern, die den Hesselberg trugen, nicht verhindern. Ich blieb meinem Auftrag treu und habe auch in der neuen Leitung gerne mit der Münchener Jugend gearbeitet. Kirche und Theologie haben immer mit der Eigenart, Spaltungsbewegungen zu erzeugen, zu tun, während ich selbst an diesem Punkt immer nur versuchte, Risse zu überbrücken und zu ertragen.

Der Hesselberg hat eine doppelte Bedeutung für mich. Hier traf ich nicht nur ein lebendiges Luthertum an, sondern auch ein in mancher Hinsicht hartes orthodoxes Denken. Einmal, als ich mein evangelistisches Anliegen für Bayern äußerte, antwortete ein frommer Dekan mit einem bekannten kirchlichen Namen: »Herr Professor, hier im Fränkischen sind Sie fehl am Platz. Diese Bauern hier interessieren sich für ihre Arbeit und ihren Acker, für Kirche und ihre Ordnung. Aber eine Frömmigkeit im lebendigen Sinn kriegen Sie in diese Bauern nicht hinein.«

Daraufhin antwortete ich ihm: »Herr Dekan, geben Sie mir bloß die Gelegenheit! Ich verspreche Ihnen, daß eine rechte Verkündigung auch diese fränkischen Bauern heute noch erwecken kann.«

Dazu etwas sehr Merkwürdiges: Seit vielen Jahren lebt dort ein junger Bauer, der mit mir im Gebet, Gottesdienst und Vortrag eng verbunden ist, der mir manchmal bis zu den Ferienseminaren nachreist, um bei mir zu sein, der mich in bestimmten persönlichen Anliegen regelmäßig hier in meiner Wohnung besucht, still bei mir ist und mit leuchtenden Augen kommt und geht. Während des letzten Ferienseminars in Walddorf schickte ich die Jugend mit folgender Frage zur »Sulzeiche« Oetingers, einem uralten Eichbaum mit weit ausladender Krone: »Wenn nach der Tradition von Walddorf Oetinger bei der Sulzeiche den Geistern gepredigt hat und dies Gerücht stimmt, was sehen Sie heute und was denken Sie, wenn Sie die Sulzeiche heute sehen?« Ich habe eine ganze Reihe von Antworten bekommen, die mich sehr bewegten. Eine hat mich sogar erschüttert, aber die Antwort jenes jungen Bauern ist mir unvergeßlich. Er schrieb mir auf den Zettel: »Hier ist ein Ort, an dem Himmel und Erde sich berühren.« Und das ist ein fränkischer Bauer. Das Schöne an den Tagungen auf dem Hesselberg ist die enge Verbundenheit zwischen Vortrag und Predigt, Liturgie und lutherischem Abendmahl. Und das Entscheidende für mich ist seit den Tagen von Hermann Schlier, daß man immer Wert darauf legte, daß ich den Gottesdienst mittrage, daß ich die Predigt halte und das Abendmahl austeile.

Die Verbundenheit mit der fränkisch-lutherischen Kirche ist wohl eine der tiefsten, die ich bis heute habe, und sie erinnert mich immer auch an meinen Vater, der das fränkische Luthertum, besonders Bezzel, so liebte.

## 21. Bei Hugo Odeberg

In den nordischen Ländern trat ich den Versuch an, das Christentum als einen weiterführenden Bereich aus dem Alten Testament und dem Judentum abzuleiten. Das Christentum war dann eine neue geistliche Form und eine Weiterführung und Ergänzung des Judentums. So blieb es Erfüllung der alttestamentlichen Verheißung: Jeremia 31, Hesekiel 36 und Jesaja 52-53. In diesen nordischen Ländern kannte man die verbindende Mitte, die das Judentum und das hebräische Denken mit dem Christentum ganz eng verband. Dies war auch der Grund, weshalb man in den entscheidenden Kriegsjahren die flüchtenden Juden von Dänemark aus auf Booten nach Schweden in Sicherheit brachte. Hier fand ich Pfarrer, die in den Kirchen selbst, in deren Kellern, Lebensmittel horteten, mit denen sie zunächst Juden und später die flüchtende ostpreußische christliche Bevölkerung nährten und versorgten. Vor meinen Augen steht eine kleine dänische Lehrerin von Ordet of Israel. Für sie stand fest, daß die Kirche der geistliche Leib, das Judentum der körperliche, alttestamentliche Rahmen des Bundes war, daß beide zusammengehörten und nicht getrennt werden konnten.

Solche Überzeugungen traf ich als ganz selbstverständlich in Amsterdam an wie in Lund, als ich zu den skandinavischen Universitäten gerufen wurde, um dort Vorlesungen zu halten.

Hugo Odeberg, aus ganz kleinen Kreisen hervorgewachsen, war hier in Lund eine urtümliche Gestalt, die das Neue Testament als Ganzes aus Israel und dem Judentum verstand. Daß zunächst mündliche Traditionen, die später manchmal schriftlich fixiert wurden, das Neue Testament trugen, war für Hugo Odeberg selbstverständlich. Aber das urchristliche Kerygma, Jesu Lehre, war der Grundstock, aus dem die apostolische Tradition zunächst in Hebräisch und Aramäisch erwuchs, dann später in das Hellenistische übertragen und von den Aposteln und Apostelschülern in das Gefüge des Neuen Testaments hineingebracht wurde.

Hier kam ich in ein großes Denken hinein, das mich weithin der deutschen Theologie entfremdete. Ich habe dann in Hugo Odeberg einen Freund und Lehrer gefunden, der in Rabbinat und Talmud zu Hause war. Er empfing mich zunächst als den bisher unbekannten Freund, dessen Werden er aber immer beobachtet habe; auf seinem Schreibtisch befanden sich die beiden Bilder von Otto Michel und Harald Riesenfeld.

Odeberg war es, der für die Einladung an mich sorgte, Vorlesungen und Seminare in Lund zu halten. Das geschah sehr seltsam. Er empfing mich und sagte:

»Gleichzeitig müssen Sie uns über die erschreckende Lage der deutschen Theologie informieren. Sie ist für uns einfach zunächst nicht verstehbar. Warum sollen wir das Neue Testament entmythologisieren? Dann müßten wir ja auch eines Tages, soweit sind die Deutschen noch nicht, konsequent das Alte Testament entmythologisieren. Sie wollen uns das nur nicht sagen, aber sie wollen uns auf diesen Weg führen, die ganze Bibel zu entmythologisieren und das Schwergewicht ›Gott spricht‹, ›Gott handelt‹ und ›Gott leidet‹ in Philosophie umdeuten. Wir haben nur eine Hoffnung, daß Sie einen Gegenpol bilden und eines Tages ein offenes Nein zu dieser ganzen Entwicklung sagen!«. Deshalb hatte er mich also eingeladen!

Odeberg lebte in Lund allein in einem kleinen Häuschen, zu dem nur ein Assistent Zugang hatte, niemals eine Frau. Ich dürfe auch in dieses Haus kommen, hatte er mir zugesagt.

Im Verlauf der gemeinsamen Planung dieser Tage kamen immer mehr Aufgaben auf mich zu. Ich sollte in die deutsche Forschung einführen, in ihre Problematik, darüber hinaus auch einen Eindruck geben, wie ich selbst methodisch arbeitete. Ich fragte ihn, ob ich von mir aus die Thematik anhand bestimmter Texte angeben könne. Doch er schüttelte energisch den Kopf und sagte: »Nicht Sie geben die Thematik, sondern ich.« Ich wohnte nun in einem Hotel und gewöhnte mich an die schwedische Küche, aber mittags und abends war ich Gast bei Hugo Odeberg. Es ging um theologische Methodik, aber nicht um Polemik. Er nannte niemals einen Deutschen, gegen den er irgendeine Aggression hatte, sondern er wollte nur mit mir die gemeinsame Problematik aufzeigen.

Hugo Odeberg führte mich in die Universität. Er stellte mich als seinen deutschen Gast vor, der den Text Offb. 6,9ff behandeln wolle, das fünfte Siegel mit der Frage der Gerechtigkeit und der Vergeltung und der Seelen unter dem Altar Gottes und der Antwort, die die Frage, »wie lange noch«, »wann kommt der Tag der Vergeltung« beantwortete.

Ich war erstaunt, hatte aber das Empfinden, daß auch in diesem seltsamen Geschehen die unsichtbare Hand Gottes mich führte.

Also begann ich in den Vorlesungen damit, daß Paul Wernle einmal in seinem Buch »Die Anfänge der Religion« gesagt hat, dieser Text Offenbarung 6,9ff sei nicht mehr christlich im eigentlichen Sinn, sondern ein Rückfall in das Judentum. Ich sagte: »Dieser Text und dieser Satz Wernles führten mich in die tiefste Not und in die tiefste Befreiung.« Grundsätzlich gehe es um das Problem Judentum und Christentum. Solange man das Verhältnis Judentum und Christentum so ansehe, daß das Judentum eine Vorstufe des Christentums sei, daß also das Christentum die Möglichkeit habe, ins Judentum zurückzufallen, solange hätte das Christentum sich selbst nicht gefunden. Diese Ansicht sei in Deutschland auch verknüpft mit dem allgemeinen Schema Harnacks. Eigentlich sei das Alte Testament dann überflüssig, man könne nur nach dem Neuen Testament leben. Das sei aber ein Satz der Schwärmerei auf der Linie Marcions, wo man versucht hat, nur vom Neuen Testament zu leben. Das ist aber gegen alle Bekenntnisse des Luthertums und muß abgelehnt werden.

»Der Höhepunkt dieser Fehlentwicklung ist das, was wir im Zweiten Weltkrieg durchgemacht haben. Es ist aber eine konsequente Entwicklung dieser langen Zeit von der Reformation bis zu Harnack und über Harnack hinaus zu den Deutschen Christen. Wer das Judentum ablehnt«, fuhr ich fort, »muß auch die Person Jesu ablehnen. Denn Jesus, die Apostel und Paulus waren alle Juden. Und ich bin im Gegensatz zu den deutschen Theologen der Überzeugung, daß das ursprüngliche Christentum hebräisch und aramäisch war und dann das hellenistische Christentum aus sich heraussetzte. Das Hellenistische ist eine zweite Entwicklung, aber nicht, wie viele Theologen glauben, eine neben dem hebräischen Christentum gleichberechtigte, ja das hebräische Christentum überragende Größe. Die Entwicklung ist Jesus – Jakobus – Petrus – Johannes. Dann kommt Stephanus. Aber zwischen Stephanus und den Hebräern, auf eigenem Posten, steht Paulus. Paulus ist Hebräer und nicht, wie die Deutschen glauben, Hellenist.«

Es geht in Offenbarung 6 nicht, wie Wernle glaubte, um eine böse Vergeltung, die unterchristlich sei und die Jesus verboten habe. Die Vergeltung Gottes ist nicht ein Element, das nicht ins Christentum gehört. Hier kämpft die deutsche Theologie sich durch und findet keine richtige Antwort. Vergeltung ist in Wirklichkeit ein besonderer Ausdruck für die Gerechtigkeit Gottes. Und die Gerechtigkeit Gottes hat nicht nur die Gnade in sich, wie die Deutschen sagen, sondern Gerechtigkeit Gottes ist auch Vergeltung und Zorn. Hier ist die deutsche Theologie weithin falsche Wege gegangen, und ich würde heute sagen: Sie ist auf diesem falschen Weg geblieben.

Ich mußte meinen eigenen Weg gehen. Vergeltung, Gerechtigkeit und Zorn gehören zueinander. Ich wisse das, sagte ich, und nun müsse ich meinen Satz verstärken, auch von der Linie Tholuck, Kähler und Lütgert her – Theologen, deren Namen meinen Hörern nicht unbekannt waren.

Die Frage nach der Vergeltung Gottes wird besonders stark, wenn der leidende Gott identifiziert wird und identifiziert werden muß in der leidenden Kirche. Das heißt: bei den Märtyrern. In Deutschland finde ich oft die These, daß die Märtyrertradition gar nicht biblisch sei, sondern daß die Bildung des Begriffes ›Märtyrer‹ in die frühkatholische Zeit gehöre. An dem Punkt habe ich in Deutschland immer ganz stark zu kämpfen gehabt. Es gibt eine Linie über den Gottesknecht von Jesaja 53 zum Gottesknecht Jesus und zum Gottesknecht Paulus hinüber zum Blut der Heiligen der Johannes-Offenbarung. Und diese Linie darf nicht unterschätzt werden. Die Johannes-Offenbarung ist eine besondere Entfaltung des urchristlichen Kerygmas, und ihr Verhältnis zur Jesus-Apokalyptik und zur Paulus-Apokalyptik ist bis auf den heutigen Tag nicht untersucht worden. Apokalyptik ist nicht nur eine Zwischenform zwischen Altem und Neuem Testament, sondern von der alttestamentlichen Apokalyptik, d.h. von Daniel her, geht eine ursprüngliche und ganz starke Verbundenheit zum Menschensohn Jesus, zur Apokalyptik der Evangelien, zur Sonderform der Apokalyptik bei Paulus und zur Zusammenfassung aller Apokalyptik des Urchristentums in der Johannes-Offenbarung. Zwischen Johannes-Offenbarung und dem Johannes-Evangelium gibt es keinen Gegensatz, wie die Deutschen glauben, sondern das eine setzt das andere voraus.

Ohne Apokalyptik und Eschatologie kann ich noch nicht einmal an ein Sterbebett treten. Ohne Apokalyptik und Eschatologie kann ich noch nicht einmal an ein Grab treten. Nichts ist in meinem Leben so schwer gewesen wie eine Grabrede. Nur wenn ich ganz gewiß war, daß die Engel Gottes mich in diesem Raum davor behüteten, etwas Falsches zu sagen, konnte ich ganz in die Tiefe von Apokalyptik und Eschatologie treten.

Offenbarung Johannes 6,9ff ist mir im Leben unendlich wichtig geworden. Das mag Hugo Odeberg gewußt haben. Ich hatte ihm nie etwas darüber gesagt, aber er gab mir diesen Text.

Mittags gingen wir hinunter in die Kantine. Er setzte sich mir gegenüber und schwieg. Er bestellte für uns und verfügte auch hier wie eigentlich immer über mich.

Ich war ganz zurückhaltend, schweigsam, und trat nur manchmal aus mir heraus, um ihn zu beobachten.

Odeberg bestimmt: »Wir trinken hier in Schweden gern ein Glas Bier. Dazu brauchen wir einen Cognac und eine Brezel. So ernähre ich mich gern. Und nun zuerst der Cognac, und bitte den Cognac in einem

Schluck austrinken. So muß das bei mir sein. Und dann ruhig das Glas Bier leeren, dazu die Brezel. – Ja, aber nicht lange, wir gehen gleich hinüber und sprechen erstens über die wissenschaftliche Lage und über Ihre theologischen Zielsetzungen. Dann machen Sie eine kleine Pause. Dann sprechen Sie über Ihre Arbeit am Johannes-Evangelium. Dann machen Sie wieder eine kleine Pause. Dann essen wir etwas in der Kantine, und hinterher ist dann eine Diskussion. Es sind viele Studenten da, aber auch Pfarrer und katholische Geistliche. Mein Seminar besteht auch in einer Verbundenheit von evangelischen und katholischen Theologen.«

So hat sich das dann abgespielt. Ich hatte mich nicht vorzubereiten. Ich mußte von der Hand in den Mund leben und reden und gleichzeitig mich aufs strengste konzentrieren. Ich setzte mich in das Auditorium. Hugo Odeberg ging nach vorne und gab mir ein Thema, vorher nicht. Keine Absprache. Auch nicht die Frage, ob es mir paßt. Sondern er geht nach vorne, gibt mir ein Thema, setzt sich hin, und ich beginne zu sprechen.

Der Eindruck von Hugo Odeberg vertiefte sich, als ich dann zur Hauptmahlzeit gegen Abend in seiner Familie war. Wir fuhren mit dem Auto hinaus aus der Stadt. Es war eine Villa, in der mir eine sehr feine Frau und zwei erwachsene Töchter vorgestellt wurden. Es war, wie immer in Schweden, die Mahlzeit wie ein Fest. Während der Mahlzeit wandte Odeberg sich zu mir um und sagte: »Daß Sie nicht längst Ihren Doktor von Lund haben, dürfen Sie uns Schweden nicht übelnehmen, sondern bedanken Sie sich bei Ihren Kollegen in Tübingen, die das immer verhindert haben.« Das war mir natürlich neu.

In den nordischen Ländern, aber auch in Holland, war eine ganz starke Zurückhaltung Deutschland gegenüber, aber keine Feindseligkeit. Man hatte eine gewisse Verbundenheit mit England, auch mit der englischen Theologie, spürte aber, daß das deutsche Volk eine seltsam unruhige Nation sei, so wie ich das auch sah. Man könne nicht genau wissen, was am nächsten Tag aus Deutschland komme, war so die Stimmung.

In Amsterdam empfand man das bei einem Referat Dorothee Sölles. Sie sprach über das Thema: »Der Tod Gottes«. Meine jüdischen Freunde gingen hin und sahen, was sich da abspielte; sie waren sehr neugierig und hatten nun das Empfinden, daß die Deutschen nie anders würden: Vorgestern hatten sie den Nationalsozialismus hervorgebracht, dann hatten sie den Krieg gebracht und nun verkündeten sie, daß Gott tot sei. Es sei doch wohl eine gewisse Eigenart von Deutschland, daß hier immer Bewegungen entstehen, denen man nicht leichten Herzens zusehen konnte. Und Aschkenasi sagte: »Ich saß in dem Vortrag und habe immer gebetet, daß der Name des Ewigen nicht entheiligt würde.« Es ist also nicht so einfach, mit den Völkern, die uns erleben, umzugehen. Es ist dann immer die Aufgabe, sich ruhig zu seinem Deutschtum zu bekennen und gleichzeitig zu sagen, daß man selbst und seine Familie ein ganz festes Verhältnis zur Heiligen Schrift hat. Beides gehört zusammen.

## 22. Das Institutum Judaicum

Die Beziehungen der evangelischen Fakultäten zum arabischen Teil des Heiligen Landes waren ebenso fest wie die entsprechenden Beziehungen der lutherischen Kirche zum Propst in Jerusalem und dem jordanisch-christlichen Teil des Landes.

1930 war ich nach Jerusalem zu einem Kursus abgestellt, der unter den Professoren Albrecht Alt und Kurt Galling Archäologie wissenschaftlich trieb und das Heilige Land zu Pferd bereiste. Die Abgrenzung von den jüdischen Siedlungen war ziemlich vollkommen. Die Araber beobachteten scharf, ob wir Juden seien oder zu jüdischen Kolonien Beziehungen unterhielten.

Inzwischen war der Zweite Weltkrieg mit seinen Folgen über unser Land gekommen, vor allem aber auch die Verfolgung des Judentums in Europa. Mir war es selbstverständlich, in einzelnen Fällen so weit wie möglich persönlich Not zu lindern, wie auch mein Vater heimlich jüdischen Besitz vor Beschlagnahme und Raub geschützt und nach Holland transportiert hatte. Aber erst durch den Weg Dietrich Bonhoeffers war mir klargeworden, daß unser ganzes Verhältnis zur Geschichte des Judentums sich wandeln mußte. Nachdrücklich muß hervorgehoben werden, daß der Weg der Bekennenden Kirche zunächst ein Kampf um die Selbstbehauptung der Kirche war und erst allmählich zur Kritik des ganzen Systems sich erweiterte und vertiefte. Dabei war die Judenfrage oft deshalb ausgeklammert, weil die Polemik des Neuen Testamentes exegetisch und die Geschichte der Kirche historisch unbewältigt geblieben waren.

Jetzt war eine neue Periode des Umdenkens notwendig, und ich mußte auch kritische Fragen an die Geschichte der Theologie und die kirchliche Haltung überhaupt stellen. Weithin war die Stimmung: Wir können nichts von Juden lernen, und in der Geschichte des Judentums spiegelt sich der Widerstand gegen das Christentum. Die Bibel zeigte wohl, daß Christen von Juden verfolgt waren, aber daß auch umgekehrt innerhalb der Geschichte der Kirche Gewalt gegen das Judentum angewandt worden war, gehörte nicht in die Exegese und in den Katechismus.

Mein besonderer Weg lag in meinem persönlichen Anliegen, auch in Glaubensdingen zu einem biblisch begründeten Gespräch mit der jüdischen Umgebung zu kommen. An diesem Punkt war ich nicht genügend durch die Universität geschult. Ich fühlte überhaupt meine noch junge persönliche Unreife. Die neutestamentliche Zeitgeschichte hatte ich folgendermaßen übernommen: Man begann damit, daß man ein Phänomen des Hellenismus in seiner Vielgestaltigkeit einsetzte. Man arbeitete dann anhand von griechischer Philosophie und Literatur den Begriff heraus, der im orientalischen Hellenismus zu finden war. Dann untersuchte man die Weiterwirkung des Phänomens in der hellenistischen Gnosis. Die Entwicklung der römischen Republik und die Konfrontation zwischen Judentum und römischem Imperium traten dann ganz besonders in den Vordergrund des Interesses. Diese Entwicklung bildete das Kriterium für den Werdegang von Judentum und Hellenismus und umfaßte politisch-militärisch die Zeit Alexanders des Großen bis zum Untergang Jerusalems. Der Blick endete gewöhnlich mit der Beschreibung der Katastrophen 70 n.Chr. und 132-135 n.Chr.

So hatte ich die Zeitgeschichte des Neuen Testaments übernommen und einen ständigen Aufriß sowohl in Halle wie in Tübingen zugrundegelegt. Die wissenschaftliche Forschung hatte dann zwei Pole: die neutestamentliche Zeitgeschichte und die biblische Theologie des Neuen Testaments.

Allmählich kam bei mir der Wille auf, diesen Aufriß zu verändern. Ich habe als Grundlage zunächst die Größe des nachexilischen Judentums mit seiner Entwicklung zu Rabbinat, Apokalyptik und hellenistischer Philosophie und Geschichtstheologie aufgenommen und dann erst nachdrücklich in zweiter Linie den Werdegang der hellenistischen Kultur und der politischen Entwicklung Roms nachgezeichnet. Das heißt, ich gewann auf diese Weise die Einheit der biblischen Theologie zurück und verlangte nicht eine neutestamentliche Spezialisierung, sondern die Einordnung des Neuen Testamentes in die Gesamttheologie der Bibelwissenschaft. Ich hielt dies auch formgeschichtlich für notwendig, denn nun wurde das Weiterwirken des Alten Testaments zu einem Hauptproblem, sowohl für die Literaturgeschichte wie auch für die biblische Theologie, und das Problem der Apokryphen und der Apokalyptik des Judentums konnte dazwischengeschoben werden. Und es konnte gezeigt werden, wie das Neue Testament nicht nur an das Alte Testament anschloß, sondern auch an die zwischentestamentliche Literatur, die Apokryphen, die apokalyptische Tradition und die seit 1947 wiederentdeckte Qumran-Gemeinde.

Ich habe also bewußt eine ganze Disziplin umgebaut und fühlte mich hier in diesem Umbau zunächst noch als einziger und als Einzelgänger, aber als jemand, der auf diese Weise unter den Blickpunkt der ganzen Wissenschaft geriet und nun zeigen mußte, was die Zielrichtung war, auf die ich zusteuerte.

Ich bin dankbar, daß man mich weithin nicht störte. Ich hatte aber das Bewußtsein, daß ich nun auch zeigen mußte, was ich wissenschaftlich leisten konnte. Ich habe immer neutestamentliche Zeitgeschichte getrieben, obwohl sich meine Kollegen bewußt auf Philosophie und Existentialisierung umstellten. Ich wollte keine Polemik von mir aus, war aber bereit, die starke Kritik, besonders von der Heidelberger Fakultät mit Günther Bornkamm, auf mich zu ziehen. Meine großen Kommentare, an denen ich natürlich weiterarbeitete, waren bewußte Ablehnung der Gnosis-Interpretation und des Existentialismus. Hier lag das Schwergewicht, und ich versuchte, meinen Einzelweg gegenüber den vielen nachwachsenden anders gearteten Kommentaren und Untersuchungen innerhalb der Paulus-Forschung zu gehen.

Ich war sehr dankbar, daß meine Betonung der Apokalyptik in

Württemberg nicht etwas Fremdes war, das man ablehnte, sondern im Gegenteil, hier kam mir von Bengel her eine Betonung der Johannes-Offenbarung, der Apokalyptik und der Eschatologie im Rahmen des Pietismus und der Kirche entgegen, die mich, einen Einzelgänger auf diesem Gebiet, nun befruchtete. Und umgekehrt: meine Apokalyptik und Eschatologie, die mir seit der Arbeit von Albert Schweitzer wichtig waren, haben meine Vorträge und Kurse unter Pfarrern immer wieder weitergetragen. Sie haben eine große Nachwirkung gehabt.

Während Ebeling, Fuchs und Käsemann die Gnosis-Forschung und die Existentialisierung zu einer starken Front führten und unter der Führung Rückerts einen Gegenpol bildeten, baute ich mit einem kleinen Kreis christlicher und jüdischer Forscher die oben beschriebene Position weiter aus.

Vor allem lernte ich aber, wie wichtig die Gesprächspartner der neutestamentlichen Zeugen sind und daß im Gespräch der Konfessionen untereinander der Dialog einen besonderen Platz haben mußte. Darüber hinaus ist die Möglichkeit des dialogischen Sprechens ein wichtiges Element der Seelsorge und der Geschichte überhaupt, und seine Möglichkeiten sind bis auf den heutigen Tag nicht ausgeschöpft.

Karl Heim war derjenige, der zuerst auf Ferdinand Ebner aufmerksam machte. Später war es vor allem Martin Buber, der durch seine großartige Philosophie des »Ich und Du« mir den Weg in eine ganze Lebensschicht freilegte. Selbstverständlich kann ein Dialog, wie er auf jedem Gebiet geführt werden muß, nicht ohne weiteres eine Lösung des Problems finden, aber man darf auch nicht das dialogische Sprechen unterbewerten oder gar aus der Welt schaffen. Die schrecklichen Kämpfe der späteren Jahre um das Recht der Judenmission sind mir unangenehm gewesen, weil sie niemals genügend auf dem Vorrecht des lebendigen Gottes, selbst das Gespräch an sich zu nehmen, gegründet waren. Aber gerade hier entstand die Frage, ob ich eine Linie von Dietrich Bonhoeffer weiterführen dürfe. Meine These lautete, daß die ganze Literatur und Geschichte des Judentums aufgearbeitet werden müsse, um die historische Größe und Wichtigkeit der jüdischen Welt zu verstehen. Hier stieß ich selbst in Freundeskreisen auf starken Widerstand, weil man immer befürchtete, die Alleinherrschaft Jesu Christi würde in Frage gestellt.

Als ich 1955 einen Ruf nach Erlangen bekam und die Verhandlungen in Bayern einen guten Fortgang nahmen, hoffte ich, daß mein Leben eine neue Wendung nehmen würde. Ich war der harten Kämpfe und Auseinandersetzungen in Tübingen müde und hoffte, eine neue Umgebung und ein besseres Verständnis zu finden. Da rief mich Bischof Haug ausdrücklich nach Stuttgart. Er ließ sich berichten, wie meine Situation war, und fügte dann dieser Darstellung sein eigenes bischöfliches Votum bei. In anderen Fällen, die damals zur Diskussion standen, habe er nicht eingegriffen; aber in meinem persönlichen Fall müsse er mich bitten, in Tübingen zu bleiben.

Diese Situation erinnerte mich an 1936, als schon einmal ein kirchlicher Vorgesetzter, Präses Humburg, durch ein Votum meinen Rückweg nach Halle für dringlich ansah. Im letzten Augenblick trat mir das Gesicht meines alten Lehrers Adolf Schlatter vor Augen und gab den Ausschlag.

»Wenn ich bleibe«, sagte ich, »wird es ein Opfergang werden. Aber ich bleibe.«

»Ich werde Ihnen helfen, soweit ich kann«, versprach Bischof Haug. »Was wünschen Sie für Tübingen?«

»Erstens: Ein Institut zur Erforschung der Geschichte und Literatur des Judentums; zweitens eine Professur für den Mann, der immer neben mir gestanden hat und im Dritten Reich sehr Schweres durchgemacht hat, für Otto Bauernfeind, und drittens: Geben Sie endlich den Kampf gegen die SMD auf.«

»Unter diesen drei Bitten ist die dritte die schwerste.«

»Herr Landesbischof«, beharrte ich, »ich komme an die SMD dadurch, daß Karl Heim mir aufgetragen hat, die SMD zu unterstützen. Und nun habe ich die SMD in der Universität freigekämpft, stehe aber noch im Kampf gegen den Studentenpfarrer und die Fakultät. Aber ich möchte, daß die Kirche den Kampf gegen die SMD aufgibt.«

Das war ein langes Ringen. Schließlich sagte er: »Ich gebe der SMD einen freien Weg.«

Die Gründung des Institutum Judaicum traf in eine äußerst kritische Situation. Die Lage im theologischen Nachwuchs war ganz verzweifelt. Es gab Theologen, die wegen ihrer existentialistischen Einstellung von den Gemeinden abgelehnt und aus dem Amt genommen wurden. Ich habe einen dieser abgesetzten Vikare zu mir ins Institut genommen, und die Entwicklung zeigte, daß er nun eine leidenschaftliche Vorliebe für das Judentum entwickelte, aber die alten existentialistischen Vorstellungen nicht aufgab. Aber ich gewann auch andere Mitarbeiter, die stark biblisch-exegetisch oder wenigstens biblisch-humanistisch in die Verkündigung gingen und dann mit Leidenschaft das Wunder des Judentums aufnahmen.

Das Institut blühte schnell auf. Der Beste unter meinen Assistenten war Peter Schäfer, der als ausgebildeter Judaist dem Institut einen sicheren Halt gab. Er ist heute Professor an der Freien Universität Berlin. Ebenso wichtig war ein junger Jude aus Jerusalem, der vor allem am Jesus-Problem hing: Ascher Finkel, heute Professor in den Vereinigten Staaten. Er promovierte bei uns und wurde Spezialist in der Talmudistik. Im Zentrum stand für viele Jahre die Josephus-Forschung, die wir von Schlatter her aufnahmen. Mit Otto Bauernfeind und vielen nachwachsenden Assistenten wie z.B. Otto Betz, Martin Hengel, Helgo Lindner, Helmut Burkhardt, Katharina Beste, Peter Schmidt, Reinhold Mayer betrieben wir eine Josephus-Forschung, die bewußt geschichts-theologisch aufgezogen wurde und nun eine Darstellung des jüdischen Krieges und einen Kommentar zum ersten Werk dieses Zeitgenossen des Urchristentums herausbrachte. Schließlich waren es drei Bände und ein Registerband, die in der Wissenschaftlichen Buchgesellschaft erschienen.

Die Arbeit des Institutum Judaicum baute sich nach verschiedenen Seiten auf. Grundsätzlich wurde die Verbindung mit Israel durch die Kurse von Dr. Reinhold Mayer gesichert. Weiterhin führten Übungen und Vorlesungen in die Geschichte und Literatur des Judentums ein. Mittelpunkt blieben aber die Übungen und Arbeiten zu Leo Baeck, Martin Buber und Franz Rosenzweig.

Wir hatten engen Kontakt mit Martin Buber und mit der Familie von Franz Rosenzweig. In unseren Beratungen entschieden wir uns schließlich, den Nachdruck auf das Werk Franz Rosenzweigs zu legen. Reinhold Mayer nahm sich dieser Aufgabe endgültig an. Wir waren uns klar darüber, daß die breite Wirkung von Rosenzweigs *Stern der Erlösung* für unsere deutsche Arbeit ausschlaggebend sein würde und dankten Reinhold Mayer und seiner Frau Annemarie für ihre Arbeit an der neuen Aufgabe.

Ich habe erkannt, daß in dem Werk von Franz Rosenzweig ein entscheidender Neuanfang für das Verhältnis von Christentum und Judentum liegt; und an den von ihm aufgewiesenen Fragestellungen kommt heute kein ernsthafter Forscher vorbei. Seine Nachwirkungen sind überall deutlich spürbar, allerdings weniger im Umkreis der theologischen Fakultäten. Der eigentliche Durchbruch seines Werkes ist noch zu erwarten.

Dankbar waren wir auch für die enge Zusammenarbeit mit dem Stuttgarter Rabbiner Dr. Fritz Bloch. Ich bat ihn zu uns, und er las in regelmäßigen Abschnitten über die Geschichte der Synagoge und die Epochen des Judentums, und es wurde eine Regelung geschaffen, daß die Studenten, wenn sie fleißig Judentum trieben, eine andere Disziplin – aber nicht eine Grunddisziplin – im Examen durch Judentum-Geschichte ersetzen konnten.

Einen eigenen Weg ging Martin Hengel mit seinen großen Büchern über die jüdischen Zeloten und über den jüdischen Hellenismus. Das Problem, wer die Zeloten waren, wurde von uns grundsätzlich gesehen und zur Aufgabe gemacht. Ich selbst sprach darüber auch auf dem 5. Jüdischen Weltkongreß in Jerusalem.

Otto Betz konzentrierte seine Qumran-Forschungen zunächst auf die Schriftforschung der Essener und schrieb dann sein schönes Buch über den johanneischen Parakleten. Er zog in vielen einzelnen Abhandlungen Apokalyptik und Essenismus zurate und trieb unsere Arbeit forschungsmäßig gewaltig nach vorne.

Helgo Lindner arbeitete über die Geschichtsforschung und das Problem, wie Josephus Geschichte sah und darstellte.

Schon dieser kurze Überblick zeigt, mit welchem Nachdruck wissenschaftliche Forschung bei uns ernstgenommen wurde. Aber die Fakultät hatte sich diese Entwicklungen nur mit großer Mühe abringen lassen.

Das Wichtigste war die Verbindung mit Jerusalem. Schon 1947 sollte Martin Buber kommen. Ich hatte ihn eingeladen. Doch er schrieb: »Ich kann es meinem Volk noch nicht zumuten, nach Deutschland zu kommen.« Bei einem späteren Aufenthalt in Tübingen bestellte er mich in das Haus von Frau Strauß. Als ich ihm gegenübertrat, schaute er mich aus großen Augen an und sagte: »Was wollen Sie eigentlich?« »Ich will meiner Kirche und meinem Volk beibringen, daß Jesus ein Jude war«, antwortete ich. Daraufhin schaute er mich wieder an und sagte: »Dann werden Sie einen ganz schweren Weg in Deutschland haben.« Aber für mich ist das eine lebenswichtige Tatsache, daß Jesus nicht nur, wie die Kirche lehrt, Mensch wurde, sondern für mich war es immer selbstverständlich, daß Jesus ein Glied der jüdischen Geschichte war.

Zwei Jahre später folgte Martin Buber meiner Einladung. Er wurde im Festsaal von mir begrüßt und sprach über die Auslegung des Gleichnisses vom Zinsgroschen, Markus 12,13ff. Wir erwarteten eine große Vorlesung über das Judentum, aber dieser Gedanke lag ihm fern. Er wollte von Jesus sprechen, von seinen Worten und von seiner Weisheit, die in diesen Worten lag.

Buber lag die Trennung von Glaube und Politik, Gehorsam gegen Gott und Durchsetzung der Gewalt ganz stark am Herzen. Er dachte dabei sowohl an die Geschichte des Christentums überhaupt als auch an die speziellen Probleme der Lage Israels.

Mit Martin Buber bin ich bis zu seinem Ende sehr eng verbunden gewesen. Hier in unserem Wohnzimmer waren er und seine früh verstorbene Frau zu Gast. In Jerusalem war ich mehrmals in seinem Haus. Einmal war ich mit einer Gruppe in Israel. Ich war grippekrank und mit der Gruppe noch in Jericho. Da ließ er mir melden, daß er mich erwartete. Er sei krank. Er freue sich, wenn ich ihn besuchen würde. Ascher Finkel übernahm die Vermittlung und sagte zu mir: »Wir bringen Sie in Jerusalem in eine kleine deutsche Pension. Da werden Sie selbst auch gesund werden. Ich übernehme die Gruppe in Jerusalem, und Sie erholen sich.«

Ich kam nach Jerusalem, kam in jene kleine, schöne deutsche Pension, in der ich mich wohlfühlte. Ich blieb dort ein paar Tage liegen, bis das Fieber herunterging, und dann ging ich zu Martin Buber. Er war noch immer grippekrank. Als ich mich meldete, sagte seine Enkelin: »Großvater wartet schon auf Sie.« Er lag auf dem Sofa und sagte: »Wissen Sie, ich wollte eigentlich, daß Sie mir helfen. Ich bin schon lange krank und habe soviel deutsche Post da liegen. Können Sie die nicht für mich übernehmen? Und wissen Sie, bleiben Sie bei mir und bedienen Sie das Telefon.« Und es war dann etwas ganz Besonderes. Kurz vor meinem Abschied beugte er seinen Kopf zu mir und sagte ein Geheimnis, das ich nicht vergessen sollte. Ich bin nicht befugt, bestimmte Geheimnisse jüdischer Tradition weiterzugeben, und werde seine Worte deswegen hier nicht zitieren.

Einmal brach ich fast zusammen unter dem Gewicht des großen jüdischen Opfers und der Tatsache, daß zwischen Judentum und uns Deutschen gar keine Möglichkeit war, uns wirklich zu verständigen. Wir haben andere Denkvoraussetzungen als die Juden. Und als David Flusser merkte, daß ich unter dieser Aussichtlosigkeit meiner Situation litt, sagte er: »Ich will Sie trösten mit einer alten jüdischen Weisheit.« Doch auch diese Weisheit bleibt in meinem Herzen bewahrt, damit sie nicht mißbraucht werden kann.

Ich erinnere mich an eine große Senatssitzung. Es mußten Institute beschränkt werden, Assistentenstellen wurden reduziert, Sparmaßnahmen wurden vollzogen. Professor Johns von der Juristischen Fakultät sagte nachher, er habe sich wahnsinnig dafür eingesetzt, daß das Institutum Judaicum weiterbestehen dürfe und daß es auch Assistenten behielte. Dann sagte er weiter, ein Spottwort gehe um: »Nicht das Institut ist ein Glied der Fakultät, sondern die Fakultät ist ein Anhang zum Institut.« Hier war ein Forschungszentrum, an das die übrige Fakultät einfach nicht herankam und das Hans Rückert gelegentlich als eine abgeschlossene Festung bezeichnete, die man schwer einnehmen könne. Und Professor Diem sagte: »Wir haben so viele Institute jetzt neu gegründet, und wenn ich in deren Räume komme, ist nirgendwo ein Student zu sehen. Und im Judaicum sitzen sie massenweise.«

Es gab insgesamt drei solcher Institute, in Münster unter Karl Heinrich Rengstorf, in Berlin unter Günther Harder und das unsrige. Die Direktoren kamen gelegentlich zusammen und waren mit Rengstorf als Mitte sehr verbunden. Ich habe mich immer um Rengstorf bemüht, daß die Verbindung zwischen ihm und mir ungebrochen bliebe. Eine andere Art der Verbundenheit hatte ich mit Harder, der ja auch aus der Bekennenden Kirche kam. Die Arbeitsgebiete waren unterschiedlich. Rengstorf hat ganz stark betont, daß seine Arbeit »Kirche und Judentum« heiße und sein Institut weder mit der Universität noch mit dem

Staat verbunden war, daß sie eine freie, von einer Gesellschaft getragene Gemeinschaft sei mit eigenen Forschungszwecken. Das ist das älteste Institut.

Mein Institut war insofern anders, als es auch in seinen Arbeitsbedingungen, die ich mir bei dem Bischof erkämpft hatte, von vornherein staatlich war und sich in die Geisteswissenschaften, vor allem in die Orientalistik einfügte.

Günther Harder wieder war ganz aus der Freien Hochschule in Berlin erwachsen und stand darum in eigener Position neben uns.

Ich habe in Kollegenkreisen nicht nur Zustimmung gefunden, sondern auch sehr viel Kritik ausstehen müssen. Eines Tages ließ mich der Rektor TheodorEschenburg kommen; Hermann Diem war Dekan und bei der Besprechung anwesend. Eschenburg sagte: »Es ist eine Meldung eingegangen. Jedes Institut untersteht dieser deutschen politischen Hoheit. Nur Sie haben sich von Deutschland losgesagt und unterstehen dem Judentum und der Universität Jerusalem. Das kann ich nicht zulassen.« Mein Erstaunen war groß.

»Das ist eine bewußte Verleumdung«, sagte ich dem Rektor ins Gesicht. »Mein Institut ist ein deutsches wie jedes andere, und es gliedert sich der Universität wie jedes andere ein. Aber eines ist wichtig: Von Anfang an ist zwischen mir und Jerusalem eine bleibende Arbeitsgemeinschaft vereinbart, denn Jerusalem ist hier auf jedem Wissensgebiet überlegen. Und diese bleibende Arbeitsgemeinschaft zwischen Jerusalem und mir ist darum wichtig. Sie wurde durch die Person David Flussers garantiert und bewahrt. Wir arbeiten die Themen gemeinsam auf, auch die Literatur. Wir treiben gemeinsam Judaistik und übernehmen gemeinsame Probleme der Geschichte. Das ist einzigartig. Das hat mit Politik in dem Sinne, wie Sie meinen, nichts zu tun.«

Gerschom Scholem ist es gewesen, der mich eines Abends anläßlich eines jüdischen Weltkongresses, dem ich als Mitglied angehörte, zu sich einlud. Als ich zu ihm kam, fand ich einen großen Kreis jüdischer Gelehrter aus England, Amerika und anderen wichtigen Ländern vor – alles jüdische Wissenschaftler. Im Laufe des Gesprächs, wir sprachen gerade über die Geschichte des Davidsterns, brach Scholem das Gespräch ab und fragte mich: »Herr Michel, was haben Sie eigentlich im Dritten Reich getrieben. Und wie gestaltet sich Ihr Verhältnis zu den deutschen Kollegen? Sie müßten, wenn Sie unter uns Juden sind, doch wenigstens so anständig sein, mit den Kollegen, die bewußt antisemitisch waren, zu brechen.«

Die Kollegen schauten mich an. Dann sagte ich: »Meine Herren, die Vergangenheit in Deutschland ist nicht einfach zu durchschauen. Wir haben unser Leben fristen müssen, um an den Universitäten überhaupt zu lehren. Das Leben in Deutschland war nicht einfach. Aber ich frage Sie, ob Sie einmal ein Dokument des deutschen Widerstandes überhaupt in Händen gehabt haben?« Sie alle schüttelten den Kopf. Da habe ich diese abgegriffene Mitgliedskarte der Bekennenden Kirche, meine rote Karte, herausgezogen und sie herumgereicht. »Hier lag meine eigentliche Ausrichtung, und die habe ich in jedem Augenblick durchgehalten. Als Zweites will ich Ihnen sagen: Es gab Antisemiten an der Universität, die bewußt nationalsozialistisch lehrten wie Gerhard Kittel und Emanuel Hirsch. Sie sind abgesetzt worden. Doch es mögen auch manche Wissenschaftler heute wieder voll im Amt sein, die sich etwas vorzuwerfen haben. Über wen soll ich Nachforschungen anstellen? Mit wem soll ich brechen? Mit wem darf ich nicht mehr verkehren? Können Sie das in einem Volk überhaupt festlegen? Das ist ganz unmöglich!«

Auch in Israel darf man ganz ruhig sagen, daß man Deutscher ist. Aber gleichzeitig auch, daß man niemals irgend etwas gegen das Judentum gesagt oder getan hat und daß man immer den Weg des Widerstandes hat durchtragen und durchweinen müssen, wenn man das sagen kann. Ich habe es in Israel erlebt, daß ich einmal nach einer großen Reise mit einer Gruppe nach Jerusalem kam. Dort war Großer Versöhnungstag. Ich ging ins Gymnasium, wo Rabbiner Philipp lehrte, und das war voll von Menschen. Ich kam mit meiner Gruppe nicht in den Raum hinein, sondern setzte mich ruhig mit meinem Tropenanzug, der noch die Spuren der Reise trug, auf die Stufen vor dem großen Saal. Da kamen die Menschen, die als Vorbeter mit den Torarollen vorne gestanden hatten, heraus, gingen durch die Menge und holten mich von den Stufen und führten mich nach vorne, gaben mir die Gebetsbücher in die Hand, damit ich mit ihnen für Israel beten könnte. Das war für mich wie eine Taufe. Ich werde es nie vergessen.

Im Juni 1967, nach dem 6-Tage-Krieg, predigte ich auf Anregung von Rabbiner Dr. Fritz Bloch in der Synagoge von Stuttgart über Jesaja 2,3: »Von Zion wird Tora ausgehen ...« Ich wußte. daß der Rabbiner das Motiv des Friedens in den Mittelpunkt des Gottesdienstes stellen wollte. Ich habe aber betont, daß Israel in absehbarer Zeit keinen Frieden bekommen werde. Aus der Heiligkeit Israels werde aber eine letzte Lösung des Konflikts kommen müssen, von der ich bis zur Stunde noch keine Ahnung hätte.

Ich besuchte, sooft ich in Jerusalem war, regelmäßig auch Schalom Ben Chorin. Ich war dann in seiner Reformsynagoge und lernte in ihr auch Professor Glück, den Archäologen, kennen. Ben Chorin ist von meinem Nachfolger Hengel mehrmals hierher an die Universität eingeladen worden und hat Kurse gehalten, die erfolgreich waren.

Die Politik Israels wird heute vielfach kritisiert. Das verändert auch das Bewußtsein des deutschen Volkes. Das Bewußtsein der Schuld am jüdischen Volk hat in vielen Deutschen eine beklommene und kritiklose Israel-Begeisterung ausgelöst. Die Reisen ins Land bestätigen das. Aber jede Bewegung, auch diejenige, die sich nach dem Krieg dem Judentum zuwandte, geht einmal zu Ende. Geistige Bewegungen haben ihre Höhepunkte, aber auch ihre Tiefpunkte. Es hat daher keinen Sinn, sich solchen plötzlichen Strömungen anzuschließen. Eine Israel-Beziehung muß bundesgeschichtliche Wurzeln im Alten und Neuen Testament haben und dann unabhängig von allen Strömungen durchgehalten werden. Dazu kommt die bleibende Erinnerung an die große Schuld unseres Volkes, an der ich ständig leide und leiden werde, aber dazu kommt auch die Kraft des Bußwortes von Julius Schniewind her: »Buße heißt Freude.« Zuletzt ist mir wohl bewußt, daß ein Getaufter und Wiedergeborener drei zentrale Kennzeichen hat: Dankbarkeit, Freude und Friede.

Heute haben sich die Schwerpunkte des Anfangs weithin verschoben. Unter Professor Martin Hengel wird das Institut mit der Bezeichnung »Antikes Judentum und hellenistische Religionsgeschichte« weitergeführt, wobei es ganz ausgezeichnete Quellenarbeit leistet und die wissenschaftlichen Reihen und Veröffentlichungen des Anfangs weiter fortführt. Es hat, soweit ich das verstehe, nicht mehr die ausgesprochene Aufgabe, in der Öffentlichkeit Beziehungsarbeit zu leisten, sondern beschränkt sich auf akademische Aufgaben. Die Spezialaufgabe, Geschichte und Literatur des Judentums aufzuarbeiten, geht immer mehr in die Hände des Judentums selbst zurück, und Christen haben es schwer, mit ihren eigenen Quellen fertigzuwerden.

Ich wünsche der jungen Generation, die in veränderten Verhältnissen arbeitet, das Allerbeste und hoffe, daß die Erinnerung an alte Zeiten nirgends eine Verbitterung zurückläßt. Dankbar bin ich meiner Fakultät, wenn sie Geschichte und Literatur des Judentums aufnimmt, die Archäologie wichtig macht und dazu anleitet, das gegenwärtige Israel als Land und Volk kennenzulernen, aber dabei die arabische Bevölkerung und das evangelische Christentum im arabischen Raum nicht vergißt.

Wir sind durch Albrecht Alt dazu erzogen, vom arabischen Raum und Volk aus zu denken. Es war meine Aufgabe, den Prozeß in Frage zu stellen, zu ergänzen und umzukehren. Die heutige Wissenschaft in Israel ist eine notwendige Ergänzung und ein heilsames Gegenüber zu den christlichen Disziplinen unserer Fakultäten, und das Anderssein Israels ist geradezu eine Lebensaufgabe für uns.

## 23. Die Studentenmission

Theologie als erster Faktor, als Grundlage, Vertiefung durch die Literatur und die Geschichte des Judentums als zweiter Faktor, die Einrichtung der Ferienseminare als dritter Faktor wurden begleitet durch die große Freude, die mir Gott durch die Verbindung mit der Studentenmission schenkte. Hier stehen am Anfang Begegnungen mit Joseph Chambon, Theophil Schlarb in Marburg und Hans Rohrbach. Ich möchte betonen, daß diese Begegnungen zum Tiefsten gehören, was mir Gott geschenkt hat. Bei Joseph Chambon begegnete mir, nachdem er mich mehrmals gehört hatte, dasselbe Wort, das nach Bad Boll mehrmals der Mediziner Dr. Knorr gesagt hat: »Vergessen Sie nie, Sie sind im Denken, Glauben und Leben ein gefährdeter Mensch. Sie werden immer am Abgrund stehen, und wir alle müssen für Sie beten.« Immer wieder ist dieses Wort mir gesagt worden. Und das macht mich nachdenklich bis auf den heutigen Tag.

Chambon hatte die Eigenart, mir dies am eindrücklichsten nahezubringen.

In Eva-Maria Marschall fand ich eine Mitarbeiterin, die einen für mich ganz idealen, aber neuen Frauentypus darstellte. Auf vielen SMD-Tagungen habe ich in ernsten und fröhlichen Stunden mit ihr zusammengearbeitet und habe ein ganz neues Verhältnis zu einer Frau entdeckt, was ich vorher noch nie erlebt hatte. Sie war eine in jeder Weise mir überlegene Christin, die klar und ruhig ihren Weg ging, in Gebet und Vortrag ausgezeichnet, im Umgang mit den Menschen klug und weitblickend. Wo ich mit ihr zusammenarbeitete in Lechbruck oder Sölden, Ascheloh oder Moscia und Bodenrod war sie für mich die vorbildliche Frau geworden, die ich als Christin immer wieder suchte.

Dabei muß ich etwas Merkwürdiges sagen. Wir haben viele Jahre nebeneinander gestanden, miteinander eng und auch locker zusammengearbeitet, aber wir sind nie Freunde geworden. Einmal, am Schluß, haben wir in einem Gespräch festgestellt, daß wir keine Freunde waren. Sie fragte mich, warum das eigentlich so war. Daraufhin antwortete ich ihr klar:

»Aus tiefster Hochachtung.«

Sie bestätigte das und sagte: »Sie waren für mich immer überlegen, durch Hochachtung.«

Und ich sagte: »Sie waren für mich immer überlegen als Christin und als Frau.«

Ich meine sogar, daß das die beste Form des Menschseins ist. Die beste Form, auch im Verhältnis zwischen Mann und Frau außerhalb der Ehe: in gegenseitiger Hochachtung klaren Abstand zu bewahren. Dann kann man am freundlichsten und am gütigsten miteinander umgehen. Ich glaube, daß viele Freundschaften, allerdings auch die meisten Ehen, daran leiden und zugrundegehen, daß die tiefste Hochachtung fehlt, die zwischen Mensch und Mensch notwendig ist. Ein Verbundensein zwischen Mensch und Mensch in einer Freundschaft, zwischen Mann und Frau in einer Ehe ist immer gefährdet. Das engste Zusammensein oder der ständige Wunsch des Menschen, Abstände zu überbrücken und mit dem anderen möglichst eins zu werden, gefährdet in Wirklichkeit die Grundlage des Miteinanders. Die Grundlage kann nur die Hochachtung sein, und nun kann ich dieses Wort Hochachtung, wenn ich es ausgesprochen habe, korrigieren und sagen: Ehrfurcht.

Ähnlich war es mit den großen Männern der Studentenmission. Mein Verhältnis zu ihnen ist immer auf Ehrfurcht gegründet gewesen. Ich wollte ihnen keineswegs nähertreten, sondern sie haben gewöhnlich mich zu sich gezogen oder den Weg zu mir gefunden und mich aufgenommen in ihren Kreis. Und wenn ich im Leben so etwas erfahren habe wie Freude, dann war es immer im Zusammenhang mit den Tagungen der Studentenmission. Hier habe ich immer wieder neue Lieder kennengelernt, die mich faszinierten; hier habe ich immer wieder neue Kreise kennengelernt von den Alpen bis zum Norden nach Flensburg. Immer wieder erschlossen sich mir neue Menschen, und immer konnte ich sagen: Jeder einzelne war ein geprägter Mensch und ein lebendiger Zeuge Jesu.

Auf den Freizeiten der SMD ging es manchmal stürmisch zu. Auf einer Silvesterfreizeit wurde ich bedrängt: »Glauben Sie an die Wiederkunft Jesu?«

Ich antwortete: »Ja.«

»Glauben Sie auch, daß er schon morgen kommen kann«, wurde ich weiter bestürmt. Ich sagte, daß es mein innerster Wunsch sei, daß er auch schon morgen käme. Aber wahrscheinlich würde es morgen schneien. Ich war selbst dazu bereit, eine derartige Zuspitzung zuzulassen, wollte aber keinesfalls die Nüchternheit der Situation aufgeben. Nur so in enger Verknüpfung mit der gegenwärtigen Realität konnte ich den biblischen Realismus auch in seinen Verheißungen zum Ausdruck bringen.

Einmal hatte ich eine Bibelarbeit über die Entstehung des Glaubens zu halten, und ich zeichnete die biblische Problematik im Anschluß an die Art, wie die Bibel uns erzieht. Das Thema war auch einmal in der Studentengemeinde in Tübingen aufgegriffen worden, aber der Studentenpfarrer lehnte es ab, weil dies Thema für Akademiker nicht geeignet sei. Für Akademiker müsse man abstrakte Probleme aufweisen. An diesem Punkt entstand die Abspaltung der Studentenmission von der Studentengemeinde.

In Lechbruck stand einmal eine Studienrätin auf und erklärte, daß

Glaube eine Erziehung zum Selbstverständnis des Menschen sei. Sie stammte aus ernsten christlichen Kreisen, hatte aber die biblische und kirchliche Praxis hinter sich gelassen. Ich erklärte ihr, daß nichts schwerer sei auf Erden, als sich selbst zu verstehen. Bei mir ginge der Weg nur so, daß ich zunächst die Bibel verstehen lernte, dann ernst konzentriert Jesus von Nazareth und schließlich in der Konfrontation mit seinem Kreuz auch mich selbst. Ich entsinne mich, daß diese Aussprache eine schwere Krise auslöste. Ich hörte, daß die Dame ihre Sachen packte und abfahren wollte. Ich klopfte an ihre Türe, und sie sagte: »Ich habe mir gedacht, daß Sie noch kommen würden. Sie sprechen wie mein Vater, und das kann ich nicht ertragen. Auf Wiedersehen.«

## 24. Neresheim, Kirchberg und das Priesterseminar in Köln

Neben diesen großen Freizeiten und Studentenseminaren gab es noch kleinere Kreise, in denen ich des öfteren diente. Da war z.B. Neresheim mit den ökumenischen Kreisen um Pater Beda Müller. Hier gab es sehr starke und nachhaltige Diskussionen über das Problem des Wunders. Hier gab es eine Diskussion über Ekstase und Visionen. Und nur hier wurde ich endlich frei, mich für diese charismatische Frömmigkeitsform einzusetzen. Hier hatte ich auch die Möglichkeit, zusammen mit Pater Beda ein klares Zeugnis für Therese von Konnersreuth abzulegen, ein Phänomen, das mich mein Leben lang begleitete.

Zehn Jahre lang habe ich Bibelwochen im Kloster Kirchberg gehalten, in enger Verbindung mit den Berneuchner Kreisen. Die Verbundenheit der Berneuchner mit der altkirchlichen Liturgie und Lebensform sind mir ganz besonders wichtig gewesen. Ich muß gestehen, daß ich grundsätzlich dieser Lebensform näherstehe als anderen, obwohl diese anderen in meinem Leben Gewicht bekamen. Ich habe nie die Möglichkeit gehabt, für mich auszuwählen. Ich habe mich immer gefügt, den Anforderungen, die an mich gestellt wurden, gerecht zu werden. Aber die gute liturgische Form der Berneuchner half mir immer wieder, die Verbindung zur katholischen Kirche ernstzunehmen; sie half mir auch, die innersten Anliegen meines Freundes Peter Beyerhaus zu verstehen, von denen er manche nicht recht durchsetzen konnte.

Einmal war ich zu einer Kur in einem Sanatorium in Baiersbronn, als mich zwei Herren aus dem Rheinland besuchten, die vom Erzbistum Köln geschickt waren. Sie saßen an einem eigenen Tisch, baten mich zu sich und fragten, ob ich meine Einrichtung des Ferienseminars in die katholische Kirche zu übertragen bereit sei. Ich habe dann zwei Ferienseminare im Rheinland gehalten, das eine in Benrath, das andere in dem Priesterseminar von Köln selbst. Bei dem zweiten Ferienseminar lernte ich Kardinal Höffner kennen. In den Vereinbarungen von Baiersbronn boten die Herren mir an, daß ich die ganze geistliche Leitung übernähme. Ich hätte vollständige Freiheit über die theologische Ausrichtung. Aber das habe ich abgelehnt. Ich bat, sie möchten mir einen promovierten Priester zur Seite stellen, der gut in der katholischen Tradition stehe und der morgens regelmäßig die Messe hielt.

In Benrath wohnte ich in einem katholischen Kloster. Ich sehe noch den gekreuzigten Christus über dem Bett und die Schwestern, die mich betreuten.

In diesen Ferienseminaren saßen neben den Studenten auch die katholischen Priester, und dann ergab es sich, daß die Studenten baten, daß ich das Sakrament mit austeilte. Und ich habe ihnen den Leib Christi gegeben. Die gemeinsame kirchliche Basis wurde dadurch sehr schnell gefunden, daß ich bekenntnismäßig im Sinn der alten Kirche und grundsätzlich unter der Herrschaft der Heiligen Schrift mich von den modernistischen Bestrebungen bewußt absetzte. Überall waren auch in katholischen Kreisen die eigentlichen exegetischen und systematischen Grundsätze ins Wanken gekommen. Wo diese Grundsätze unsicher werden, wird auch die praktische Lebensführung gefährdet. Das ist bei katholischen Christen nicht anders als bei uns evangelischen.

## 25. Studentenrevolte 1967/68 – Bengelhaus

1967/68 war an der Universität ein neuer Konflikt ausgebrochen, der diesmal die ganze Universität traf. Eine starke politische Welle wandte sich gegen eine selbstverständliche Weitergabe der bürgerlichen und akademischen Traditionen, aber auch gegen gefährliche Maßnahmen der restaurativ gesonnenen Regierung, die in den Notstandsgesetzen ihren Ausdruck fanden.

Der Schah-Besuch in Berlin, der Vietnam-Krieg, die bewußte Entgegensetzung des Christentums gegen den Kommunismus hatten eine allgemeine Kampfstimmung mit sich gebracht, die in Tübingen zu schweren Auseinandersetzungen führte. Es war schwer, Disziplin zu halten, aber ich habe immer wieder versucht, den Umgang mit den revoltierenden Studenten nicht abzubrechen.

Mein Assistent Siegfried Welling, der mich genau kannte, konnte gut vermitteln. Einmal wurde das Gebäude, in dem mein Institut lag, versperrt, und niemand sollte hineinkommen können. Studenten und Studentinnen in lockerer Kleidung, manchmal auch barfuß, lagen auf der Treppe und sangen revolutionäre Lieder. Ich mußte aber in das Institut und stand nun vor der Aufgabe, mit dieser Jugend fertigzuwerden. Da sagte ich bewundernd: »Wie böse die Tübinger Frauen doch sind! Sie behaupten alle, die Mädchen hätten schmutzige Füße. Ich sehe doch, daß sie alle sauber sind.« Im nächsten Augenblick hatte ich eine Abmachung, daß ich eine Stunde ins Institut gehen und meine Post erledigen konnte.

Freitag Punkt 18.15 Uhr sollte mein Seminar beginnen. Ich fing an, darauf aufmerksam zu machen, daß ich auf Pünktlichkeit großen Wert legte, und ließ jedem Studenten, der zu spät kam, eine persönliche Warnung zuteil werden. Ich machte keine Ausnahmen und war ganz außer mir, daß nach einer halben Stunde zwei Studentinnen mit unschuldigem Blick, als wäre es selbstverständlich, den Raum betraten. Jetzt blickte das ganze Seminar auf mich, um zu sehen, wie ich auf diese Herausforderung reagierte. Ich blieb ganz ruhig, schaute auf die beiden Mädchen und sprach: »Je später der Abend, desto schöner die Gäste!« Das ganze Seminar brach in ein lautes Lachen aus; ich wollte mich nur nicht so verhalten, wie die Menschen es von mir erwarteten.

Es muß ausdrücklich gesagt werden, daß die neue Front, die auch in Theologenkreisen sich bildete, nicht identisch war mit der früheren Front der Entmythologisierung. Männer wie Ernst Bloch in der philosophischen Fakultät, bei uns Ernst Käsemann und Jürgen Moltmann suchten das akademische Niveau zu bewahren und den studentischen Aufruhr zu verstehen und zu begleiten. Boykott der Vorlesungen, Streiks und Protestversammlungen waren gang und gäbe. Das Evangelische Stift beteiligte sich durchaus an dieser kritischen Position.

Das war die Stunde, in der die pietistischen Gemeinschaften des Landes wach wurden. Sie sammelten sich und verlangten jetzt eine eigene kirchliche Ausbildungsstätte mit biblischer Grundlage und Erziehung für einen Nachwuchs, der sich von Entmythologisierung und politischem Widerstand ausdrücklich trennte. Ich sah durchaus die Gefahr, daß meine biblische Grundhaltung, die einer unreflektierten Wiederherstellung alter Ordnungen kritisch gegenüberstand, jetzt überspielt wurde. Ich sah auch, daß die schwierigen exegetischen Traditionsprozesse und mein offener Dialog zwischen den kirchlichen Kreisen und dem Judentum nicht mehr aufgenommen wurden. Das Israel-Problem gewann jetzt die in den Gemeinschaftskreisen übliche Fragestellung. Der offene Dialog, den ich in Israel selbst und in Deutschland mit Juden führte, wurde dann ersetzt durch die alte pietistische Haltung, daß erst in der Endzeit ein Gespräch mit dem bekehrten Israel möglich sei. Eine Rückkehr zu Bengel und zum heilsgeschichtlichen Programm gab gewöhnlich die Erfahrungen des Kirchenkampfes auf und setzte einfach die theologische Entwicklung der Vorkriegszeit weiter fort. Männer wie Barth, Bultmann, Bonhoeffer, Jochen Klepper wurden dann grundsätzlich fremd oder überflüssig. Die politische und theologische Entwicklung schien sich jetzt zugunsten der Eigenheit und Besonderheit der schwäbischen Tradition zu verengen. Hier entstand für mich eine neue Notlage, in der ich den Beistand anderer theologischer Kreise erwartete. Sie kamen mir aus meinem Schülerkreis zu Hilfe und arbeiteten in einem freieren theologischen und kirchlichen Horizont.

Ich wurde bei der Gründung des Bengel-Hauses neben Peter Beyerhaus hinzugezogen und mußte vor der Theologenschaft diese Gründung verteidigen. Zunächst gab ich einen Bericht über die Notwendigkeit, das Hallenser Modell, das mir maßgebend war, auch auf Württemberg zu übertragen. Das biblische Denken und Leben in den Konvikten sei von Tholuck, Kähler und Schniewind gesichert worden, und so etwas müßte es auch hier in Tübingen geben, damit ein Gegengewicht gegen die jetzige Entwicklung des Stiftes geschaffen würde.

An diesem Gespräch beteiligten sich auch Kollegen, die in der Erregung und der Diskussion uns beiden sehr hart widerstanden. Ich rief jenen zu: »Bekämpft doch nicht etwas, was Ihr gar nicht kennt! Schreit doch nicht ständig gegen eine Möglichkeit, die sich in Halle bewährt hat! Man schreit doch normalerweise erst, wenn etwas sich nicht bewährt!« Das war der Ton, in dem die Diskussion verlief. Ich sagte ihnen, daß ich neben Gustav Stählin in Mainz der letzte Kählersche, Schniewindsche Inspektor sei, und wir wollten dafür eintreten, daß das Experiment gut werde.

Peter Beyerhaus vertrat sehr stark die engere Verbundenheit zwischen Kirche und Theologie, daß die Theologie nämlich aus der Kirche entstehen müsse und daß sie der Kirche dienen müsse, daß der Nachwuchs nicht eine allgemeine Wissenschaftlichkeit zu vertreten habe, sondern daß die theologische Wissenschaft in den Dienst für die Seelsorge und die Predigt ausmünden müsse. Auch diese Rede wurde im Sturm der Erregung und der Diskussion nur mit Mühe aufgenommen, und wir hatten das Empfinden, durch etwas hindurchgetragen zu sein, was wir als Menschen selbst kaum verantworten konnten. Wir hofften auf etwas Neues und auf etwas Kommendes.

Die weitere Entwicklung des Bengel-Hauses verlief anders als von mir beabsichtigt. Ich hatte ein Studienhaus erwartet, das grundsätzlich gesamtdeutsch wäre und im Sinne der Bekenntnisbindung der Kirche einen weiten Rahmen hätte. Männer wie Klaus Bockmühl, die in der Beratung des Vorstandes genannt wurden, waren mir die Garantie für einen weiteren theologischen Ausbau. Es ist mir begreiflich gemacht worden, daß nur schwäbischer Opferwille imstande sei, das kommende große Studienhaus zu tragen, daß daher auch nur der schwäbisch geformte Pietismus als theologische Grundlage in der Ausbildung der jungen Theologen in Frage komme.

Diese Entwicklung zur Konfessionalisierung und Isolierung ist für die Nachkriegszeit typisch und war für mich eigentlich kein gangbarer

Weg. Der pietistischen Konfessionalisierung entspricht auch eine Verengung im Umgang mit der Schrift. Weil man in der Kirche oft mit dem Geheimnis der Bibel zu leichtfertig umgeht und es daher mißversteht, entsteht eine Selbstverständlichkeit, an der notwendig die nächste Generation scheitert. Sie bricht in eine entgegengesetzte Haltung um, die zu einem beständigen Fragen und Zweifeln führt und immer einen Stachel gegen die väterliche Generation in sich trägt.

Hier entstand bei mir eine Distanz, denn die Bußworte Adolf Schlatters und Julius Schniewinds verwehrten es mir, den großen Abstand zwischen Gott und Mensch irgendwie verkleinern zu wollen. Im Gegenteil: die Verborgenheit Gottes in Kreuz, Gericht und Barmherzigkeit hat diesen Abstand nicht verkleinert oder aufgehoben, sondern vertieft. Das hat meine Umgebung mir nicht abgenommen, aber das ist eine Voraussetzung meines Denkens, Glaubens und Handelns geblieben.

Die Isolierung, die mit solcher Konfessionalisierung und Verengung einhergeht, wirft in jedes Lebensgebiet ihre Schatten. Wie schwäbisches Denken mir manchmal den Weg schwer machte, zeigt das Beispiel einer kleinen Studentin aus Wolgadeutschland. Sie war mit einem meiner Theologen versprochen, aber es war unmöglich, daß die Familie des Mannes diese, wie sie sagte, halbasiatische Studentin aufnahm. »Halbasiatisch« war sie angeblich deshalb, weil ihre Familie nach Kasachstan umgesiedelt worden war und die Studentin nicht wußte, ob sie noch lebte. Die schwäbischen Angehörigen des Theologen erklärten: Eine Halbasiatin kommt nicht in unsere Familie. Sie nahm eines Nachts Gift und schickte mir einen Abschiedsbrief.

Ich kam nachts mit meiner Frau in die verschlossene Wohnung, hatte Mühe, die Studentin herauszuholen und in die medizinische Klinik zu schleppen. Der Arzt sagte nach einigen Tagen, daß ich mir doch keine Mühe machen solle, da sie keine Nahrung aufnehme. Hier sei jede ärztliche Hilfe umsonst. Ich antwortete, ich wolle sie sofort sehen. Da kam ich in einen großen Frauensaal und fand sie verschlossen und in sich gekehrt. Daraufhin sagte ich, wie dankbar ich sei, sie wiederzusehen, und nun müsse sie auch etwas essen. Ich ließ mir Brei und Brot geben, nahm den Löffel in die Hand und sagte: »So, mein Kindchen, jetzt wird gegessen.« Sie sträubte sich mit Händen und Füßen. Da legte ich meine Hand in ihren Nacken und gab ihr geduldig mit den Worten: »Ein Löffelchen für Vater, ein Löffelchen für Mutter, ein Löffelchen für den Herrn Professor« Brei und Brot ein. Auf einmal löste sich die Spannung im ganzen Saal, der in konzentrierter Stille an dem Geschehen teilgenommen hatte. Nein, ich wollte nicht ein Schwabe unter Schwaben werden und dabei die Gesamttradition der Vergangenheit verlieren. In der Entwicklung von Kirche und Theologie blieb mir nur übrig, die Fühlungnahme zu Peter Beyerhaus aufrecht zu erhalten, der ebenfalls in der Tradition der Bekennenden Kirche stand. Dazu kam für mich die Freude, daß Hans-Joachim Kraus und seine Schüler die enge Verbundenheit mit der Hallenser und Heidelberger Tradition durchhielten. Luthertum und reformierte Kirche waren durchaus imstande, einzelnes Gut aus der Vergangenheit, wenn auch in eigener Gestalt, weiterzuführen.

Der evangelikale Kreis junger Theologen war ein Rahmen, in dem frühere Schüler von mir über die Grenzen des Landes und des Volkes hinaus das weiterführten, was sie bei Otto Rodenberg und mir gelernt hatten. Er war durchaus imstande, auch den Nachwuchs des Bengelhauses mit einzubeziehen und die umfassenderen theologischen und kirchlichen Interessen, um die es mir ging, weiterzuführen. Dabei zeigte sich, daß gerade die pietistische Tradition Kählers und Schniewinds in der Folgezeit nicht ausgeschaltet werden konnte. Es muß gesagt werden, daß ich ausdrücklich gesamtdeutsches Erbe weitertragen will, mich daher nicht in eine Entwicklung hineinreißen lasse, die einfach von heute auf morgen das Vergangene vergißt. Ich weiß selbstverständlich, daß eine Rückkehr zu einem früheren Ideal nicht möglich ist und auch kein Ziel sein darf. Ich kämpfe aber gegen alle Geschichtslosigkeit und die allgemeine Rückkehr zu Ideologien und falschen Erwartungen. Das Deutschsein ist wie mein Christsein ein Element eines kritischen Geschichtsbewußtseins. Das Übergewicht einer amerikanischen und russischen Herrschaft auf Kosten der deutschen Identität ist eine Not und muß beiden Teilstaaten vorgeworfen werden. Dieser Wille, Gesamtraum und Gesamtkultur zu schützen, bleibt mir als Gesamtdeutschem in jedem Augenblick lebendig.

Das, was mir am Schwabentum auffällt, ist, daß in seinem Eigenbewußtsein das pietistische und humanistische Erbe ständig in Spannung zueinander steht. In Tübinger Fakultätskreisen behauptet man zwar, das pietistische Erbe nicht loswerden zu können, aber man ist ständig bestrebt, den Humanismus auch noch kritizistisch auszubauen. Hier liegen ideologische Momente vor, die sich nicht ausgleichen. Diese Unsicherheit zeigt sich deutlich darin, daß pietistisches Erbe ständig in humanistische Befreiung umschlägt und pietistische Jugend sich oft nach Befreiung sehnt. Die Art der biblischen Verwurzelung des Pietismus ist nicht in Ordnung. Ebenso tragisch ist, daß biblische Verwurzelung oft gegensätzlich bleibt: Die Schüler Heims und die Schüler Schlatters sind ziemlich streng voneinander abgegrenzt und finden kaum Wege zueinander. Weiterhin steht der Ruf zur Entscheidung manchmal in eigenartiger Spannung zur Allversöhnungslehre. Wiederum war es an der Theologischen Fakultät nicht leicht, den pietistischen Ruf zur Bekehrung von dem existentialistischen Motiv der Entscheidung scharf zu trennen. Das eine brach oft in das andere um. Hier mußte ich so hart wie möglich sein und jeder Vermischung, wie sie in dem Fakultätsgutachten für und gegen Bultmann versucht wurde, schließlich entgegentreten. Aber auch die Studentenunruhen verlangten den Versuch, eine biblisch bestimmte Exegese und eine bekenntnismäßige Position durchzuhalten.

Teil II

# Grundsätzliche Erwägungen

## 1. Mein Theologesein im Konflikt mit dem Zeitgeist

Ich unterscheide in meinem Leben drei Stadien: Studienweg, Lernzeit und Reifezeit. Halle gehört in die Lernzeit, Tübingen in die Reifezeit. Das Gesicht der Hallenser Fakultät war außerordentlich vielfältig, aber in sich harmonisch. Über meinen Werdegang haben mehrere Professoren Auseinandersetzungen, aber nie Streit gehabt. Hermann Gunkel wollte mich zum Alttestamentler machen, von Dobschütz zum Neutestamentler, Ernst Eger zum Mann der Kirche.

In gewisser Weise hat mein Leben diesen drei Männern nicht widersprochen. Und doch ist alles anders geworden, als sie es sich vorstellten. Die Grundlage bleibt: ein ständiges Meditieren und Reflektieren über das Menschsein überhaupt, und keine Disziplin der Theologie ist für mich entbehrlich. Bibelarbeit, Systematik und historische Forschung hängen eng miteinander zusammen, wie Schlatter, Kähler und Schniewind mir einprägten.

In meinen verschiedenen Kommentaren, in Aufsätzen und Vorträgen, in Lexikonartikeln der verschiedensten Art und in der Josephus-Forschung schlägt sich diese Bewegung zwischen den Disziplinen nieder und wird durch Psychologie, Soziologie und Geschichtswissenschaft ergänzt. Keiner theologischen und kirchlichen Strömung stimme ich ganz zu, wohl aber setze ich mich von manchen Richtungen ab. Ich bin nicht dasselbe wie einer meiner Lehrer, sondern ich habe eine bestimmte Position meines Theologeseins mir selbst errungen. Mein Eigenes sehe ich einmal in philologischer und historischer Einzelarbeit, zum anderen im Drängen auf den Gesamtinhalt der Heiligen Schrift, schließlich in der Arbeit an Geschichte und Literatur des Judentums.

In konfessionellen Kreisen, in einer pietistischen Umgebung, vor wissenschaftlichen Hörern versuchte ich, den Aufgang und den Niedergang einer geistigen Bewegung streng im Auge zu behalten und daher jedem dieser Kreise zu dienen. Ich hatte nicht so sehr das Bestreben, mich einzuordnen, als vielmehr, ihnen zu helfen, sich auf den Schöpfer, Offenbarer und Erlöser auszurichten. Hier liegt die Möglichkeit, daß jedes Aufgabengebiet über sich selbst hinauswächst und die anderen Möglichkeiten nicht aus dem Blick läßt.

Das Eigene sollte bewahrt, das Fremde vor Mißachtung geschützt werden. Ich habe nicht das Empfinden gehabt, ausgleichen zu müssen, sondern auf ein Ziel hin ausrichten zu dürfen. Auf jedem Gebiet gibt es Höhepunkte, Verfallserscheinungen und Abwege. Selbstverständlich ist, daß keiner dieser Kreise mit mir ganz einverstanden war, aber ich fand immer wieder auch Freunde, mit denen ich verbunden blieb. Das Seltsame war, daß ich auch in meinen menschlichen Beziehungen immer wünschte, so tief wie möglich mein Geschaffensein und mein Gezeugtwerden »von oben her« auszuschöpfen und festzuhalten, aber daß immer wieder die Grenze erkennbar wurde, an der Gott ausdrücklich sagte: »Vergiß nicht die Trennungslinie zwischen Gott und Mensch!« Ganz tief haben Gebot und Gesetz ihre Narben in meinem Menschsein zurückgelassen.

Ich muß von Grenzen sprechen, die auch meine Gegner aufrichteten. Wenn der Vater eines Schülers mir den württembergischen Pietismus liebmachen, aber der Sohn mich zum Historismus und Kritizismus umbilden will, dann sage ich zu beiden: Nein. Wenn ein Israelbegeisterter sich auf diesem Gebiet ganz besonders hervortut, aber die Spannung des Judentums zum christlichen Bekenntnis nicht mehr aufzuweisen vermag, sage ich: Nein. Wenn ein Kollege das allgemeine Vertrauensverhältnis und die Form der Höflichkeit als selbstverständlich bezeichnet, aber mich plötzlich persönlich angreift, sei es schriftlich oder mündlich, dann muß ich einen Weg finden, mich zu wehren oder die Verbindung abzubrechen. Die Selbstverständlichkeit, mit der man allgemein verlangt, über solche Prozesse der Verunglimpfung hinwegzugehen, ist für mich nicht gegeben. Die Art der Abwehr muß mir durch Bibelwort, Meditation und Reflexion geschenkt werden. Wenn im hermeneutischen Kampf ein Schüler eine These aufgreift, die ein Teil meiner theologischen Väter ebenfalls gewagt haben, dann tut es mir weh, wenn in der jetzigen verschärften Situation die Promotion dieses Schülers abgelehnt wird. (Ich denke hier an eine Auseinandersetzung, die das Verhältnis zwischen Kant und Hamann betrifft.) Im Laufe der Zeit hat sich zwar der Kritizismus zurückdrängen lassen, er ist aber nicht überwunden worden. Damit tritt an die Stelle des Hörens auf die Heilige Schrift ein verdeckter Humanismus.

In diesem Zusammenhang muß ich auf die Preisverleihung für den Dalai-Lama durch die Evangelisch-Theologische Fakultät zu sprechen kommen, die eine Situation schuf, in der besonders Peter Beyerhaus sehr zu leiden hatte. Der Dalai-Lama versteht sich ja als die Inkarnation der Gottheit. Wenn die Philosophische Fakultät oder die Universität die Preisverleihung vorgenommen hätte, wäre das noch ein denkbarer Weg gewesen. Beide Instanzen sind ja in keiner Weise an das christliche Zeugnis gebunden. Aber so! Peter Beyerhaus hatte eigentlich wegfahren müssen, aber ich bat ihn, hierzubleiben und den Dienst zu tun, die Menschen, die zusammengehören, aber selten ein wirkliches Zusammengehörigkeitsgefühl haben, bei dieser Gelegenheit unter dem gekreuzigten und auferstandenen Herrn zu sammeln. Das war mein Wunsch. Er nahm ihn auf, aber nun hatte er eigentlich die Hoffnung, daraus einen größeren Kreis machen zu können, der ihn an diesem Punkt unterstützt hätte. Diese Hoffnung erfüllte sich nicht. Seltsam! Und das Merkwürdige ist, im großen und ganzen hat die Öffentlichkeit kein Verständnis dafür gehabt, daß man eigentlich als Christ und Theologe kein heidnisches, buddhistisches Phänomen mit dem Geld eines Rabbiners ehrt, der im KZ ermordet wurde. Dieser Mischmasch ist für die Öffentlichkeit etwas so Selbstverständliches, das erfährt sie jeden Tag, so daß man sich darüber nicht mehr aufregt. Es geht in dieser Sache nicht um die Menschen, die Buddhisten sind, auch nicht darum, daß der Dalai-Lama ein Buddhist ist. Es geht um die Gleichgültigkeit, mit der Theologie und Kirche mit dem ersten Gebot umgehen. Da konnten wir nicht einfach wegsehen und weghören. Ursprünglich hatten wir eigentlich daran gedacht, daß Peter Beyerhaus, meine Frau und ich uns in einer kleinen Kapelle zusammenfanden. Frau Beyerhaus war verreist. Aber dann erweiterte sich der Kreis auch dadurch, daß ich an mehrere schrieb, auch dadurch, daß unter den Studenten solche, die Peter Beyerhaus nahestanden, kamen. Dabei hat sich im Vorfeld etwas abgespielt, was ganz bezeichnend war. Ein Pfarrer hier, der sich sehr stark gegen die Preisverleihung aufgelehnt hatte und sich auch außerordentlich leidenschaftlich in der Bezirkssynode dagegen gewandt hatte, der also Peter Beyerhaus sehr nahe steht, teilte ihm mit, er könne seine Kirche nicht zur Verfügung stellen. Es habe sich herausgestellt, daß die ganze Studentenschaft in diesem Fall nicht an einem Protest interessiert sei.

Sollte die These aufgestellt werden, in den vergangenen Jahren habe in Wissenschaft und Theologie sich an der Tübinger Fakultät wenig oder gar nichts bewegt, so stelle ich die Gegenthese auf, daß ständig härteste Konflikte ebenso wie in anderen Fakultäten durchgetragen werden mußten und daß man auch in diesem geistigen und wissenschaftlichen Zentrum sich unter die Zuchtrute des lebendigen Gottes zu beugen hatte. In diesen Kämpfen war ich mir bewußt, daß ich zu Schlatter und Heim, aber nicht in den Strom der alten Tübinger Schule von F.C. Baur und seinen Nachfolgern gehörte.

Ich mußte aber ebenso lernen, notwendige Auseinandersetzungen von überflüssigen sehr genau zu trennen. Mein Kampf richtet sich gegen eine Haltung in Kirche und Theologie, die euphorisch auf eine Krise zurückblickt, die man durchaus tapfer überstanden hat, gleichzeitig aber bekennt, Gast auf einem schönen Stern zu sein. Ich sehe darin eine Möglichkeit, der Dauerkrise zu entkommen, was mir verwehrt ist. Es war sehr schwer, im Rahmen einer kirchlichen Leitung das Recht der Studentenmission durchzusetzen. Es war für mich im Kirchlichen Außenamt ein langer Weg, den Ersatz der Wehrpflicht durch den Zivildienst sichern zu helfen. Und es ist sehr schwer, um die Möglichkeit zu kämpfen, daß an allen Fakultäten ein junger Theologe, der an Bibel und Bekenntnis und an die Traditionen Lütgerts, Schlatters, Heims, Schniewinds und Iwands gebunden ist, in seinem Studium gefördert, bei seiner Promotion unterstützt und beim Versuch einer Habilitation, wenn eine besondere wissenschaftliche Befähigung nachgewiesen ist, seinen Weg gehen kann, wenn Vertreter anderer theologischer Schulen gerade dies verhindern wollen.

Denke ich an meine Theologie zurück, dann habe ich als Forscher nicht nur die Männer des Widerstands vor mir, sondern vor allem Delitzsch, Schlatter und Odeberg. Sie haben mich das hebräische Denken gelehrt, und ich exegesiere das Neue Testament täglich so, daß der griechische Text, die deutschen Übersetzungen und die hebräische Fassung (F. Delitzsch) nebeneinander liegen. Auch meinen Studenten zeige ich, daß nur so ein wissenschaftliches Verstehen des Neuen Testaments möglich ist. Die Entmythologisierung und Politisierung haben sich allgemein in der Theologie durchgesetzt. Ich verkenne auch nicht das Recht, auf das man sich dabei beruft. Aber ich selbst habe in den Kommentaren des alten Delitzsch einen gewissen Frieden gefunden. Heilsgeschichtliches Denken, das von Jesus Christus ausgeht und in vielen Kreisen und Perioden auch mich einschließt, ist mir möglich geworden. Meine letzte Generation Studenten hat oft auf diesem Gebiet mir zur Seite gestanden. Aber die Geschichtsfolge, in der Israel bleibend eingeordnet ist, macht mich demütig vor diesem großen Geheimnis der Geschichte.

Delitzschs Losung war ja, in Israel Zeuge Jesu zu sein, in der Kirche für Israel zu werben. Viele meiner Schüler enttäuschten mich dadurch, daß sie gewissenhafte Zeugen für Israel wurden, aber das Zeugnis für Jesus verkümmern ließen. Vor diesem Unglück hat mich Delitzsch immer geschützt. Die schwersten Kämpfe liegen noch vor uns, sie sind noch nicht überwunden. Zum hebräischen Denken zurückkehren heißt ja, einen Neuansatz in der Wissenschaft wagen, anstatt einen fehlerhaften Einsatz ständig fortzusetzen.

Langsam möchte ich meine Mitmenschen an das Geheimnis heranführen, daß Gott selbst in Christus, dann aber auch in uns ständig arbeitet und in uns Gestalt annehmen will. Ich möchte Gottes Werkzeug werden, aber das ist ein Geschichtsprozeß und nicht einfach im modernen Sinn ein »Sein«. Vor der Verheißung Gottes ist es ein Sein. Gottes Kinder tragen Gottes Art an sich (W. Lütgert). Dann muß uns unsere Umwelt natürlich verkennen, denn sie rechnet nicht mit dem lebendigen Gott.

Ich habe auch geistliche Geschwister, nicht nur natürliche. Wie schön ist es, mit geistlichen Geschwistern zu leben. Vielen Kreisen durfte ich dienen. In dieser Welt leben und von geistlichen Geschwistern umgeben zu sein, ist ein wirkliches Zeichen einer anbrechenden Gottesherrschaft. Ich rechne auch meine jüdischen Freunde zu denen, die mir eng verbunden sind.

Grundlage meiner Exegese war nicht eine philosophische Hermeneutik, sondern die auf den Text sich richtende Beobachtung, die geschichtliche Zusammenhänge ins Auge faßt und einordnet. Dazu die Traditionsgeschichte und Formgeschichte, wie ich sie in Halle gelernt hatte. In der literarischen Fixierung war man in Halle sehr vorsichtig. Gelegentlich wurde sie geradezu in Frage gestellt. Das hebräische Sprachdenken, die andersartige orientalisch-hellenistische Kulturwelt, Rabbinat und Philosophie bedeuteten einen ungeheuren Reichtum, der zu ordnen war. Die Jesus-Tradition, die apostolische Lehre, die Welt des Judentums gehörten in einer besonderen Reihenfolge zusammen, obwohl Differenzen, Widerstände, Kämpfe in Fakultät und Kirche nicht ausblieben. Die zeitweise herrschenden judenfeindlichen Strömungen blieben mir fremd. Ich habe grundsätzlich das Alte Testament aus der Mißachtung in der theologischen Forschung herausführen wollen und mit dem Neuen Testament zur Einheit verklammert. Das Alte Testament sollte die Grundlage des Neuen Testaments bleiben. Für die eigene Entwicklung war es mir wichtig, daß ich zuerst mit dem Hebräerbrief anfangen durfte, erst später mit dem Römerbrief betraut wurde. Am liebsten sind mir die ursprünglichen Entwürfe mit ihrem jeweiligen Vorwort von 1936 und 1955. Die späteren Auflagen bemühten sich, die entstehenden Diskussionen aufzunehmen. Der Leser sollte orientiert werden, ich wollte mich aber nicht verändern. Bis heute ist mir der Einsatz in der Geschichtstheologie und das Offenbarungsdenken der Heiligen Schrift in Sprechen, Handeln und Leiden Gottes der entscheidende Maßstab.

Jeder Versuch, die Bibel menschlich in den Griff zu bekommen, muß scheitern. Das Grundthema muß heißen: »Laßt euch umgestalten durch die Erneuerung eurer Denkweise« (Röm. 12,2). Der Grundsatz bleibt also bestehen: Nicht der Mensch kritisiert die Heilige Schrift, sondern die Heilige Schrift kritisiert den Menschen.

Ich habe von Kind an unter dem Jesuswort Joh. 18,36 gelebt, geglaubt und gelitten: »Mein Reich ist nicht von dieser Welt.« Darum konnte ich auch Röm. 13,1-7 ertragen. Das bedeutet grundsätzlich, ich habe eschatologisch (= auf das Reich Gottes hin) und apokalyptisch (die ständigen Katastrophen als Gericht Gottes annehmend) gelebt, geglaubt, gehandelt. Nur so konnte ich das Ungeheure, das um mich herum geschah, innerlich verarbeiten. Die Millionen und Abermillionen Opfer werden von mir nicht vergessen, sondern stehen in meinem Inneren auch jetzt unverarbeitet da. Ich meine tatsächlich, daß Vergangenheit und Gegenwart meines Volkes und Landes nicht verarbeitet werden können. Damit stehe ich auch im Gegensatz zu der normalen kirchlichen Verkündigung und Lehre, die einfach über die Geschichte hinweggeht oder aber sich Zeitparolen anschließt. Ich sehne mich auch in diesem Fall nach einem gültigen Bibelwort und nach Seelsorgern, die meine Situation ernstnehmen. Ich muß aber gestehen, daß ich innerhalb der Gemeinde Jesu jedesmal getröstet bin, denn die Mitmenschen leiden an denselben Problemen. Ich entsinne mich meines Lehrers Schniewind, der mich einmal in Halle auf der Straße ansprach und sagte: »Ich bin radikaler, viel radikaler als Karl Barth.« Barth wurde immer wieder von einem Ja zur Humanität aufgefangen. Schniewind stand vor einem Elend, das nicht mehr von Menschen aufgefangen werden konnte.

Das Wort »*eschatologisch*« bleibt ein Modewort, wenn man es philosophisch auffaßt und Zeit und Geschichte ausklammert. Das Wort *apokalyptisch* war für Schniewind ein Gerichtswort, ein Hinweis auf das Chaotische, das der Mensch selbst geschaffen hat und das in dieser besonderen Stunde uns ständig umgibt (Kriege, Spannung zwischen Arm und Reich, Umweltzerstörung). Je mehr der Mensch dagegen kämpft, desto stärker zeigt sich eine Gegenkraft, die die menschliche Bemühung in Frage stellt. Diese Wirklichkeit nenne ich apokalyptisch.

In der Krise, die seit 1914 in verschiedenen Epochen auf unser Volk gelegt wird, werden mir zwei biblische Größen von Tag zu Tag gewisser: das von Gott kommende *Gebot* und die vom Kreuz Jesu ausgehende *Gnade.* Wie gehören diese beiden Größen innerlich zusammen? Ich antworte im Sinne von Wilhelm Lütgert und Adolf Schlatter: Das Bindeglied ist die Erfüllung des Doppelgebotes der Liebe. Hier liegt auch die Zusammengehörigkeit und zugleich die jeweilige Besonderheit im Gespräch zwischen Judentum und Christentum. Das Doppelgebot der Liebe verbindet uns, setzt aber auch Grenzen. Es ist zunächst Israel gegeben, es steht unter der Einleitung: »Höre Israel, der Herr, unser Gott, ist ein Einziger« (Mk. 12,29ff par.). Im Hören auf das Doppelgebot der Liebe liegt auch mein ständiges inneres Gezogenwerden zur

Wahrheit, Gerechtigkeit und Barmherzigkeit. Wahrheit, Gerechtigkeit und Barmherzigkeit sind also keine menschlichen Postulate, sondern eine innere Zusammenfassung der Gebote Gottes, wie sie im Judentum und Christentum immer wieder neu möglich sind. Dazu paßt Mt. 5,17: »Ich bin nicht gekommen aufzulösen, sondern zu erfüllen.« Hier spricht nicht der Evangelist, sondern Jesus selbst. Er ist deshalb unser Herr, weil er das Gebot Gottes im Sinne der Propheten auslegt und am Kreuz unter dem Zeichen des ersten Gebotes erfüllt. Das Kreuz sagt uns, wie man die Gebote Gottes liebt und erfüllt. Durch die ganze Schrift zieht sich eine große Freude an der Gabe des Gebotes. In den heidnischen und nachchristlichen Völkern ruft im Grunde alles nach der Norm des biblischen Gebotes und des biblischen Gewissens. Das Kreuz sagt uns, wie man das Gebot erfüllt (Kähler, Lütgert).

Ich weiß um den Ernst der paulinischen Verkündigung: »Gott rechtfertigt den Frevler« (sprachlich ungenau, aber beliebt ist die Übersetzung: den Gottlosen, wie u.a. Ernst Käsemann und seine Freunde übersetzen). Der Satz ist bei Paulus nicht gegen den Frommen gerichtet, wie man immer wieder hört, sondern gegen den Gesetzesübertreter. Die Rechtfertigung aus Gnade, die auf uns zukommt, ist eine bestimmte Folge des Kreuzes, aber nicht ein Thema, das die Jesusüberlieferung verdrängt. Im Gegenteil, Paulus ist der Bote Jesu und kennt zumindest die lukanische Tradition, die vor der paulinischen Verkündigung mündlich geformt war. Die Grundlage bleibt: Jesu Wort, Jesu Handeln, Jesu Leiden. Man kann nicht die paulinische Theologie an die erste Stelle setzen und dann vielleicht die johanneische anfügen, wie es jetzt vorgeschlagen wird. Eine echte biblische Theologie, wie sie gelehrt werden muß, setzt das Alte Testament zur Grundlage und fügt dann das Neue Testament unter dem Thema des Bundes hinzu. Heilsgeschichte und Bundschließungen gehören eng zusammen. Entscheidend ist die Bewegung von Gott zum Menschen; aber Gott erwartet, daß der Mensch auf diese Bewegung achtet und sie aufnimmt. Gebot und Gnade gehören zusammen, wie von Seiten des Menschen Gehorsam und Glaube. Folgerichtig und logisch ordnet Paulus ein: Erwählung, Berufung, Rechtfertigung, Heiligung, Verherrlichung (Röm. 8,30). Das ist eine innere unauflösliche Einheit.

Für Wilhelm Lütgert bezeichnend war die Examensfrage an einen

Studenten: »Herr Kandidat, sind Sie gerechtfertigt?« Der Kandidat antwortete: »Jawohl, Herr Geheimrat.« »Gut«, antwortete Lütgert, »Herr Kandidat, sind Sie berufen?« Jetzt beginnt eine Stille, ein deutliches Zögern des Kandidaten. Endlich ringt er sich durch und ruft: »Jawohl, Herr Geheimrat.« Lütgert wieder in einem neuen Anlauf: »Gut, Herr Kandidat, aber sind Sie auch erwählt?« Jetzt wird es dem Kandidaten zuviel und er ruft: »Nein, Herr Geheimrat.« Lütgert bedauert und sagt lediglich: »Das ist schade. Die Bibel denkt anders.«

Wir merken, daß Lütgert nicht nur nach Wissen fragte, sondern nach der inneren Aneignung des Bibelwortes. Ohne eine innere Aneignung des Bibelwortes sind Theologie und Amt nicht möglich. Hier sind wir heute abgrundtief von der Hallenser Theologie geschieden. Gottesdienst, brüderliche Hilfe und lehrmäßige Durchschlagskraft sind für die Alte Kirche eine innere Einheit. Ich habe immer gemeint, daß unser theologischer Nachwuchs in dieser Richtung erzogen werden müsse. Ich danke der evangelischen Sammlung, der Krelinger Bruderschaft, vor allem aber dem Albrecht-Bengel-Haus, daß sie diese innere Einheit bewußt herstellen und bewahren.

Entscheidend ist, daß man die Geistlehre bei Paulus, dem Pneumatiker und Charismatiker unter den Aposteln, in den Vordergrund schiebt. Hier hat Albert Schweitzer für mich vorgearbeitet. Die Frage nach dem Geist und der Teilhabe an Kreuz und Auferweckung ist für Paulus ein zweiter Schritt nach der Rechtfertigung aus der Gnade. Man sieht das schon am Aufbau des Römerbriefes, Röm.5-6: Wer von Gott begnadet wird, hat den Kampf gegen das Fleisch zu führen. Gottes Geist kommt aus dem Wort und verurteilt den alten Menschen zu Tode. Im Sakrament der Taufe vollzieht sich dieser zweite Schritt. Paulus ist und bleibt ein verwandelter Apokalyptiker und Rabbi. Die Gnade selbst wirft den Menschen in den Kampf mit den Mächten der alten Weltzeit. Nicht wir führen den Kampf, sondern der Christus selbst, der uns umwandelt und zur Stimme in uns wird, die uns nicht losläßt. »Ich bin gestorben, mit Christus gekreuzigt – nicht ich lebe, sondern Christus lebt in mir« (Gal. 2,19ff). An dieser Stelle versagt unsere Umgebung, werden wir selbst immer wieder unsicher. Aber die Verwandlung des Menschen ist keine Idee, sperrt sich auch gegen jede Verschiebung ins Spekulative. Sie ist ein Geschehen, durch das wir alle täglich hindurch müssen. Die Rechtfertigung führt in die Neuschöpfung hinein. Hier liegt in Theologie und Kirche ein Defizit.

Gewöhnlich wird durch die Verkündigung nur der alte Mensch gestärkt und getröstet, aber er wird nicht verwandelt. Zeugung von oben (Wiedergeburt) ist eine Bewegung, die auf uns zukommt: Ohne die Mithilfe lebendiger Vorbilder und Zeugen, konkreter Bruderschaft und Anteilhabe an der Gemeinde ist diese lebendige Quelle leicht verschüttet.

Eine rechte Ausbildung knüpft an Taufe und Konfirmation an, schließt aber den geistlichen Weg nicht grundsätzlich aus. Diese These muß ich unterstreichen, weil sie sich ganz konkret gegen eine oft geäußerte andere Meinung richtet. Der Weg des Studiums ist auch ein Übergang in ein neues Stadium geistlicher Verantwortung.

Auch der Irrweg des Kritizismus muß Tag für Tag vor uns gesehen werden. Kürzlich kam das Gerücht auf, ein bestimmter Kollege habe zwei Studenten, die an dem geschichtlichen Bericht der Auferstehung des Lazarus (Johannes 11) festhalten wollten, aus seinem Seminar ausgeschlossen. Man wird dann daran denken, daß es hier um den Absolutheitsanspruch des kritischen Bewußtseins geht. Auch als Historiker habe ich niemals gewagt, dem Kritizismus diesen Absolutheitsanspruch zu bestätigen.

Natürlich spricht auch die Methodenfrage im einzelnen mit. Es geht aber auch hier um unsere Verantwortung vor einer künftigen Gemeinde, um die Not der Seelsorge an Sterbenden und um unsere Verantwortung für jedes einzelne menschliche Schicksal, das uns begegnet. In der gegenwärtigen Situation ist alles nebelhaft. Die Entmythologisierung vollzieht sich inzwischen verdeckt und schweigend. Dann erscheinen Bücher, in denen Ernst Käsemann nicht mehr der Schüler Bultmanns, sondern der getreue Interpret Adolf Schlatters ist, und es wird verschwiegen, daß Männer wie Karl Heinrich Rengstorf und ich unser Leben lang Schlatters Erbe verteidigten. Hier zeigt sich der gefährliche Weg der Interpretation, der die biblisch-historische Auslegung nicht kennt. Ich wollte nie so »interpretieren«, sondern die Bibel auslegen.

Auslegung ist für mich der Versuch, vergangene Geschichte und das Eingreifen Gottes in Denk- und Lebensprozesse wieder herauszuarbeiten, so daß wir das Große und Entscheidende, das mit der Vergangenheit uns geschenkt ist, nicht verlieren. Auslegen heißt, den biblischen Text zu analysieren, verborgene Traditionszusammenhänge zu erschließen, die Aussageintentionen des Zeugnisses aufzudecken, Begriffe herauszustellen, Strukturen aufzuweisen, den Spuren des lebendigen Gottes in der Geschichte nachzugehen, gleichzeitig aber zu wissen, daß damit die gegenwärtige Geschichtssituation noch nicht gemeistert, sondern zunächst nur die Vergangenheit in die Gegenwart geholt ist. Man hat dann erkannt, was gewesen ist, so daß dann die vergangene Situation in die gegenwärtige hineinzuwachsen vermag.

Interpretation dagegen war für mich immer der Versuch, mich von falschen Denkstrukturen zu lösen, den richtigen Ausgangspunkt in der gegenwärtigen philosophischen Orientierung zu finden, von ihm aus meine eigene Konzeption zu entwickeln und mit dieser Konzeption den Text für mich fruchtbar zu machen.

Nicht nur die »existentiale«, sondern jede »Interpretation« in diesem Sinne ist für mich ein fragwürdiges Unterfangen, weil sie den gegenwärtigen Verstehenshorizont in das biblische Geschichtszeugnis hineinträgt und damit die Vergangenheit verfremdet. Die jeweilige Gegenwart bedarf allerdings der Interpretation: Ich muß die gegenwärtige Situation und die Strömungen der Macht und der Gewalten interpretierend erfassen. Will ich eine gegenwärtige Geschichtssituation verantwortlich meistern, so muß ich die Auslegung der Schrift mit einer Interpretation der Gegenwart verknüpfen können. (Dabei interpretiere ich auch meine gegenwärtige Geschichtssituation keineswegs existential!)

Ein Beispiel mag verdeutlichen, was ich meine: Ich habe genau wie Dietrich Bonhoeffer erkannt, daß der Nationalsozialismus in den Abgrund führen würde. Für Bonhoeffer war diese Erkenntnis identisch mit dem Finden der Wahrheit, auf die er mit der Wahrheit seiner ganzen Existenz antworten wollte. Es galt für ihn, Wege einzuschlagen, die diese seine Wahrheit durchsetzten. Existenzdenken als Wahrheitsdenken kennzeichnet seinen Weg. Er erkennt die Wahrheit und wird ein Zeuge der Wahrheit, unter Einsatz von Beruf und Leben.

Mein Weg ist anders. Er gestaltet sich aus den kleinen konkreten Ereignisschritten, die sich von Begegnung zu Begegnung eröffnen. Hier muß sich von Stunde zu Stunde aus konkreter Situation und aus dem Wort der Schrift die Weisung für meinen Weg ergeben. Theologesein war vom Augenblick meiner Konfirmation an meine Bestimmung. Ich wurde Exeget, erfuhr dort eine besondere Ausbildung und wußte mich durch meine Lehrer berufen, Exegese im Sinne der biblischen Wahrheit durchzuführen. Ein Lehrer war es, der mich beauftragte, Exegese im Sinn der Wahrheit über die NS-Zeit hinüberzuretten und nach dem Krieg zum Vollzug zu bringen. Ich bin nicht grundsätzlich Zeuge, sondern stehe zunächst im Dienst der Schriftauslegung; Zeuge bin ich dann, wenn es die konkrete Begegnung verlangt: gegenüber dem militärischen Vorgesetzten, dem ich sage, daß Hitler in Rußland scheitern muß; gegenüber der Fakultät, wenn sie einem Dalai-Lama den Lucas-Preis verleiht. Der Vollzug der Wahrheit aus Schriftexegese und Gegenwartsinterpretation findet im konkret mir widerfahrenden Ereignis statt, das von Begegnung, Auftrag, Provokation und Gehorsam bestimmt ist. Wenn in der alttestamentlichen und neutestamentlichen Theologie an die Stelle der Exegese die Interpretation tritt, dann sind für die Systematik Tür und Tor geöffnet, alles miteinander zu vermischen, um Ideologie zu produzieren. Dann werden Barth und Bultmann, Bloch und Barth, Käsemann und Schlatter zu einer Synthese gebracht. Ich habe dieses synthetische Denken, das F.C. Baur, Schlatter und Heim bei meinen Schülern miteinander verband, gehaßt. Es entsteht ein Synkretismus, in welchem jede neue weltanschauliche, soziale oder psychologische Richtung ihr Recht verlangt und sich zu behaupten vermag.

So kämpfte ich zum Beispiel jahrelang um eine bestimmte Studentin, die ursprünglich begeisterte Hörerin von mir war. Sie ging dann theologisch und lebensmäßig einen bedenklichen Weg. Als sie mich einmal aufsuchte, sagte sie: »Ich habe in den Vorlesungen gelernt, daß man alles auf Erden kennenlernen muß, um Jesus nachzufolgen.« Ich bestritt diese These, sagte aber, vielleicht habe sie ihren Lehrer mißverstanden. Vielleicht meinte er, daß die Nachfolge in jeden Bereich des Lebens hineinreichen muß, dann wäre dieser Satz sehr schön. Sie interpretierte aber weiter: »Ich muß jeden Bereich des Lebens kennenlernen. Nachfolge heißt Selbstverwirklichung.« Ich antwortete: »Jesus sagt: Will mir jemand nachfolgen, der *verleugne* sich selbst.« Sie stand brüsk auf und verließ meine Wohnung. Ich ging ihr bis zum Gartentor nach und rief laut: »Will mir jemand nachfolgen, der verleugne sich selbst!« Am anderen Tag hatte ich eine Lebensbeichte dieser Studentin in Händen.

Bei einem Besuch sagte Ernst Wolf zu mir: »Sie sind auf einem Wege, auf dem Sie sich besonders um die Fußkranken der theologischen Diskussion kümmern, und das ist gefährlich. Es gefährdet die Abstraktion der Problematik und damit die Wissenschaftlichkeit der Frage.« Ich antwortete: »Jesus selbst kümmerte sich zunächst um die Fußkranken und vor allem: Er machte niemand fußkrank. Der Unterschied zwischen Jesus und den Pharisäern liegt darin, daß die Pharisäer die Wissenschaftlichkeit ihres Glaubens, Denkens und Handelns durchführten, ohne auf die Fußkranken zu achten. Jesus wollte von unten aufbauen. Die abendländische Theologie bleibt in der Abstraktion stecken.«

Nicht unterdrücken kann ich die Aussage Wilhelm Lütgerts, der uns lehrte: »Mein Jesus kann das, was Ihr Jesus nicht kann.« So sollten wir sprechen, um apologetische Streitereien zu vermeiden. Dieses Selbstbewußtsein zeigt noch die Spur Martin Kählers, der vom biblischen Christus reden konnte.

Am schwierigsten haben wir es im Unterricht dann, wenn wir vom Heiligen Geist reden sollen. Hier bieten sich zwei Auswege an: Man redet intellektualistisch von der Möglichkeit des menschlichen Geistes, oder aber man wird durch die Erfahrung von Kräften und Wundern enthusiastisch. Für uns Hallenser bildete Röm. 8,16 den Ausgangspunkt. »Der Geist selbst gibt Zeugnis unserem Geist, daß wir Kinder Gottes sind.« Selbstverständlich ist auch hier das historische Ereignis in der Taufe Jesu vorausgesetzt.

Alle Lehrsätze knüpfen an die Geschichtstradition an. Gottes Geist ist eine besondere Form der biblischen Offenbarung und daher von unserem Geist verschieden. Ursprünglich handelt es sich vielleicht um einen Gerichtsvorgang: Der Geist zeugt, überführt, richtet. In der johanneischen Überlieferung ist die zweite Funktion angesprochen: Der Geist macht lebendig und führt zur Wiedergeburt. Auf jeden Fall ist der Abstand des biblischen Wortes von allem menschlichen Tun und Wollen gewahrt. Das Geheimnis Gottes geht in unsere menschliche

Niedrigkeit ein und stellt uns auf einen Weg. Wir empfangen Vollmacht, konkret zu sprechen, zu handeln, zu leiden. Dabei müssen wir in gewisser Weise über uns selbst hinauswachsen und ein heiliges Land betreten, so daß wir die Schuhe ausziehen müssen. Geist und Wort, Geist und Gehorsam, Geist und richterliches Zeugnis gehören ganz eng zusammen. Jetzt erst dürfen wir von der Freiheit und der Befreiung reden (2. Kor. 3,17; Röm. 8,21). Wer die in dem biblischen Wort ausgesprochene Wirklichkeit nicht selbst durchleidet, steht immer vor Begriffen, die entweder leer bleiben oder ideologisch mißbraucht werden. Aber eine ganz große Freude erwächst aus dem biblischen Zuspruch: »Wenn euch der Sohn frei macht, so seid ihr recht frei« (Joh. 8,36).

Diese biblischen Aussagen haben wir vor Augen, wenn wir in den Räumen der Universität den biblischen Auftrag erfüllen und dabei den Hörer vor innerem Schaden bewahren wollen.

## 2. Menschsein

Nur ganz selten und nur zu bestimmten Menschen kann ich über meine Lebensvoraussetzungen reden. Anlaß war einmal ein gemeinsamer Satz: »Ich lebe nicht nur, sondern ich werde gelebt.« Der Satz ist nicht ganz eindeutig. Mein Partner legte ihn so aus, als wenn er sich gegen seine Umgebung wehren müßte. Ich hatte eine andere Auslegung: »Ich nehme in Beobachtung, Abstand und Beteiligtsein mein Gegenüber intensiv wahr, gehe aber gleichzeitig durch ihn hindurch und auf einen Punkt hin, der jenseits des Augenblicks und über das Menschsein hinaus mich ganz intensiv interessiert. Ich bin also ganz stark beim anderen, verliere aber den Punkt nicht, der über Raum und Zeit hinaus ein anderes Gegenüber ist. Ich weiß, daß dieses Gegenüber über die Zeit hinaus und über mein Menschsein hinweg mein eigentliches Du ist, das mich geschaffen hat und in jedem Augenblick in seinen Händen hält. Als natürlicher Mensch lebe ich, als vom Wort Gottes gepackter Mensch bin ich in der Gewalt einer schöpferischen Macht, die mich nach vorne treibt.« Die Formulierung »ich werde gelebt« ist darum nicht passend. Die Bibel sagt mit Recht: »In ihm leben, weben und sind wir« (Apg. 17,28). Ich fange nicht mit der Selbstfindung an, sondern mit Berufung, Erleuchtung, Wiedergeburt, Heiligung. Nur in diesem Prozeß finde ich ein passendes Geschöpfsein und von oben Gezeugtwerden vor. Der Leser wird verstehen, daß ich nicht aus dem Denkakt folgere, daß ich bin, sondern daß ich gehalten werden muß, um sein zu dürfen. Am Anfang steht das Wort, das mich hält.

Ich kämpfe in meiner Umgebung ständig gegen die Menschen eines kritischen Bewußtseins, die durchaus nicht in der Lage sind, sich selbst loszulassen. Sie täuschen sich immer über Krisen hinweg und werden die Frage, wie man sich hier auf Erden durchsetzt, nie los. Auf der anderen Seite finde ich eine dialektische Strömung vor, die zu jedem Ja ein Nein sagt und zu jeder These eine Ergänzungsthese anbringt. Evangelistisch kann eine derartige Strömung kaum werden, seelsorgerlich nur bedingt arbeiten. Zwar wären wir ohne diese dialektische Brechung in den vergangenen Jahren nie ausgekommen, sie zwang uns zur Vertiefung, zur Vorsicht und zur Selbstprüfung. Gleichzeitig trieb uns aber der Punkt außerhalb unseres eigenen Ich zur Überschreitung auf ein Kommendes und Zukünftiges hin, das als Verheißung eine unendliche Fülle und eine neue Möglichkeit bietet.

Natürlich ist die Mehrzahl unserer Zeitgenossen nicht imstande, erlebte Geschichte zu einem Bekenntnis und zum Sieg über das Leben zu verarbeiten. Der Weg Jesu heißt für mich zunächst ein Opfergang für uns, der mich selbst in einen Opfergang hineinstellt. Hier schlüsselt er die ganze Bibel auf, hier setzt er mich in Bewegung auf etwas Kommendes und Zukünftiges hin. Das »Kommende« ist sein Geheimnis.

In den Jahren der äußeren Not, in den Jahren des Soldatseins war ich ständig in einen Kampf um die äußerste Schicht des Leiblichen gestellt. Vielleicht leben viele Menschen nur in dieser äußersten Schicht und verkümmern dann im geistigen und seelischen Leben. Ich habe erfahren, daß ich diese äußere Schicht des Leiblichen nie überspringen kann, aber immer wieder opfern muß. Und wenn ich diesen Opferweg vermeiden will, richte ich an mir und anderen nur Schaden an. Jesus ist für mich nicht die Mitte, sondern der Schlüssel zum Menschsein. Im Bild steht er vor mir in einem langen, weißen Gewand und spricht zu mir;

verhüllt aber sein Haupt, weil ich noch auf dieser Erde bin. (1. Joh. 3,2: »Wir werden ihn sehen, wie er ist.«)

Vor vielen Jahren kam nach einem Vortrag ein großgewachsener Student auf mich zu und sagte: »Ich habe eine große Bitte an Sie. Ich habe weder Vater noch Mutter. Könnten Sie mein Vater werden?«

In der selbstverständlichen Erregung, die nach einem großen Vortrag noch auf mir lag, antwortete ich ruhig: »Das ist ein Mißverständnis, ich bin Professor und kein Vater für die Studenten.« Aber als ich im Zug saß, wurde ich nicht mehr ruhig, und eines Tages erzählte ich diese Episode einem Kollegen und Freund, der in seelsorgerlicher Hinsicht mir weit überlegen ist. Er antwortete: »Du mußt dir das überlegen und wissen, was du tust. Du mußt auch wissen, daß ein großer Teil deiner Studenten nie einen Vater gekannt hat, und ihre Mutter war nicht genug und hatte in den Nachkriegswirren keine Zeit, Vater und Mutter gleichzeitig zu sein.« Es gab eine Periode des Übergangs, und ich wurde offen, meine Jugend, die im Hörsaal auf mich wartete, vor allem aber auch die jungen Freunde, die in der Studentenmission waren, neu zu sehen und unter einer neuen Aufgabe ihnen entgegenzugehen. Bis auf den heutigen Tag gibt es Männer und Frauen, die mich als Vater ansehen und oft auch so ansprechen. Manchmal war ihr eigenes Vaterbild auch getrübt, weil zeitweise Väter ihren Kindern durch Beruf und andere Verpflichtungen entfremdet waren. Vor allem natürlich wuchs ich vor meinen Assistenten in eine neue Väterlichkeit hinein, und wenn ihnen etwas Schweres zustieß, dann war ich selbst mitbetroffen.

Unter Umständen war die Mutter gestorben und es fehlte eine regelrechte Erziehung, die andere Menschen nicht leisten können. Das hängt auch mit der unruhigen Nachkriegszeit zusammen, die oft genug die jungen Menschen aus allen Bahnen warf. Ein Semester lang war ich auch stellvertretend in Tübingen Studentenpfarrer und für die Veranstaltungen des Schlatter-Hauses verantwortlich. Typisch war für die jungen Menschen, daß sie lebhaft und aufgeschlossen, aber sehr leicht den neuen Strömungen ausgeliefert waren, ohne ihre Hintergründe aufspüren zu können.

Ich hatte einen sehr lieben Assistenten, der aus der Umgebung von Ernst Bloch kam und niemals die umstürzlerischen Parolen dieser Kreise überwunden hatte. Er hatte auch keinen Vater mehr, und ich konnte ihn auf die Dauer nicht mehr über Wasser halten. Aber ich bekenne, daß er mir in den Zeiten des Aufruhrs unentbehrlich war und daß ich seinen Verlust bis heute nicht verschmerzt habe. Umso dankbarer war ich, daß ich in den Kreisen der Studentenmission eine neue Heimat gefunden hatte, daß man in einer offenen Herzlichkeit bereit war, auch mein Menschsein zu tragen. Es war eine Zeit, in der auch viele Anekdoten über mich umgingen, die meist liebevoll erfunden waren. Manches hatte aber auch einen historischen Kern.

Meine Väterlichkeit entbehrte nie der Kameradschaft, zwang auch nie zu einer unechten Autorität. Ich liebte die Offenheit, Großzügigkeit, Zurückhaltung und Herzlichkeit. Vor allem verzichtete ich auf ausgesprochene Erziehungsabsichten und hoffte auf das Wachsen aus inneren Kräften. Es lag mir völlig fern, unerbetene Ratschläge zu geben oder an der Lebensart der jungen Menschen Korrekturen anzubringen. Sie sollten Schritt für Schritt aus der Begegnung mit dem lebendigen Wort der Schrift Neues und Ungeahntes kennenlernen. Ich bin dankbar, daß ich in diesem Sinn vielfach verstanden wurde und Menschen helfen konnte, sich selbst zu finden. Keiner glich dem anderen, jeder war ein eigenes Geschöpf. Jungen konnten zweifeln, Mädchen provozieren, aber das Liebenswerte, das in jeder Jugend liegt, war eine herrliche Erfahrung, die ich nicht missen möchte. Mein Verzicht auf ausgesprochene Erziehungsabsichten und auf unechte Autorität beruht auf dem Vertrauen, daß ich auf die Begegnung der jungen Menschen mit dem lebendigen Gott der Schrift setzte und auf meinem Grundsatz der Ehrfurcht.

Ich habe einmal im Jahre 1947 vor dem Deutschen Verband von Schriftstellern und Schriftstellerinen einen großen Vortrag über Ehrfurcht gehalten. Dr. Ihlenfeld hatte mich dazu eingeladen. Auf dieser Tagung kam es zu langen Gesprächen mit Luise Rinser. Einen guten Weg bin ich mit Marie-Luise Kaschnitz gegangen, und mehrmals traf ich mit Otto von Taube zusammen. Hier war mir wichtig darzulegen, daß das Wort Ehrfurcht eng mit der Empfindung und dem Bewußtsein des Heiligen zu tun hat. Das Heilige ist nicht etwas, was der Mensch von sich aus als Geschöpf hat, sondern das Heilige begegnet uns im Umgang mit bestimmten Menschen, die etwas mit Gott erfahren haben. Nur derjenige, der mit Gott im Umgang steht, weiß deshalb etwas über Ehrfurcht zu sagen. Aber das Wort Ehrfurcht (ähnlich und doch anders als in der Bibel die »Furcht vor Gott«, die Gottesfurcht) ist eine Grundlage für das Leben überhaupt. Es ist nicht von ungefähr, daß die Bibel sagt: Die Furcht Gottes ist der Weisheit Anfang (Spr. 1,7; 9,10). Ich würde paraphrasieren: Ein Verhältnis zwischen Mensch und Mensch ist soviel wert, wie Ehrfurcht zwischen zwei Menschen möglich ist. Je tiefer eine Verbindung zwischen Mensch und Mensch ist, desto mehr sollte die Ehrfurcht sich durchsetzen. Die Ehrfurcht darf sich also nicht in Liebe verwandeln, sondern die Ehrfurcht muß die Grundlage sein, auf der die Liebe sich aufbaut. Aus der Ehrfurcht muß die Liebe kommen, und Liebe muß in die Ehrfurcht wieder einmünden können. Damit könnte ich jetzt wieder auch die enge Verbundenheit zwischen Altem und Neuem Testament bezeugen. Die Furcht Gottes als der Weisheit Anfang steht in keinem Gegensatz zu dem anderen Satz »Gott ist die Liebe, und wer in der Liebe bleibt, der bleibt in Gott und Gott in ihm«, sondern es ist so, daß die Ehrfurcht eine Wurzel ist und die Liebe eine Krone, und die Krone ist nur möglich, wenn die Wurzel gesund ist.

Das ist enges hermeneutisches Verbinden von Altem und Neuem Testament. Diese Dinge sind der Predigt, der Katechese, den Bibelstunden der gegenwärtigen deutschen Theologie fremd. Ich muß sie aber an einem Beispiel klarmachen. Es ist wunderbar, wenn das Verhältnis von Mensch zu Mensch Ehrfurcht bleibt, und ich möchte sagen, mein Verhältnis zu den theologischen Lehrern ist immer auf Ehrfurcht gegründet gewesen. Ich wollte ihnen keineswegs nähertreten, sondern sie haben gewöhnlich mich zu sich gezogen. Auch im Verhältnis zum Judentum war es so, daß die eigentliche Prüfung, ob ein Verhältnis dauerhaft ist, sich daran bewährte, ob ein Jude mich annehmen konnte. Nicht ich bot mich ihnen an, sondern jeder Jude prüfte mich, ob er mich annehmen konnte. Das ist etwas Merkwürdiges, was im christlich-jüdischen Gespräch häufig fehlt, das Wissen, daß der Jude letztlich die Frage zu stellen hat, ob er einen Christen annehmen kann. Das Schöne und Schwere bestand in der Aufgabe, Menschen nicht nur zu finden, sondern zur rechten Zeit wieder loszulassen. Die Schwierigkeiten im Beruf umfaßten auch oft Fragen einer jungen Geschlechtlichkeit. Wo diese auftraten, mußte man aber umsomehr mit Vorsicht und Güte zur Stelle sein. Wichtig war mir, daß ich grundsätzlich in der Lehre vom Menschen drei Zentren unterscheide: Kopf, Herz und Geschlecht. Diese anthropologische Dreiheit habe ich in keinem Augenblick preisgegeben.

Die Nachkriegszeit brachte einerseits eine Frühreife mit sich, ließ aber in vielen Fällen eine rechtzeitige Reife nicht aufkommen. Leider mußte ich in manche Fälle eingreifen, deren Folgen bis heute noch mit mir gehen. Die bürgerliche Gesellschaft ließ gerne eine Studentin, die ein Kind bekam, fallen und war nicht bereit, vermehrten Einsatz zu wagen. Ich habe immer Mut gemacht und geholfen, junge Mutterschaft stärker unter die Barmherzigkeit Gottes zu stellen. Eine herzliche Dankbarkeit ist in solchen Fällen mir in Erinnerung. In diesem großen Bereich der Geschlechtlichkeit gibt es viele Erfahrungen, die nicht einfach mit dem Wort »Unzucht« zu belegen sind. Auch in vielen vorehelichen Verhältnissen gibt es Spuren von Zucht und Ordnung, die nicht übersehen werden können. Unter »Unzucht« verstehe ich, daß ein Mensch sich an Leib und Seele fallen läßt und Zucht und Ordnung bewußt oder unbewußt aufgibt. Auch lieblose Geschlechtlichkeit fällt unter das Urteil der Unzucht; für mich sogar im Bereich der Ehe. Liebe schafft immer Zucht und Ordnung, erst recht, wenn der Hintergrund der Bibel sich durchsetzt. Ich sage diese Sätze zur Klärung der Verhältnisse. Es ist die Aufgabe der Kirche, auch auf diesem Gebiet segensreich zu wirken und das Beispiel ihres Herrn vor Augen zu haben (Joh. 7,53-8,11).

Ich halte es also für wichtig, daß der Mensch nicht nur in den niederen Schichten des natürlichen Lebens sein Geschick vollendet, sondern daß er zu einem geschichtlichen Bewußtsein erwacht, in dem er sich von Gott erwählen, rechtfertigen, lenken und leiten läßt. Langsam lernt man, daß unser Leben nicht nur aus Stücken und Perioden besteht, sondern sich zu einem in sich geschlossenen Geschichtsprozeß vollenden will, in dem wir ganz dem Gericht und der Gnade ausgeliefert sind. Dies Ausgeliefertsein an Gott in Gericht und Gnade spitzt sich im Leben immer mehr zu und kommt dem Menschen in seinem Sterben am meisten ins Bewußtsein. Der Mensch fühlt zunächst nicht, daß sein Leben ein ganzes und abgeschlossenes sein will. Aber unter der Leitung und Führung Gottes wächst er in diesen Geschichtsprozeß hinein. Dabei gibt es eine Geschichte der Schöpfung, eine Geschichte Israels, eine Geschichte des Judentums, eine Geschichte des Christentums, und wir wachsen auf verschiedenen Ebenen einem Ganzen zu. Es gibt eine Heilsgeschichte, eine Unheilsgeschichte, eine Geschichte der einzelnen Lebensformen, aber die Entscheidung ist nicht leicht, wie wir uns in diesen verschiedenen Lebensformen einzuordnen haben.

Tag für Tag, Nacht für Nacht stehe ich vor dem Angesicht des lebendigen Gottes, der mich fragt: Wer bist du eigentlich? Wo bist du eigentlich? Und wohin gehst du? Jesus von Nazareth ist für mich Schlüsselfigur, die mich in die Geheimnisse des »Ganzen« einführt. In ihm redet Gott, handelt Gott, leidet Gott und liebt Gott. Dieser jüdische Mensch wird so durchsichtig für uns, daß Gottes Antlitz nicht zu verkennen ist. Der Mensch muß aus Abstraktion und Ideologie erlöst werden, um einen neuen Geschichtsweg zu finden. Sein Leben, sein Handeln, sein Leiden und sein Sterben soll auf die Ewigkeit ausgerichtet werden, die sich in unserer Zeit verbirgt, aber in der Zukunft enthüllen wird. Unser Leben geht auf etwas zu. Das ist aber nicht der Tod, sondern die Wiederkunft Jesu Christi.

In meinem wissenschaftlichen Leben, in meinen Vorträgen in den verschiedenen Kreisen, in der Einzelseelsorge blieb ich ein Ganzer und Zielbewußter, der niemals diese Grundlinien aufgab. Wichtig war mir wieder die Möglichkeit, im Einzelnen, im Ganzen, im Konkreten niedrig zu werden und jede Situation aushalten zu können im Bewußtsein, daß die Herablassung Gottes in unserem eigenen Menschsein sich widerspiegeln darf. Der Rückzug aus Amt und Würde, aus Gesellschaft und liebgewordener Tradition war mir durchaus bekannt, aber war nie mein Letztes. Eine letzte Unmittelbarkeit, die den lebendigen Gott vor Augen hatte, ließ mich sprechen und handeln. In meinem jüngsten Lebensabschnitt habe ich noch Vorträge, biblische Arbeitskreise und in Verbindung mit Freunden auch Ferienseminare, in denen ich bewußt zum biblischen Denken erziehen will. Ich kämpfe gegen die allgemeine Sinnlosigkeit und die Auflösung der Ordnung, die für junge Menschen, die das Elternhaus verlassen haben, besonders kritisch wird. Merkwürdig ist, daß ich in meiner Umgebung immer darauf hingewiesen werde, wie wichtig die Erziehung zu den Geboten ist. Es wird mir daher eindrücklich, daß Martin Luther im Kleinen Katechismus mit dem Unterricht über die Zehn Gebote beginnt und nicht etwa den Katechismus mit ihnen abschließt.

Die selbstverständliche Hinnahme einer kirchlichen Gewohnheit darf nicht dazu führen, einfache Lebensfragen zu unterschlagen. Daß junge Menschen ebenso wie ältere immer wieder in konkrete Not und Anfechtung kommen, muß ein Seelsorger sehr genau wissen und darauf eingehen können. Menschen werden mir besonders lieb, die längst verstorben sind. Sie gehen zeitlich in eine größere Entfernung von mir weg, kommen aber im ständigen Gespräch, in der Verarbeitung meines Lebens mir immer näher.

Wenn ich als junger Mensch meinen alten Vater deshalb nicht verstanden habe, weil er das Stillewerden und das Schweigenkönnen besonders liebte, so mache ich jetzt als alter Mann denselben Prozeß durch. Er hatte als Christ die Grundsätze übernommen, daß der unterste Weg der gesegnete sei und daß die tägliche Fürbitte für die Familie die sicherste Beziehung von Mensch zu Mensch bliebe. Ich legte besonderen Wert darauf, jungen Menschen einzuprägen, daß der Mensch aus drei Dimensionen bestehe: seiner Geistigkeit, konzentriert im Kopf, seinem Empfindungsleben im Herzen und seiner Geschlechtlichkeit im Leibe. Indem ich ständig auf diese Grundtatsache hinwies, unterschied sich mein Vortrag von allen anderen, die mit Abstraktionen begannen. So wuchs ich in die Einheit der ganzen Bibel hinein und wehrte mich gegen jede Verkürzung und Idealisierung.

Ebenso wichtig wurde mir die Betonung der Seele. Ich verstand unter ihr die Anlage zu Empfinden, Gefühl und zur kritischen Differenzierung von Unterschieden. Der alte Kampf, daß man biblisch die Auferstehung gegen ein Weiterleben der Seele ausspielen müsse, endete in unserer Zeit damit, daß man weder an den Ernst der Auferstehung, noch an das Dasein einer menschlichen Seele überhaupt glaubte. Dabei drängt sich das seelische Leben, wenn es gesund ist, ganz selbstverständlich in den Vordergrund des Daseins. Und wo eine Seele erstirbt, wird der ganze Mensch arm. Ich frage nicht zuerst, ob die Seele sterblich ist oder nicht, sondern ob sie zum Bewußtsein kommt und sich ausrichten kann. Sie muß mir Antwort geben können, ob ein Mensch in meine Umgebung gehört oder nicht, ob er heilsam ist oder nicht, ob er selbst zu Schaden gekommen oder gesund erzogen worden ist. Eine große Not entsteht dadurch, daß das geistige Gebiet in diesen Kriegs- und Nachkriegsjahren weithin zu Schaden gekommen ist. Die vielen Irrwege haben das menschliche Selbstbewußtsein, die geistige Begabung, die Erziehungsfähigkeit oft genug verkümmerm lassen. Jedes Glied des Lehrberufes weiß, wie einfach und primitiv der heutige Mensch weithin gebaut ist. Das Leben in Ordnungen und Pflichten, die Verantwortung für die Gesellschaft und für einen guten Staat, die Erziehung der Kinder in der Familie sind heutzutage ganz anders geworden als früher. Es gibt auch hier mehr Auseinandersetzungen, Diskussionen und Differenzen zwischen Mensch und Mensch als einen klaren Weg. Ganz besonders gefährlich ist die naheliegende Möglichkeit, geistig in das Gegenteil umzuschlagen. In pietistischen Kreisen lebt man von Apokalyptik und Ernstnehmen der himmlischen Welt. Das öffentliche Bewußtsein lebt davon, beides aus dem Bewußtsein der Menschen zu verdrängen. Viele kirchliche Lieder sprechen von den Bedürfnissen und Leiden der menschlichen Seele. Das öffentliche Bewußtsein will weithin Gefühl und seelisches Empfinden in Frage stellen. Der Mensch wird dazu erzogen, seine eigenen Bedürfnisse in den Vordergrund zu stellen, das Leben in Ordnungen soweit wie möglich zu vermeiden. Früher hieß es, der einzelne ist nichts, sein Volk ist alles. Heute heißt es: Wir müssen so wenig Staat haben wie möglich. In dieser Zerrissenheit der Gegenwart verliert die Kirche weithin die missionarische Kraft und die überlegene Lebensführung in der Gesellschaft.

Wie labil die Lage an der Universität sein kann, zeigt sich an der Beurteilung Israels und des Judentums. Früher gab es neben dem Institut eine »deutsch-israelische Studentengruppe«. Jetzt gehört das allgemeine Empfinden durchaus dem besetzten arabischen Teil Palästinas, und eine öffentliche Verteidigung Israels bedarf schon des Durchschauens einer komplizierten Situation.

## 3. Mein Verhältnis zu Männern und Frauen

Eine Bekannte meines Assistenten hatte von mir gehört, daß ich nach Berlin zu einem Vortrag fliegen müßte. Sie selbst gab dort ein Konzert, war aber noch nie geflogen und hatte Angst davor. Sie kannte mich auch nicht, aber mein Assistent sagte ihr: »Wenn Sie morgen, am 17. 6., fliegen, fliegt auch mein Professor nach Berlin.« Er zeigte ein Bild von mir, und als ich in Stuttgart-Echterdingen ankomme, erkennt sie mich sofort. Sie spricht mich an: »Sie sind Professor Michel. Darf ich mich Ihnen anschließen, da wir beide nach West-Berlin fliegen wollen?« Wir kamen in Berlin sicher an, und die Dame wurde von Journalisten begrüßt. Aus dieser Begegnung entstand eine dauernde Verbundenheit, bis zum heutigen Tag. Das ist umso bemerkenswerter, weil ich in diesem Fall auf die katholische Tradition der Dame Rücksicht zu nehmen hatte.

Ein anderes kleines Ereignis: Eines Nachmittags fahre ich von Zürich nach Tübingen, und das Abteil ist leer. Plötzlich tritt eine Dame zu mir, die einen Platz schon reserviert hatte. Sie läßt sich Feuer geben und beginnt eine Unterhaltung. »Ich habe mir schon immer gewünscht, Sie kennenzulernen und bin Ihnen, da ich in Tübingen wohne, schon oft begegnet.« Es entstand ein lebhaftes Gespräch. Ich habe sie auch einmal zu einem Abendessen eingeladen. Sie schenkte mir eine Stunde des Wiedersehens und verschwand dann für immer aus meinem Leben. Warum gebe ich solche kleinen Anekdoten wieder? Erst in Tübingen tat sich mir ein neuer Bekanntenkreis auf, und er machte mich auf neue Formen unbefangener Begegnung aufmerksam. Ich war bereit, mich ihm zu öffnen. Dazu kam später die ungezwungene Kameradschaftlichkeit in den Kreisen der Studentenmission. Am Anfang steht immer eine Begegnung, aus der eine Beziehung erwächst, die schließlich beide Familien umfaßt. So ist es häufig im Leben gewesen, und ich danke meiner Frau, daß sie meine Freiheit, mich unter Männern und Frauen in der gleichen Weise bewegen zu können, schützt und achtet. Ich gehöre also nicht zu den mir bekannten Pfarrern, die sich möglichst vor der Begegnung mit dem anderen Geschlecht absichern. Allerdings weiß ich, daß die Öffentlichkeit einen Anspruch hat, an den einzelnen Begegnungen und Beziehungen Anteil zu nehmen.

Den Dienst, um den ich mich bemühe und der mir abverlangt wird, besteht nicht nur in der Seelsorge. Darüber hinaus kommt es zu der Bereitschaft zu fragen: Wer bist du eigentlich? Nicht nur: Welche Not liegt hier vor, und wo muß ich dich hier seelsorgerlich ein Stück führen? Die Frage geht über diesen geistlichen Dienst hinaus. Unwillkürlich kommt es zu dieser rein kreatürlichen, menschlichen, persönlichen Neugier, die den Menschen, die Frau in diesem Falle, so nimmt, wie sie ist, und mit der Frage anspricht: Wer bist du? Es ist eine große Begegnungsbereitschaft, die über alle Zwecke und Absichten, sogar über einen seelsorgerlichen Zweck hinausgeht. Und das Gefühl, in dieser Weise total gemeint zu sein, hilft auch der Frau, sich mit aller Ernsthaftigkeit dieser Frage zu stellen: Wer bin ich? Sie ist jetzt kein seelsorgerlicher Fall, nein, die Frage lautet: Wer bist du in deiner Ganzheit? Die Antwort auf diese Frage sucht der Mensch sein Leben lang. Ich meine, daß ich mich als Christ in meinem Menschsein sehr ernsthaft fragen lassen muß und mich nicht auf ein Amt als solches zurückziehen kann. Der *menschliche* Einsatz des Christen ist vor allem gefragt.

Es ist das, was philosophisch mein Freund Martin Buber im Ich-Du-Verhältnis suchte, daß die tiefste menschliche Beziehung nur in der Aufdeckung und Aufhellung im Ich-Du-Verhältnis möglich ist. Und es kann sein, daß dies bei mir Frauen gegenüber vorbehaltlos geschieht, weil mein Verhältnis zu meiner Mutter so grenzenlos vertrauensvoll war. Ich bringe aus meiner Kindheit Frauen gegenüber eine Vorbehaltlosigkeit oder eine Art Urvertrauen mit, das ich einem Mann gegenüber vielleicht so nicht habe, weil das strapazierte Vertrauen zu meinem Vater zeitweise ganz zusammengebrochen war.

Die Stellung zur Mutter war ganz anders als die zum Vater. Sie gab mir Freiheit, Achtung, Anerkennung und jede Zuflucht, während der Vater fast nur seiner Enttäuschung Ausdruck verleihen konnte, kaum je seiner Liebe. Die Worte »Du kannst nichts, du bist nichts, aus dir wird nichts« aus dem Mund des eigenen Vaters können alles vernichten, was der gleiche Vater an Mühe und Interesse für den Sohn je aufgebracht hat. Und doch kommt mir manchmal der Gedanke, daß für einen Mann die scharfe Zucht eines Vaters unumgänglich ist: Die ehrfurchtsvolle Scheu des Kindes vor den Vätern, die Vollmacht der Väter zur Züchtigung gehören in der Bibel eng zusammen (vgl. Hebr. 12,9f.).

Es entstand u.a. auch durch unsere einander helfende Kameradschaft im Ersten Weltkrieg eine Schicksalsgemeinschaft zwischen mir und der Mutter, in die aber auch ein dunkles Wort fiel: »Sie werden dich schlagen im Leben, wie sie mich geschlagen haben.« Diesen Satz hat sie noch in den fünfziger Jahren gesagt. Sie war eine stille Frau. Sie war keine kirchliche, aber eine glaubensstarke Frau. Sie hat nie über den Vater geklagt, aber sie hat sehr an ihm gelitten. Und Vater hat an ihr gelitten. Die Temperamente waren zu verschieden. Mutter war für mich eigentlich alles, und daher weiß ich, daß hier in der Begegnung mit der Frau ein Gebiet ist, das ebenso unerschöpflich ist wie meine Mutter. Sie hatte immer neue Möglichkeiten, und ich war immer der Empfangende. Und dasselbe spielte sich letztlich in meinem Verhältnis zur Frau wieder.

Ich war mein Leben lang immer ein Empfangender wie auch ein Gebender. Vielleicht kommt daher diese Offenheit und Austauschbereitschaft. Dabei überrascht mich meine Neugier häufig. Die Freude am Menschen, die Bereitschaft, sich selbst zu öffnen und auf die Offenheit meines Gegenübers zu hoffen, ist aber auch mißverstanden worden, oder es haben Menschen, deren Absichten mir nicht durchschaubar sind, diese Begegnungsweise zum Anlaß genommen, ein Zerrbild von mir zu machen. Aber ich habe mich nicht beirren lassen, sondern mir immer, sobald ein Mensch vor mir stand, die Frage gestellt: Wer bist du?

Hinter der Frage steht die Neugier: Ich will dich kennen, erkennen, und da stehe ich schon wieder vor dem unerschöpflichen Buch der Hebräer. Lieben heißt erkennen wollen. Und wenn ich mein Gegenüber kennen will, ist das Liebe, und nur unsere Armut macht aus Liebe Erotik. Darum konnte ich es ertragen, daß auch ein hiesiger Privatdozent glaubte feststellen zu müssen: Michel erotisiert doch seine ganze Umgebung. Es war das subjektive Empfinden eines Mannes, den ich überhaupt nicht kannte. Das ist mir deshalb noch ein besonderes Problem, weil ich ein Mensch bin, der im eigentlichen Sinn sein Selbst entweder ganz verbirgt oder gar nicht darüber verfügt. Dieses Unbewußte zieht sich durch alle diese Dinge hindurch.

Dankbar bin ich zunächst den Frauen, die mir in dem Kreis um Martin Baltzer in Halle gesellschaftlich begegneten und gelegentlich mit mir wanderten. Vor allem denke ich dabei an Marianne Volhard und Eva Wiebel, die allzu früh starb. Nicht vergessen darf ich die jungen Männer und Frauen, die mir halfen, die Studentenarbeit aufzubauen, die ich als Studentenpfarrer in Halle an der Saale begann. Vor allem Frau Professor Smekal wuchs dann auch in die Zeit meiner Ehe und Gründung meiner Familie fürsorglich hinein.

In der Kirche erlebte ich eine lange Zurückgezogenheit von jeder Art des Weiblichen und ein starkes Mißtrauen gegen den Versuch, das Element des Frauseins in die Seelsorge einzubeziehen. In Baden sprach einmal ein befreundeter Pfarrer von seiner Vorsicht, Frauen im Amt zu begegnen. Er gehe mit ihr in die Sakristei, sorge dafür, daß ein Tisch zwischen ihm und ihr schon äußerlich die Trennung sichere und rede dann mit abgewandtem Gesicht das, was biblisch und kirchlich notwendig sei. Damals, auf dieser Tagung, horchte ich auf, verstand auch die Vorsicht und konnte doch nicht meinem Freunde zustimmen. Ich hatte das Empfinden, an dieser Stelle sei der Pfarrerstand hilflos. Ihm fehle die Welt der Biologie, der Psychologie und der Welterfahrung.

Wenn ich heute daran denke, wie vielen Mißverständnissen ich selbst in meinem Leben an diesem Punkt ausgesetzt bin, muß ich nachträglich etwas zurechtrücken. Eine Zwischenschicht menschlicher Weisheit ist notwendig, die bewußt einen anderen Menschen erträgt, an die Hand nimmt und stillschweigend führt. Die Frau ist anders konstruiert als der Mann. Eine ganze Welt liegt zwischen Mann und Frau. Man darf auch nicht romantisch die Unterschiede überspringen und eine Schicht Empfindsamkeit und leichter Sinnlichkeit als Brücke benutzen. Hier muß eine Erfahrungsweisheit aufgebaut werden, die sicherlich Grundsätze hat, aber stets aufs neue bereit ist zu lernen.

Ein Gebiet, auf dem man nicht in jedem Augenblick neu lernen will, wird im letzten Sinn uninteressant. Das gilt auch für meine beständige Begegnung mit der Bibel, in der mich in jedem Augenblick die Sprache des Ewigen neu berührt. Die Begegnung mit der Frau wird mir leichter, wenn ich ständig das Wort der Heiligen Schrift vor Augen habe und mich selbst ihrer Kritik ausgesetzt weiß. Gebet, Meditation, Intuition und Reflexion lassen sich nie voneinander lösen. Da das Leben ständig neu ist, gibt es hier alte Zusammenhänge und einen neuen Reichtum, der entdeckt werden muß. Unser eigenes Menschsein wird ständig herausgefordert, wenn eine neue Erfahrung entsprechende, also neue Verhaltensweisen verlangt. Die heutigen Reaktionen in Aufklärung, studentischen Unruhen und typischen Frauenbewegungen unterstreichen nur das, was ich hier in langen Jahren geahnt und vorgefunden habe. Ich muß unterscheiden können, was für den anderen heilsam, überflüssig und schädlich ist, darf aber nicht zu sehr mich selbst in den Vordergrund stellen, muß vielmehr den anderen beweglich machen und aus Erstarrungen lösen. Die seelischen Erschütterungen und Verzweiflungen sollen uns Menschen nicht zurückwerfen, sondern Schritt für Schritt an ein anderes Ufer bringen. In der Kirche wird zu sehr die Führungsrolle des Mannes betont und die Partnerschaft unterschätzt. Trotzdem möchte ich als Mann ebensowenig wie meine Väter mich der Frau als Priesterin unterstellen. Nur gelegentlich wurde mir eine Theologin zur Autorität, aber dann als Partnerin und nicht als Priesterin in Amt und Würden. Am meisten habe ich in der Zeit gelernt, als die Studentenunruhen ausbrachen und die Ehen in der Gesellschaft in Frage gestellt waren. Die alten, tiefen gesellschaftlichen Bindungen waren ins Wanken gekommen, neue Stützen fand ich nur in Bruderschaften und evangelistischen Bewegungen vor. Gelegentlich traf ich einen Menschen, der mir nichts beibrachte und beibringen wollte, der nicht stöhnte und litt, sondern still neben mir arbeitete und kein überflüssiges Wort sagte. Diesen Frauen schulde ich besonderen Dank.

Mein Verhältnis zur Welt der Männer nimmt allein schon aufgrund des Berufslebens den größeren Raum ein. Wie es beschaffen ist, vermag jeder leicht aus den bisherigen Berichten über mein Leben zu erschließen, so daß ich an dieser Stelle nicht viele Worte darüber verlieren und nur den wesentlichen Unterschied herausstellen will. Das Vorbild der studentischen Gemeinschaft im Konvikt, die entsprechende Verantwortung im Predigerseminar für die Kandidaten, meine Erziehung durch die Verbindung und die militärische Schicksalsgemeinschaft schufen die Grundlage meines Verhältnisses zu Männern und waren ebenfalls von der menschlichen Aufgeschlossenheit gekennzeichnet, die für mich bis zum heutigen Tag typisch ist. Vor allem meine Assistenten wissen genau, wie ich jedes einzelne Schicksal mitgetragen habe.

Um einen Schüler focht ich schwerste Kämpfe mit der Fakultät aus, die so hart waren, daß ich mir eine Lähmung zuzog. Aber ein Element im Verhältnis zur jüngeren Generation der Männer tauchte in meiner Beziehung zu Frauen verständlicherweise nicht so leicht auf: Oft war es so, daß begabte junge Theologen über mich hinaus einen eigenen Weg fanden. Dann gab es im Universitätsleben oft eine Situation, in der ich das Empfinden hatte, unendlich viel Güte eingesetzt zu haben, aber mißbraucht worden zu sein. Plötzlich gingen sie von mir in eine ganz andere Richtung als die, die wir gemeinsam erarbeitet hatten, und schlossen sich theologisch anderen Menschen an, zu denen ich keine eigene Verbindung hatte. Hier liegt auch ein Grund dafür, daß sich nach meinem Abschied vom Universitätsleben nicht alles so entwickelte, wie ich es mir gewünscht hätte. Umso dankbarer bin ich, daß ich Schüler und Freunde fand, die mein Erbe weitertrugen und in denen ich eine gemeinsame Zukunft erhoffen kann. Von Gustav Stählin übernahm ich Klaus Haacker, der lange Zeit in meinem Institut tätig war und nun auch im Bereich der Pfarrer-Gebets-Bruderschaft einen guten Weg geht. Dankbar war ich für die Sicherheit, mit der Peter Schäfer die Judaistik durch eine verwirrende Zeit hindurchführte und nun allgemein anerkannt wird.

Ascher Finkel promovierte bei mir und bewahrte als Jude mir, dem Christen gegenüber eine vornehme Zurückhaltung, die ich an ihm ganz besonders schätzte. Gerhard Maier übernahm das Rektorat im Bengelhaus und brach die Vorherrschaft der historisch-kritischen Methode, erfuhr aber viel Zurückhaltung und Kritik in den maßgebenden Kreisen der Fakultät.

## 4. Politische Perspektiven

Meine Sorge gilt nicht zuletzt meinem Volke. Darum machte mir die politische Not besonders zu schaffen. Daß ich teilweise den Schutz von politischen Bindungen im früheren System annehmen mußte, ist mir nachträglich zum Problem geworden. Ich war Beamter oder stand vor der Notwendigkeit, Beamter zu werden; als Soldat war ich eine zeitlang frei, wurde aber allmählich immer stärker in das völkische Wertsystem einbezogen. Anfänglich glaubte ich, es könne einem Christen möglich sein, in der völkischen Bewegung sein Christsein durchzuhalten. Es gab 1932 und 1933 nur noch den anderen Weg: in den Widerstand zu gehen. Ich versuchte Anpassung und Widerstand gleichzeitig durchzuführen und bekenne damit vor Gott eine bestimmte Schuld. Sie bestand darin, daß ich nicht immer bei meinen Studenten blieb, sondern als Abgesetzter und Beurlaubter mich und meine Familie aus der Kampfzone zurückzog. Nachträglich gesehen hätten andere Männer des Widerstandes sich anders verhalten. Nicht umsonst stehen mir die Lebensbilder meiner Freunde, zu denen ich Schniewind, Wolf und Bonhoeffer zähle, ständig vor Augen. In einer schweren Krise suchte ich den Beichtvater auf und bekannte meine Schuld, an der ich leide.

Mich am Soldatsein vorbeizudrücken, wäre undenkbar gewesen. Auch im Soldatsein ständig den lebendigen Gott vor sich zu haben, gehörte zu meinem Schicksal. Daß ich nicht Offizier wurde, ist heute mein Stolz. Gottes Gnade bewahrte mich davor, Menschen ein Leid anzutun oder in den Abgrund zu führen. Ich konnte eine besondere Niedrigkeit erfahren, in der Gott seine Hand über mir hielt. Ausdrücklich betone ich, daß meine militärischen Vorgesetzten in dieser späteren Entwicklung mich bewußt von der militärischen Erziehung zur Ideologie ausgeschlossen haben. Ich habe dies nicht beantragt, sondern da ich Glied der Bekennenden Kirche war, war es für meine Vorgesetzten selbstverständlich, daß ich in diesen Stunden anderen Dienst übernahm. Dieser Ausschluß geschah aus Rücksichtnahme und war als Befreiung gedacht. Umgekehrt nahm man Anstoß und grenzte sich ab, wenn ich mich zu einem biblischen Realismus bekannte, der sich keiner Ideologie unterwarf. Die menschliche Weisheit verlangte dann eine oft schweigende, aber bewußt wahrnehmende Lebensform. Ich bin ziemlich verzweifelt, wenn man heute die Tatsache hervorhebt, daß das deutsche Volk bedroht sei und sich darum mächtigen politischen Blökken einordnen müsse. In allen Krisen, die ich von Kindheit an erlebt habe, haben die verschiedenen Staatsformen auf dieses »Bedrohungsbewußtsein« Wert gelegt und mich in diesen Vorstellungen erzogen. Aufgrund dieses Bedrohungsbewußtseins standen dann unsere Soldaten plötzlich in Paris und Stalingrad, ohne eigentlich zu wissen, warum ein bedrohtes Volk soweit im Feindesland zu stehen habe. Mein gesundes Lebensbewußtsein weiß ganz sicher, daß wir ein Volk in der Mittellage Europas sind und daher bewußt nach Westen und nach Osten Frieden halten und abgesichert sein müssen. Daß die deutsche Regierung bis auf den heutigen Tag diese einfache Lebensweisheit nicht lernen will, sondern sich lieber an den Westen oder an den Osten ideologisch anschließt, halte ich für ein Unglück, gegen das ich mich wehre.

In den Studentenunruhen schrie ein Redner: »Unsere Professoren haben dadurch ihre Autorität eingebüßt, daß sie dem vergangenen System dienten.« Ich stand ruhig auf und sagte: »Meine Herren, ich bin kaiserlich erzogen, habe unter Weimar studiert, war freier Privatdozent unter dem Nationalsozialismus, bin Professor unter Bonn, aber gedient habe ich nur einem Mann, dessen Reich nicht von dieser Welt ist« (Joh. 18,36).

Auf dem Hesselberg habe ich einmal gewagt, die Politik der früheren Machthaber kritisch unter die Lupe zu nehmen, erfuhr aber härteste Ablehnung unter den zahlreichen anwesenden Offizieren. Ein anwesender Kollege betete später um die Vergebung meiner Schuld. Man wartete darauf, wie ich diese Situation überstehen würde. Ich ging zu dem Beter, der noch vor dem Altar stand, und dankte ihm ausdrücklich für seine Fürbitte. Dann begab ich mich still auf meinen Platz, ohne auf die Situation näher einzugehen.

Die ideologische Erziehung des deutschen Volkes bringt es mit sich, daß immer wieder eine Wirklichkeit überspielt wird, die härter ist, als die Ideologie zugibt, und daß man in der Kirche sich immer bemüht, auf den lebendigen Gott als Rettung in allen Lebenslagen hinzuweisen. Auf diese Weise wird dann die politische Ideologie unbehelligt gelassen und der Einsatzpunkt der Bibel, der redende und handelnde Gott, wird verspielt. In Wirklichkeit scheint bei uns das Empfinden einer militärischen und politischen Angst ständig geschürt zu werden, die militärische und bündnispolitische Sicherheit verlangt. »Glaubt ihr nicht, so bleibt ihr nicht!« (Jes 7,9) Wie weit sind wir entfernt vom Ernstnehmen dieser prophetischen Mahnung? Aber in Gottes Wort geborgen zu sein und eine Politik des Friedens nicht nur zu vertreten, sondern auch unter den Völkern zu verbreiten: das ist Bergpredigt.

An dieser Stelle danke ich den Männern wie Schniewind, Iwand,

Bonhoeffer; vor allem aber steht meiner Frau und mir die Gestalt Albert Schweitzers vor Augen. Ich habe ihm als Dekan einmal in Günsbach im Elsaß die Doktorwürde der Evangelisch-theologischen Fakultät von Tübingen überreicht. Aus dieser Stunde und dem Gegenbesuch in Tübingen stammt unsere gemeinsame tiefe Verehrung, aber auch unsere Entschlossenheit, nicht nur Frieden zu wahren, sondern auch Frieden als Ausdruck der Bergpredigt weiterzugeben.

Meine Familie hat sich in viele Zweige aufgegliedert, aber allen ist diese Zielsetzung als Ergebnis der zwei Weltkriege unerschütterlich geworden. Gerechtigkeit, Barmherzigkeit und Friede sind die entscheidenden Maßstäbe, die mir die Bergpredigt immer vor Augen hält. Ich kann Jesus nicht weitergeben, ohne daß diese Maßstäbe durch sein Wort lebendig werden. Hierzu ergibt sich ein glaubender Realismus als Gegengewicht zu Ideologie und Rationalismus.

Ich habe es als Führung Gottes angesehen, daß ich bis zur Stunde an keinem Menschen Gewalt ausgeübt habe, sondern immer bereit war, fremde Gewalt im Namen Jesu zu ertragen und durch das sühnende Blut Jesu Christi zu überwinden. Die Überwindung geschieht dadurch, daß ich mich selbst zum Schweigen bringe, meinen Schmerz durch Gebet, Meditation und Leiden in eine andere Richtung lenke, vor allem trete ich einen langsamen Aufstieg auf den Berg der Fürbitte und der Vergebung an, dessen Spitze für mich erkennbar, aber nicht immer erreichbar ist. Ich habe oft Zustimmung und Kameradschaft gefunden, aber ebenso Verspottung und Verzerrung meiner Person. Vielleicht ist dieses Schicksal deshalb nicht zu vermeiden, weil man nicht sich selbst, sondern ein Ziel jenseits der Situation über das Irdische hinaus ständig im Auge hat. So verstehe ich jedenfalls Joh. 18,36: »Meine Königswürde kommt nicht von unten, sondern sie wird mir von oben geschenkt.« Der hebräische Urtext ist mir noch deutlicher als die griechische Übersetzung.

Politisch bedeutet das, daß ich ständig wiederhole: »Ich bin nicht Westdeutscher, sondern ein Deutscher.« Dann füge ich hinzu, daß ich im Westen Deutschlands wohne. Mitteldeutschland ist das Land, das jetzt unter einer besonderen Prüfung steht, dem ich aber darum um so mehr verbunden bin. Die abgetretenen Gebiete behalten eine deutsche Vergangenheit, und Vergangenheit ist nicht gelöscht, sondern lebt als

Zeit- und Lebensform vor meinen Augen weiter. Das Wort »Gedächtnis« fällt mir in diesem Zusammenhang ein, aber es ist mir zu schwach. Auch meine eigenen Verluste und Niederlagen stehen mir ständig vor Augen, mahnen und weisen mich auf eine Zukunft hin, in der Gott sich selbst noch etwas vorbehält. Eine Verheißung ist allerdings stärker als die irdische Lösung eines Problems, aber ich sollte vorsichtig sein und niemals die irdische Lösung eines Problems mit einer Verheißung verwechseln. Hier liegen Linien eines biblischen Realismus vor, der aus Erfahrung gespeist wird.

Ich bin auch mit den Jahren nach 1945 innerlich zerfallen. Viele Jahre hat man dem deutschen Volk die Wiedervereinigung versprochen, obwohl man selbst alles tat, um sie zu verhindern. Man tat bedenkliche Schritte, ohne das Ziel der Wiedervereinigung zur Norm zu machen. Heute ist sie auf absehbare Zeit verspielt. Dennoch ist es täglich höchste Zeit und nicht zu spät, für mein Volk das Selbstbestimmungsrecht zu verlangen und zu hoffen, daß es aus dem schweren Unglück, das auf ihm lastet, herausgeführt werde. Vielleicht wandelt sich Gottes Vorbehalt gelegentlich auch hier zu einer Verheißung um.

Äußerlich ging mit der Niederlage des deutschen Volkes im Mai 1945 auch der Kirchenkampf zu Ende. Jetzt erschienen die Prozesse der Vergangenheit in einem neuen Licht. Neue Gesichtspunkte gewannen die Oberhand:

1. War der Widerstand der Bekennenden Kirche schlechthin eine Opposition gegen das nationalsozialistische Gewaltsystem oder enthielt die Bekennende Kirche doch ein reichliches Maß an konservativer Anpassung?

2. War die nationalsozialistische Bewegung überhaupt ein Gewaltsystem oder auch eine Zwischenperiode der deutschen Geschichte mit Licht und Schattenseiten, die mit völlig anderem Gesicht heute ihre typische Fortsetzung hat?

3. Ist die eigentümliche Gegenschlagbewegung Kaiserreich – Weimarer Demokratie – Nationalsozialismus – Bonner Republik/DDR so zu verstehen, wie die Besatzungsmächte es wollen und die unreflektierte Öffentlichkeit es darstellt, nämlich deutsche Kriegsschuld, Friedensschluß durch Bestrafung, Gewaltsystem und Aufruhr, Versuch einer Umerziehung im Sinne der verschiedenen Alliierten?

Die Kirchen waren überfordert, die Theologischen Fakultäten weithin hilflos. Ganz gewiß ist, daß wir vor allem in Süddeutschland vielfach noch eine ungebrochene, von der Kaiserzeit hergeleitete nationale Identität haben, und daß jeder öffentliche Versuch, diese in Frage zu stellen, im kirchlichen Raum von vornherein auf Opposition trifft. Andererseits herrscht in der Kirche vielfach das Hegelsche antithetische Denken Licht-Finsternis oder aber die Überzeugung eines langsamen Durchbruches zu einer besseren politischen Epoche vor. In dieser Hilflosigkeit erwarte ich von einer grundsätzlichen historischen Arbeit eine Neubesinnung, warte auf ein besseres Urteil und auf eine sachliche Verarbeitung der tragischen Zeit der beiden Weltkriege. Die Kirchenkämpfe zeigen, daß bestimmte Gruppen sich immer wieder neu durchsetzen:

a) Das konfessionelle Luthertum mit seiner Trennung von Kirche und Politik,

b) die pietistischen Gemeinschaften mit ihrer Betonung persönlicher Frömmigkeit,

c) dialektisch kritizistische Reformversuche im Bereich von Theologie und Philosophie mit gelegentlich utopistischen Programmen,

d) die allgemeine Flucht vor dem historischen Denken, vor kritischen Analysen und der Rückzug auf die allgemein erkennbare Notwendigkeit, die Gesundheit von Natur und Mensch sichern zu müssen.

Es ist bisher weder Zeit noch Kraft gegeben, die ungeheuren Geschehnisse der Vergangenheit kritisch so zu verarbeiten, daß die gegenwärtige historische Situation im Angesicht des deutschen Schicksals verantwortet werden kann. Es gibt Augenblicke, in denen wir lernen und gehorchen, weil wir ein Neues und ein Ganzes kennenlernen: Den Anbruch und die Erfahrung einer neuen Welt, aber auch die Bitterkeit der Erkenntnis, daß wir in Kirche und Gesellschaft gewöhnlich in Halbwahrheiten und Scheinwahrheiten festgehalten werden, aus denen wir uns nur schwer befreien können. Selbstverständlich war die Bekennende Kirche eine einmalige Widerstandsbewegung gegenüber einem Gewaltregime, aber keineswegs ist sie eine Wegbereiterin einer neuen und besseren Gesellschaftsordnung geworden. Sie ist nach 1945 ihrer konservativen Anpassung erlegen. Die neue Zeit steht vor der Aufgabe, aus eigenen Kräften etwas zu schaffen, was Bestand hat. Wir selbst als Glaubende richten uns dankbar auf das apokalyptische Ziel eines neuen Himmels und einer neuen Erde aus. Oft scheint es uns so, als vollziehe sich Geschichte in Schlag und Gegenschlag als Abwechslung und Veränderung, als Rückkehr und Wiederholung. Aber nur selten gelingt uns der Durchbruch, der dem Zeugen geboten ist und der dem Bekenntnis gemäß ist. Dann erst wäre in apokalyptischer Wegrichtung die Lösung eines Rätsels, die Verbesserung eines Versuches, die Ablösung von Halbwahrheiten im Angesicht Gottes erreicht.

Das ist vielmehr das Erstaunliche: daß sich die Gesichter der Jungreformatorischen Bewegung, eines Flügels der Bekennenden Kirche damals, und der Bekenntnisgemeinschaft von heute sehr ähnlich sehen. Das zeigt im Rückblick, wie wenig man aus der Geschichte gelernt hat. Aber wir wollen dankbar sein, daß biblische Wahrheit immer wieder durchbricht.

## 5. Danksagungen

Nach meiner Emeritierung und der Abgabe des Institutum Judaicum blieb ich wissenschaftlich und literarisch bis auf den heutigen Tag tätig, war aber auch gleichzeitig in vielen Kreisen, die nach der Bibel fragten, zur Stelle.

Dankbar bin ich für die regelmäßigen Bibelstunden und den Hörerkreis im Schlatter-Haus am Anfang jeden Semesters.

Dankbar bin ich für die Zusammenarbeit mit dem Bengelhaus und seinen besonderen Weg an unserer Universität.

Dankbar bin ich für die großen Bibelkonferenzen in Langensteinbach und auf dem Hesselberg.

Dankbar bin ich für die Israel-Arbeit, die weiterging, und für das ständige Gespräch mit meinem Freund Pinchas Lapide. Mein besonderer Weg mit Israel wurde von den Kollegen Otto Betz, Klaus Haacker und Bertold Klappert gut verstanden und wiederum aufgenommen. Eine bleibende Freude war mein Verhältnis zu Professor Klaus Berger und Pfarrer Dr. Bühner, da wir regelmäßig in Heidelberg wissenschaftliche Fragen weiterführen konnten.

Dankbar bin ich auch für den studentischen Bibelkreis am Dienstag abend im Semester, in dem wir Exegese treiben und in dem die Studenten protokollieren.

Dankbar bin ich für die Fortsetzung der Ferienseminare in Walddorf und Holzhausen, die Zusammenarbeit mit Dr. Lubahn und Otto Rodenberg.

Dankbar bin ich meiner Frau, die alle Ehrenämter niederlegte, um mir beizustehen.

Dankbar denke ich besonders an das Nebeneinander in Halle. Ich war Inspektor des Tholuck-Konviktes, Gustav Stählin Inspektor des Schlesischen Konviktes. Dies Nebeneinander war die Grundlage einer geistlichen Bruderschaft, obwohl jedes Konvikt seine eigene Prägung hatte. Das Nebeneinander von Stählin und mir bewährte sich bis in die Tage des Frankfurter Konvents 1969 und bis zur Frankfurter Erklärung 1970. Er hat mir den Schüler überlassen, der mir bis zum gegenwärtigen Augenblick der treuste war, Klaus Haacker.

Ein zweites Nebeneinander wurde ebenso bedeutungsvoll. Seit April 1922, unserer gemeinsamen Fahrt von Plochingen nach Tübingen vor unserem ersten Semester, bis zu dieser Stunde, in der ich um seine Gesundung bange, blieb mir Karl Heinrich Rengstorf als Gegenüber wichtig. Er war derjenige, der immer vor mir herging, obwohl er ein wenig jünger war. Ihm verdanke ich den langjährigen Dialog zwischen Kirche und Judentum, den Zugang zur rabbinischen Literatur, das Gegenüber von Münster und Tübingen in der Arbeit an den Instituten. Ich habe mich immer gefragt, wer von uns beiden den besseren Weg fand und ging. Ihm wurde eigentlich das Erbe Schlatters anvertraut, mir dagegen das Erbe von Schniewind. Er betonte vor allem die Wichtigkeit der geschichtswissenschaftlichen Methode, die reformatorische Theologie in ihrer Eigenart trat in ihm so stark hervor wie bei niemand sonst. Was andere an ihm als Enge monierten, erschien mir dagegen als seine eigentliche Stärke: Die Zuspitzung eines Problems bis auf einen einzigen Punkt. Mir dagegen kam es wie Schniewind darauf an, die Weite eines wissenschaftlichen Problemes aufzuzeigen, in historischen Fragen auch Verständnis für andere Lösungen offenzuhalten. Im Augenblick geht Rengstorf einen besonderen gesundheitlich leidvollen Weg, und ich bin bei ihm in Fürbitte und Gedenken.

Das letzte Nebeneinander hat die Geschichte der vergangenen Jahrzehnte geschaffen. Peter Beyerhaus wurde mir so zugeordnet wie kein anderer Freund. Als ich noch mit den Schniewindschen Argumenten gegen Bultmann kämpfte, sagte Beyerhaus zu seinen Hörern: Es handele sich in diesem Fall um eine neue Häresie. Das Bestechende an diesem Wort war der Wille, einen anderen Studententyp zu formen, der nicht so leicht in Gefahr war nachzugeben. Auch in diesem Fall schien ein Freund für andere eng zu sein, für mich war durch seine These ein neues Bewußtsein geschenkt, das mich endlich erlöste. In meinen Dienstagabendkreisen, die ich bis heute habe, wurde mir oft von den Studenten sein Anderssein, aber auch unsere Gemeinsamkeit bewußt gemacht. Wir arbeiteten beide, wenn auch auf sehr verschiedene Weise, an einem Neuansatz der bibeltreuen Theologen. Das trat besonders bei der Gründung des Bengelhauses zutage. Ich bin älter geworden, aber dabei fester und sicherer in meinem eigenen Willen, jungen Menschen an diesem Punkt eine bescheidene Hilfestellung zu geben.

Mein Dank gilt nicht zuletzt Frau Agnes Fischer. Ohne sie wäre diese Biographie nicht zustande gekommen. Ich danke ihr für die große Mühe, die sie sich machte, um meine Lebensgeschichte zu erfragen, sie zu notieren und sie in lesbare Sprache und geordnete Zusammenhänge zu bringen. Seit über zwanzig Jahren begleitet sie mich in meiner wissenschaftlichen Arbeit und auf Wanderungen. Niemand kennt mich wohl so tief wie sie.

## 6. Schlußworte

Im Psalm 8,7 heißt es vom Menschen: »*Alles* hast du (Gott) ihm unter die Füße gelegt.« In Joh. 3,35 heißt es von Jesus: »Der Vater liebt den Sohn und hat *alles* in seine Hand gegeben.« Das Wörtchen »alles« trägt einen geheimnisvollen Klang in sich. Die Bibel denkt hier wohl an Möglichkeiten, Entscheidungen, Handlungen und Taten, aber auch an die Welt und die Geschöpfe, die unter die Füße des Menschen gesetzt sind. Das Geheimnis des Alls ist gleichzeitig in den Hymnen des Kolosserbriefes angedeutet, denn dem Erstgeborenen der ganzen Schöpfung ist Ursprung, Mitte und Ziel anvertraut (1,15ff; 2,9). Man kann von der »ganzen Fülle« sprechen, die aus dem Geheimnis Gottes folgt und in ihm wohnt. Das Wort »Alles« oder das »Ganze« hat mehrere Dimensionen und schließt Sichtbares und Unsichtbares ein.

Ich denke an die unermeßliche Wirklichkeit, die uns umgibt und schließlich in sich aufnimmt. Die Theologie spricht gern von der Wirklichkeit, die als eine fremde Größe unserer Arbeit gegenübersteht und in die das Wort Gottes als Offenbarung eintritt. Die Bibel selbst behandelt das Sprechen und Handeln Gottes ebenfalls als eine Wirklichkeit anderer Art, die anerkannt werden will und nicht aufgelöst werden darf. Das Wirkliche hat verschiedene Dimensionen. Es darf nicht aus der Mehrschichtigkeit herausgelöst werden. Ich habe im Leben immer darum gekämpft, die Wirklichkeit des Lebensaktes so tief wie möglich in mich aufzunehmen. Ich habe aber auch alles eingesetzt, um die Wirklichkeit Gottes in allen geistlichen Bezügen festzuhalten. Es ging mir immer um das Geheimnis des »Ganzen«, das in Gott gegründet ist und das in der Verheißung als »Fülle« sich mir anbietet.

Psalm 23,5ff spricht von einem vollen Becher, von lauter Glück und Gnade und meinem »ganzen« Leben. Gott ist mehr als seine Fülle, aber seine Fülle darf nicht ohne Gott selbst gedacht werden. Der Leser mag erstaunt sein, wenn er plötzlich einige biblische Hinweise hier wiederfindet, die durchaus in verschiedene Richtungen gehen. Und doch suche ich einen Zusammenhang, der die einzelnen Hinweise verbindet. Ich nenne das Arbeiten an diesen Zusammenhängen ein Nachdenken über hebräische Begriffe und Sprachformen und weiß wohl, daß der moderne Mensch lieber analysiert und trennt, als Zusammenhänge zu sehen und aufzuspüren.

Wenn ich mich selbst betrachte, dann bin ich in zwei Dimensionen ein ganzer: Aus Erde geschaffen; von oben gezeugt. Ich bin nicht ein Zuschauer, der auf einen »schönen Stern« herabblickt, sondern ein in den Kampf gestelltes Geschöpf, das in allen Lebensprozessen zwischen Licht und Finsternis zu unterscheiden und zu scheiden hat. Ich falle aber niemals aus dem Geheimnis der »ganzen« Wirklichkeit heraus.

Ich erlebe mein Leben als Gefährdung, Spannung und Überwindung. Menschen gefährden mich, aber es ist nicht ausgeschlossen, daß irgendein Verhalten von mir mich selbst gefährdet. Spannungen trage ich in mir, die aus meinen verschiedenen Schichten kommen, die von der Erde aufsteigen, aber auch vom Himmel geschenkt sind. Langsam lerne ich es, auf die Vorzüge der Jugend zu verzichten und mich mit den Merkmalen des Alters abzufinden. Daß ich ganz menschlich bin, gibt man mir gerne zu. Vielleicht sogar mit etwas Schadenfreude. Aber jedes Beharren auf dem Menschsein ist mir unbehaglich, denn der Mensch hat die Aufgabe, über sich selbst hinauszuwachsen.

Ich spreche ständig mit Gott über mein Leben durch Gebet, Meditation und Anfechtung. Dabei preise ich ihn dafür, daß er mein Leben so geführt hat, wie es verlaufen ist. Meine Frau und ich sind alt geworden in einer langen Ehe und sind auf dem Wege, uns immer besser zu verstehen und uns gegenseitig anzunehmen. Meine Kinder stehen im Lebenskampf und führen Ehe und Beruf durch schwierige Zeiten hindurch. Meine Enkelkinder sind noch im Werden, und ich hoffe, daß sie sich nicht nur bewähren, sondern auch den Weg zum lebendigen Gott finden.

Ein biblisches Grundwort ist das »von oben gezeugt werden« (Joh. 3,3). Es handelt sich hier um einen Eingriff Gottes, der mich in jedem Augenblick über mich selbst hinaus in den Bereich des Himmlischen verweist. Ich unterscheide noch den Bereich des Irdischen und den des Himmlischen und warne davor, die Kirche nur auf das Irdische zu begrenzen. Ich weiß aber, daß das Himmlische am tiefsten im Opfergang, in der Niedrigkeit, in der irdischen Armut und der Zerschlagenheit des Herzens zu finden ist. »Zeugung von oben« trennt sich nicht von der Taufe, die einmal am Anfang meines Lebens stattfand. Aber das Wichtigste ist in diesem Fall ein biblisches Sein, das aus der Taufe kommt und mich täglich auf die Gnade Gottes zurückweist. Diese Gnade weist auf die Verheißung des Geistes hin, und der Geist ist es, der lebendig macht; das Fleisch ist nichts nütze (Joh. 6,63).

Und nun sehe ich die Gesichter der Zeugen, die mir vorangegangen sind, aber auch die Gemeinde, die andächtig das Sakrament in Brot und Wein entgegennimmt und einen priesterlichen Pfarrer erwartet. Das Väterliche bedarf der Ergänzung des Priesterlichen. Und das Priesterliche sollte einen Zugang zum Väterlichen behalten.

Gott legt auf beides einen reichen Segen, und beide Welten, sichtbare und unsichtbare, väterliche und priesterliche gehen im Sakrament aufeinander zu. Alles Drängen und Treiben, das so vielfach mir auferlegt wurde, tritt zurück. Ein Licht von oben leuchtet auf die Gemeinde herab und verbindet den Spender und den Empfänger des Sakraments miteinander. In diesem Augenblick stehen die Familienglieder nebeneinander, der Vater, die Mutter, Sohn und Tochter. Jedes Glied streckt vorsichtig die Hand entgegen und wartet auf die Hostie und den Kelch. Das Gezeugtwerden von oben ist ein Vorgang, der von der Taufe bis zum Abendmahl führt, vom Studierzimmer bis auf die Kanzel, von der eigenen Wohnung bis zum Katheder der Universität. Sichtbares und Unsichtbares, Stückweises und Vollkommenes, Irdisches und Himmlisches hat Gott miteinander verbunden. Aber wir stellen die kritische Frage, ob unser Wort, Handeln und Leiden von Gott gesegnet und zum Samen wird.

# ANHANG

## Historisch-biographische Daten zu erwähnten Personen (in Auswahl; ohne Hochschullehrer der Gegenwart)

*Alt, Albrecht* (1883–1956): Prof. f. A.T. in Basel, Halle u. Leipzig, 1925–1945 Vorsitzender des Deutschen Vereins zur Erforschung Palästinas

*Asmussen, Hans* (1898–1968): führender Theologe der Bekennenden Kirche, 1935 Leiter der Hochschule der Bekennenden Kirche in Berlin, 1945 Vorsitzender des Rates der EKiD und Präsident der Kirchenkanzlei

*Baeck, Leo* (1873–1956): Rabbiner, 1933 Präsident der Reichsvertretung der deutschen Juden, 1942 nach Theresienstadt deportiert

*Baur, Ferdinand Christian* (1792–1860): Professor für historische Theologie (Neues Testament und Dogmengeschichte) in Tübingen (1826ff.), Begründer der (jüngeren) »Tübinger Schule«

*Beck, Johann Tobias* (1804–1878): Prof. f. Systematische Theologie in Basel und Tübingen

*Bengel, Johann Albrecht* (1687–1752): 1713–1741 Lehrer an der Klosterschule in Denkendorf, danach in einflußreichen kirchlichen Ämtern; Pionier der Textkritik und maßgeblicher Lehrer des schwäbischen Pietismus

*Bezzel, Hermann* (1861–1917): 1891ff. Rektor der Diakonissenanstalt Neuendettelsau, 1909ff. Präsident des Protestantischen Oberkonsistoriums in München (dem heutigen Amt des Landesbischofs entsprechend)

*Bloch, Ernst* (1885–1977): Professor für Philosophie in Leipzig und (1961ff.) Tübingen

*Bockmühl, Klaus* (1931–1989): 1971ff. Lehrer am Prediger- und Missionsseminar St. Chrischona, 1977ff. Professor für Systematische Theologie in Vancouver (Kanada)

*von Bodelschwingh, Friedrich d. J.* (1877–1946): als Nachfolger seines Vaters ab 1910 Leiter der diakonischen Anstalten in Bethel b. Bielefeld, 1933 zum Reichsbischof der Deutschen Evangelischen Kirche gewählt, angesichts staatlichen Widerstandes nach einem Monat zurückgetreten

*Bonhoeffer, Dietrich* (1906–1945): 1930ff. Dozent f. Systematische Theologie in Berlin, 1931–1933 Studentenpfarrer, 1933–1935 Auslandspfarrer in London, 1935–1937 Leiter des Predigerseminars der Bekennenden Kirche in Finkenwalde, aufgrund seines Engagements im Widerstand gegen Hitler ab 1943 in Haft, 1945 hingerichtet

*Bormann, Martin* (1900–1945?): ab 1941 Leiter der Kanzlei der NSDAP

*Buber, Martin* (1878–1965): jüdischer Philosoph, Bibelausleger und -übersetzer; ab 1938 in Palästina bzw. Israel

*Bultmann, Rudolf* (1884–1976): 1921ff. Professor für N.T. in Marburg

*Chambon, Joseph* (1884?): 1935 Dozent für reformierte Kirchengeschichte an der Hochschule der Bekennenden Kirche in Berlin

*Delitzsch, Franz* (1813–1890): Professor f. A.T. in Leipzig, Rostock, Erlangen und (1867ff.) Leipzig; Gründer des dortigen Institutum Judaicum (1886)

*Diem, Hermann* (1900–1975): führender Theologe der Bekennenden Kirche in Württemberg, ab 1955 Professor für Systematische Theologie in Tübingen

*von Dobschütz, Ernst* (1870–1934): Professor für N.T. in Jena, Straßburg, Breslau und (1913ff.) Halle

*Dürr, Karl* (1892–1976): Pfarrer in Pforzheim, Freiburg und Karlsruhe, 1949ff. ständiger Vertreter des Landesbischofs

*Ebner, Ferdinand* (1882–1934): österreichischer Philosoph (beruflich: Volksschullehrer)

*Eißfeld, Otto* (1887–1973): Professor für A.T. in Berlin und (1922ff.) Halle

*Fascher, Erich* (1897–1978): Professor für Neues Testament in Halle (1937ff.) und Berlin (1950ff.)

*Ficker, Johannes* (1861–1944): Professor für Kirchengeschichte in Straßburg und (1919ff.) Halle

*Frey, Hellmuth* (1901–1982): Professor für Altes Testament an der Kirchlichen Hochschule Bethel (1946ff.)

*Fricke, Otto* (1902–1955): nach 1933 Mitglied der Vorläufigen Leitung der DEK und des Reichsbruderrates

*Galling, Kurt* (1900–1987): Professor für Altes Testament (und biblische Archäologie) in Halle (1930ff.), Mainz (1946ff.), Göttingen (1955ff.) und Tübingen

*Gogarten, Friedrich* (1887–1955): Professor für Systematische Theologie in Breslau und (1935ff.) Göttingen

*Gunkel, Hermann* (1862–1932): Professor für Altes Testament in Berlin, Gießen und (1920ff.) Halle

*Hahn, Hugo* (1886–1957): leitender Theologe der Bekennenden Kirche in Sachsen, 1947–1953 Landesbischof von Sachsen

*Hamann, Johann Georg* (1730–1788): Privatgelehrter und Schriftsteller zu philosophischen und theologischen Themen (Kritiker der Aufklärung und der Philosophie I. Kants)

*Harder, Günther* (1902–1978): Professor für Neues Testament an der Kirchlichen Hochschule Berlin

*von Harnack, Adolf* (1851–1930): Professor für Kirchengeschichte in Leipzig, Gießen, Marburg und (1888ff.) Berlin

*Haug, Martin* (1896–1983): 1949–1962 Landesbischof von Württemberg

*Heim, Karl* (1874–1958): Professor für Systematische Theologie in Münster und (1920ff.) Tübingen

*Hermann, Rudolf* (1887–1962): Professor für Systematische Theologie in

Breslau, Greifswald und Berlin

*Hirsch, Emanuel* (1888–1972): Professor für Kirchengeschichte in Bonn (1921ff.) und für Systematische Theologie in Göttingen (1935ff.); 1945 emeritiert

*Höffner, Josef* (1906–1987): 1969ff. Erzbischof von Köln und Kardinal, 1976ff. Vorsitzender der Deutschen Bischofskonferenz

*Hossenfelder, Joachim Gustav Wilhelm* (1899–?): Pfarrer und Reichsleiter der »Deutschen Christen«, Bischof von Brandenburg

*Humburg, Paul* (1878–1945): 1929–1943 Pastor in Barmen-Gemarke, 1934–1942 Präses der Rheinischen Bekenntnissynode

*Iwand, Hans-Joachim* (1899–1960): 1935 Direktor des Predigerseminars der Bekennenden Kirche Ostpreußens; 1937 Pfarrer in Dortmund; 1945 Professor für Systematische Theologie in Göttingen. 1952 in Bonn

*Kähler, Martin* (1835–1912): Professor für Systematische Theologie in Bonn und (1867ff.) Halle

*Kittel, Gerhard* (1888–1948): Professor für Neues Testament in Leipzig, Greifswald, Tübingen (ab 1926) Wien (1939–1943) und Tübingen (1943–1945)

*Klepper, Jochen* (1903–1942): Schriftsteller

*Knak, Siegfried* (1875–1955): Direktor der Berliner Missionsgesellschaft (1921–1949)

*Koch, Karl* (1876–1951): Pfarrer und Politiker, ab 1934 Präses der Westfälischen Bekenntnissynode

*Kohlmeyer, Ernst* (1882–1959): Professor für Kirchengeschichte in Kiel, Breslau, Halle (1929ff.) und Bonn (1934ff.)

*Kürten, Heinz* (1891–1966): Professor für Medizin in München

*Kütemeyer, Wilhelm* (1904–1972): Dr. med., Internist, Schriftsteller, Lehrbeauftragter für Sozialpädagogik in Heidelberg

*Loofs, Friedrich* (1858–1928): Professor für Kirchengeschichte in Leipzig und (1887ff.) Halle

*Lücking, Walter* (1893–1976): führender Theologe im Kirchenkampf, später Ratsvorsitzender und Synodalpräses der EKU und theologischer Vizepräsident der Evangelischen Kirche von Westfalen

*Lütgert, Wilhelm* (1867–1938): Professor für Neues Testament und Systematik in Greifswald, Halle und (1929ff) Berlin

*Macholz, Waldemar* (1876–1950): Ephorus des Predigerseminars in Wittenberg, Professor für Dogmengeschichte in Jena

*Müller, Ludwig* (1883–1945): Pfarrer, ab 27. 9. 1933 Reichsbischof, 1935 entmachtet

*Niemöller, Martin* (1892–1984): führender Theologe im Kirchenkampf, 1938–1945 in KZ-Haft, 1947–1964 Kirchenpräsident der Evangelischen Kirche in Hessen und Nassau, bis 1956 Präsident des Kirchlichen Außenamtes und im Rat der EKD

*Odeberg, Hugo* (1898–1973): Professor für Neues Testament in Lund
*Peter, Friedrich:* 1933 Bischof der Kirchenprovinz Sachsen
*Ritschl, Albrecht* (1822–1889): Professor für Kirchengeschichte in Bonn und (1864ff.) für Systematik in Göttingen
*Rückert, Hanns* (1901–1974): Professor für Kirchengeschichte in Leipzig und (1931ff.) Tübingen
*Scheel, Otto* (1876–1954): Professor für Kirchengeschichte in Kiel und (1919–1924) Tübingen, danach Professor für schleswig-holsteinische und nordische Geschichte in Kiel
*Schlatter, Adolf* (1852–1938): Professor für Neues Testament in Bern, Greifswald, für Neues Tstament und Systematik in Berlin (1893ff.) und Tübingen (1898ff.)
*Schlier, Heinrich* (1900–1978): Dozent in Jena, Leipzig und (1935ff.) Wuppertal (Hochschule der Bekennenden Kirche); Professor für Neues Testament und Geschichte der Alten Kirche in Bonn (1945ff.); 1953 zur röm.- kath. Kirche konvertiert
*Schnepel, Erich* (1900–1987): zuerst Leiter der Berliner Stadtmission, dann Pfarrer in Großalmerode und Marburg, dabei langjähriger Leiter der Pfarrer-Gebets-Bruderschaft
Schniewind, Julius (1883–1948): Professor für Neues Testament in Halle, Greifswald, Königsberg (1929ff.), Kiel (1935) und Halle (1936ff.), 1946–1948 zugleich Propst für Halle und Merseburg
*Scholem, Gerschom* (bzw. Gerhard) (1897–1982): Professor für Kabbala und Mystik in Jerusalem
*Schreiner, Helmuth Moritz* (1893–1962): Professor für Praktische Theologie in Rostock (1931–1938) und Münster (1946ff.); 1938–1955 Vorsteher der Diakonissenanstalt Münster
*Siebeck, Richard* (1883–1965): Dr. theol. h.c. Dr. med., Professor und Direktor der medizinischen Universitätsklinik in Heidelberg
*Stählin, Gustav* (1900–1985): Professor für Neues Testament in Erlangen und (1952ff.) Mainz
*Stratenwerth, Gerhard* (1898–1988): Pfarrer in Bethel und Dortmund, 1933/34 in der Leitung des Pfarrernotbundes; 1948ff. Vizepräsident des Außenamtes der EKD
*Thielicke, Helmut* (1908–1986): Professor für Systematische Theologie in Tübingen (1945ff.) und Hamburg (1954ff.)
*Tholuck, Friedrich August Gottreu* (1799–1865): Professor in Berlin und (1826ff.) Halle (auf den Gebieten der Exegese, Kirchengeschichte und Systematik tätig); auch als Prediger und Seelsorger einflußreich
*Wernle, Paul* (1872–1939): Professor für Neues Testament und Kirchengeschichte in Basel (1900ff.)
*Wolf, Ernst* (1902–1971): Professor für historische Theologie in Bonn (1931ff.), Halle (1935ff.) und Göttingen (1945ff., ab 1958 für Systematik)

## WERKE IN AUSWAHL


Paulus und seine Bibel, Gütersloh 1929, Darmstadt ²1972
Prophet und Märtyrer, Gütersloh 1932
Der Brief an die Hebräer, 14. Aufl. Göttingen 1984
Der Brief an die Römer, 14. neu bearb. Aufl. Göttingen 1978
Flavius Josephus, De Bello Judaico. Der Jüdische Krieg. Griechisch/ Deutsch. Hrsg. und mit Anmerkungen versehen von Otto Michel/Otto Bauernfeind, 3 Bde. München 1962–69
Aufsehen auf Jesus. 16 biblische Auslegungen für den Christen heute. Vorwort v. Hans Rohrbach, 8. Aufl. Metzingen 1980
Otto Michel/Agnes Fischer, Gestaltwandel des Bösen. Eine biblische Besinnung, Wuppertal 1975
Dienst am Wort. Gesammelte Aufsätze. Hrsg. v. Klaus Haacker, Neukirchen 1986
Das Zeugnis des Neuen Testaments von der Gemeinde, 3. Aufl. Gießen 1986

Manfred Hellmann

## Friedrich von Bodelschwingh d. J.

Widerstand für das Kreuz

224 Seiten, R. Brockhaus-Geschenkband, Bestell-Nr. 24099

Friedrich von Bodelschwingh der Jüngere, oder, wie er zu seinen Lebzeiten den meisten bekannt geworden ist, Fritz von Bodelschwingh ist für den heutigen Menschen von besonderem Interesse, weil er über die beiden Weltkriege hinweg die Behindertenanstalten von Bethel geleitet hat.
Fritz von Bodelschwingh war Glaubenszeuge der evangelischen Diakonie, der ganz dem Rufe Gottes folgte, auch während der glaubens- und menschenverachtenden Hitler-Diktatur. Durch seinen Einsatz wurde es möglich, die meisten der Kranken von Bethel vor den Vernichtungsanstalten der Nationalsozialisten zu bewahren. Bei vielen Gelegenheiten wagte er den Boykott gegen die Vernichtungsaktionen, aber er suchte auch offiziellen Kontakt zu den nationalsozialistischen Ärzten und zu denen, die im Staate die Gewalt ausübten. Er trug seine Fürsorgepflicht den Schwächsten gegenüber mit Verantwortung und trat vor Hitler und seinen Gefolgsleuten dafür ein. Er wagte es, auszusprechen, daß zwischen dem Sterben so vieler junger Soldaten in Stalingrad und den Verbrechen des Regimes an den unheilbar Kranken ein tragischer Zusammenhang bestehe.
Das Buch zeigt, daß Fritz von Bodelschwingh wohl in seinem Bemühen um die Rettung der Kranken viel enger mit kirchlichen und militärischen Widerstandsgruppen zusammengearbeitet hat, als bisher bekannt war. Er pflegte engen Kontakt mit der katholischen Kirche, vor allem auch mit Kardinal Graf von Galen, dem damaligen Bischof von Münster.
Eine Frage stellte Fritz von Bodelschwingh sich immer wieder: ob er noch offener und entschlossener die Verbrechen hätte bekämpfen sollen. Es ist aber auch sicher, daß er durch seinen mutigen Einsatz vielen Kraft gab und vielen das Leben rettete. B. W.

Walter Künneth

# Lebensführungen

Der Wahrheit verpflichtet

304 Seiten, ABCteam-Geschenkband, Bestell-Nr. 12620

Wer zwei Weltkriege, die verschiedenen Staatsformen, revolutionäre Erschütterungen aller Art und Glaubenskämpfe, die bis an die Wurzeln der Existenz reichen, erlebt hat, wird oft gefragt, wie es nun eigentlich gewesen ist, worauf es damals ankam und vor allem, was Bestand hat, wenn Menschen kommen und gehen, wenn die Verhältnisse sich ändern und Weltanschauungen sich wandeln. Persönliche Erinnerungen können helfen, geschichtliche Vorgänge in bewegten Zeiten besser zu verstehen, vordergründige und irrtümliche Meinungsbildungen zu korrigieren und damit ein Stück allgemein bedeutsamer Überlieferung zu bewahren. Erinnerungen sind aber zugleich auch die geordnete Form, sich selbst und anderen bewußt zu machen, welches innere Gewicht einer Lebensgeschichte zukommt; sie stellen einen Akt notwendiger Selbstreflexion, ja, des Selbstbekenntnisses dar, das die Oberflächensicht des flüchtigen Alltags bändigt und veranlaßt, in den wesenhaften Tiefenschichten des Daseins zu bohren.

Mit dieser Besinnung wird aber auch ein hinter und über dem Daseinsschicksal stehender metaphysischer Horizont angesprochen. Die Wahl der Überschrift »Der Wahrheit verpflichtet« soll andeuten, daß sich diese Erinnerungen um eine bleibende, eine entscheidende Wirklichkeit bewegen, nämlich um die erfahrene Wahrheit des biblischen Zeugnisses, um das immer und überall gültige Bekenntnis: »Jesus Christus gestern und heute und derselbe auch in Ewigkeit« (Hebr. 13,8).

So verstanden möchte diese Autobiographie zutiefst nichts anderes sein als eine Stimme des Dankes, die das »Soli Deo gloria« zum geheimen Thema gemacht hat.

Walter Künneth

R. BROCKHAUS VERLAG WUPPERTAL UND ZÜRICH